中国出版家丛书
ZHONGGUO CHUBANJIA CONGSHU

国家出版基金项目
NATIONAL PUBLICATION FOUNDATION

叶圣陶

中国出版家
Zhongguo Chubanjia
Ye Shengtao

柳斌杰 主编　商金林 著

人民出版社

出版说明

出版不仅仅是一个充满竞争的商业领域，同时，它也深深打上了"文化"和"思想"的印记。在这个文化场域中，交织着多种力量的动态关系，通过出版物的呈现和出版活动的开展，描绘了一个时代的文化风貌；而回旋折冲于其间者，则是那些幕后活跃、台前无闻的各类出版人。他们自喻"为他人做嫁衣裳"，事实上，却是国家文化传承和历史记录的主要担当者，有出版发展的参与人和见证者甚至称他们所起的作用为保存民族记忆的千秋大脑。虽然扼据出版要津之地，却少见自家行当的人物传记出版。本丛书是第一次规模化地为这个群体中的杰出者系列立传，从一个人到一群人的出版事功中，折射出近代以降出版业的俯仰变迁，同时也见证着出版参与时代文化思想缔构及其背后深广的社会历史内容。那些曾经彪炳于时的出版人，一方面安身于这个行业，以其敏锐犀利的时代洞察力，在市场、经营与创意中躬行实践，标领乃至规划了这个行业的发展，并使之成为国民经济的一个重要门类；另一方面又在"安身"之外，显现出面向社会的公共性关怀与"立命"的超越性关怀，从职业而志业的追求中，服务于民族解放、思想启蒙与文化进步的社会性经营，书写了出版人生的风采、风骨与风流。

本丛书所传写的 30 余位出版人，均为活跃于 20 世纪并已过世的出版前辈。中国古代也曾涌现了陈起、毛晋等出版大家，只是未纳入本书的传主范围。丛书在体例上，有单人独传与多人合传之分，但这并不必然意味着对传主出版贡献及其历史地位的轻重判别，许多情况下的数人合传，乃困于传主史料的阙如而不得已的选择，某些重要出版人如大东书局总经理沈骏声、儿童书局创办人张一渠等，也囿于同样情形而未能列入本丛书的传主名单，殊觉憾事。虽说隐身不等于泯灭，但这个行业固有的幕后特征多少带来了出版人身份上的隐而不显、显而不彰。本丛书的出版，固然是想通过对前辈出版事迹的阐幽发微、立传入史，能让同样为人做嫁衣者的当今出版人不至于觉得气类太孤，内心获得温暖，并昭示后来者在人生目标上，在家国情怀上，在出版境界上，追步于前贤，自觉立起一面促人警醒自鉴的镜子；同时更希望通过一个个传主微历史的场景呈现，让更多的人认识到出版在产业之外，更是一项薪火相传的社会文化事业，它对时代文化的接引与外度，使其成为一种任何人都不可忽视的"势力"，在百余年来的社会发展进程中，发挥了不可替代的作用。

故此，我们推出这套"中国出版家丛书"，以展示中国文化创造者的风采，弘扬他们的优良传统和崇高的职业精神，发掘出版史史料，丰富出版史研究和编辑史研究。

"中国出版家丛书"编辑委员会

人民出版社编辑部

二〇一六年四月

目　录

前　言

叶圣陶（1894—1988）是我国近现代史上著名的作家、教育家、编辑出版家和社会活动家。就文学创作而言，《隔膜》、《火灾》等短篇集"实为中国新小说坚固的基石"（茅盾语），"扛鼎"之作《倪焕之》的出版标志着我国现代长篇小说走向成熟，童话集《稻草人》"给中国童话开了一条自己创作的路"（鲁迅语），1921 年发表的四十则《文艺谈》是我国现代文艺理论史上最早出现的理论专著，为新文学理论的孕育起了奠基的作用。就文学活动而言，叶圣陶 1919 年 3 月加入"新潮社"。1921 年 1 月文学研究会成立，叶圣陶是发起人之一，参与创办并主编过《文学周报》、《诗》月刊和《小说月报》。20 世纪 30 年代主编过《妇女杂志》和《月报》文艺栏。20 世纪 40 年代主编过文协成都分会会刊《笔阵》和中华全国文协会刊《中国作家》。他以文会友，广结善缘，为开创新文艺的园地和聚集作家队伍做出了不可磨灭的贡献。

1912 年春，叶圣陶中学毕业后担任初等小学的教员，1915 年春到上海商务印书馆附设的尚公学校任高小教员，1917 年春到用直镇吴县（1995 年撤消）县立第五高等小学任教，之后到上海吴淞中国公学、杭州第一师范、北京大学、福建协和大学和复旦大学任教。抗战爆发后到重庆巴蜀学校、国立中央戏剧学校、北碚复旦大学、乐山武汉大学和成都光华大学任教，是我国现代教育史少有的从初等小学一直教到顶级学府的教育家，是集"教"与"编"于一身，从初等小学教材编起一直编到大学教材的大学者。尤其是 20 世纪 30 年代编撰的《开明国语课本》、《开明国文讲义》、《国文百八课》，20 世纪 40 年代主持选编的《开明新编国文读本（甲种）》、《开明新编国文读本（乙种）》、《开明新编高级国文读本》和《开明文言读本》等四部全新的初高中语文教材，以及新中国的第一部《初级小学国语课本》、《高级小学国语课本》、《初级中学语文课本》、《高级中学语文课本》、《大学国文（现代文之部）》和与之配套的《大学国文（文言之部）》，都是语文教材的经典。叶圣陶 1923 年拟定的《新学制初级中学国语课程纲要（草案）》[①]，1940 年拟定的《六年一贯制中学国文课程标准》[②]，1948 年拟定的《中学语文科课程标准（草稿）》[③]，都是我国现代语文教育史上重要的文献。

叶圣陶 1923 年初进入上海商务印书馆国文部当编辑，1931 年转到开明书店，主编《中学生》杂志和《中学生文艺》。而他的"编

[①] 《叶圣陶集》第 16 卷，江苏教育出版社 2004 年版，第 3—7 页。《叶圣陶集》有两种版本：一种是江苏教育出版社 1987 年 6 月至 1994 年 9 月出版的 25 卷本，另一种是江苏教育出版社 2004 年 12 月出版的 26 卷本，本书引于 26 卷本的引文，均略去出版社及出版年份。援引于第一版的，都注明出版社及出版年份。

[②] 《叶圣陶集》第 16 卷，江苏教育出版社 2004 年版，第 36—44 页。

[③] 《叶圣陶集》第 16 卷，江苏教育出版社 2004 年版，第 113—118 页。

辑瘾"可以追溯到中学时代。1911年5月，叶圣陶在草桥中学读书时创办了年级小报《课馀丽泽》，中学毕业后又和顾颉刚一起编过苏州《大声报·杂录部》和《放社丛刊》，遗憾的是这三种出版物都未能保存下来。我们现在所能看到的叶圣陶最早参与编辑的出版物是商务印书馆1916年4月出版的《尚公记》，而他晚年审阅的最后一部书稿是中央统战部研究室汇编的《周恩来统一战线文选》的注释稿，时为1985年1月。从1916年算起到1985年，叶圣陶从事编辑出版工作的时间长达七十年。这七十年里，他审阅和编辑的书稿多得难以计数。我国现代几乎所有的作家都在他主编的刊物上发表过作品。他主编的"文学研究会"丛书、"小说月报"丛书、"文学周报"丛书、"开明文学新刊"、"现代作家文丛"等丛书的阵容和规模也相当可观。叶圣陶不仅发表了茅盾、巴金、沈从文、丁玲、戴望舒、施蛰存、端木蕻良、秦牧、胡绳、子岗、徐盈等一大批作家的处女作或成名作，把他们推上文坛，出版了朱光潜的《文艺心理学》、钱钟书的《谈艺录》、李健吾翻译的《莫里哀戏剧集》以及《闻一多全集》、《朱自清文集》等一批名家的著作和译作，而且还为古籍的规划整理出版工作呕心沥血，仅在开明书店就编撰过《十三经索引》，参与过《六十种曲》、《开明版二十五史》、《二十五史补编》的精校和编撰工作，为新文学和学术的繁荣发展作出了卓越的贡献。

叶圣陶生于1894年，他生活的那个年代正是中华民族风雨飘摇的年代，也是中华民族日益觉醒的年代。受到时代的影响，他从小就热爱乡土，热爱祖国。早在读小学时就在苏州参加过"反美华工禁约运动"。苏州光复期间参加过苏州军界和学界组织的"学团"，每晚"荷枪出巡"。1912年1月加入中国社会党，参加过"讨袁（世凯）"运动。

1915 年 9 月读了陈独秀主编的《青年杂志》(《新青年》)后，立下要做"新青年"的志向。五四运动中高举"爱国"的大旗，"五卅"运动中喊出了"打倒帝国主义"的口号。"大革命"失败后，革命的立场更加坚定，怀着"篑土为山宁肯后"的情怀，用文学、教育和出版工作的辉煌业绩来催促新中国的诞生。

作为集文学家、教育家、编辑出版家和社会活动家于一身的"大家"，在叶圣陶身上凝聚着他不同于单一的"文学家"，或单一的"教育家"、单一的"编辑出版家"、单一的"社会活动家"的特质，这就是他特有的魅力。他治学淹博精深，对我国的学术和文化史有宽阔的整体性的史学视野，对文学的古今关系、传统与现代的关系，有全局的眼光和贯通性的思考，是个"全才"。他站得高看得远，总是从"民族国家"这个高度着眼于未来，因而能在文学、教育、编辑出版等多个领域引领时代的风潮。他从不"厌足"，给书房取名为"未厌居"，给小说集取名"未厌集"，给散文集取名为"未厌居习作"，即便到了"暮年"，他的"求知欲"依然像青年时代那么旺盛。他甘于"寂寞"，给自己的"定位"一是"编辑"，二是"教员"，在最平凡的岗位上默默地耕耘，无私地奉献。新中国成立前，有好几所大学聘他当"教授"，可他最终选择的是当"编辑"。新中国成立后即使当上了出版总署副署长和教育部副部长，但他并没有去管理哪个"司局"，没有"行政"上的权利，所管的也只是"教材"和"出版"，日复一日年复一年地写稿、看稿，把生命"碎割在给人改稿子，看稿子，编书，校字"这些事情上，说白了还只是一个"编辑"。在一般人的心目中，当"编辑"不如当大学教授或当官名气大。但叶圣陶并不这么看，他在 1921 年 7 月写的《"先驱者"》一文中就曾说过：

（编辑）的事业真是重要且伟大！他们给人以精神的粮食，授人以心的锁匙，他们不是超乎庸众以上的群么？——至少也应是先驱者。

"编辑"，"至少也应是先驱者"。"编辑"面对的不仅仅是"幼稚"的"未成熟"学童，也面向"攻究科学的文学的乃至一切学问"的专家学者，面向"经商的做工的乃至营一切事业的"国民，这就要求"我们的编辑者都是富有经验的教育家和精通各种科学的学者"，"时代是刻刻趋新的，学问之海的容量是刻刻扩大的。要永久站在时代的前列，要探测深广的学海"。编纂出精美的书刊，奉献纯正的"精神食粮"，成为"追踪时代探测学海的引导者"。正是基于"先驱者"这个理念，叶圣陶一再强调"编辑工作就是教育工作"，编辑和教师一样都是思想文化园地辛勤劳作的园丁，有渊博的学识、敏锐的思想、高尚的道德，是人类灵魂的工程师。

叶圣陶对"编辑"的这个"定位"，后来成了开明同人的共识。新中国成立前的上海滩，书店林立，竞争激烈，但开明始终坚持"六不出"："专讲党派政治"的书不出，"思想倾向不好"的书不出，"趣味低级"的书不出，"武侠小说"不出，"教辅材料"不出，"描写词典"之类的工具书不出，以精美纯正而丰富的出版物与商务印书馆和中华书局形成了三足鼎立的格局，赢得社会普遍的赞誉，"开明人"与"开明风"成了对开明书店最好的礼赞。

"文革"结束后，叶圣陶担任中央文史研究馆馆长、中国民主促进会主席、全国政协副主席，但他做的工作仍然是写稿、看稿，也还是个"编辑"。有人说"编辑是给他人做嫁衣裳"。他听了很反感。他说：

"说'编辑是给他人做嫁衣裳'的人，好像认为当编辑吃了亏。生活中人人为我，我为人人。'编辑给他人做嫁衣裳'，'他人'也给编辑'做嫁衣裳'。工人做工，农民种田，医生看病，不也是在'给他人做嫁衣裳'吗?"也正是出于对"编辑"的敬重和挂怀，1987年他将二十五卷《叶圣陶集》的稿酬全部捐献给"出版者之家"作基金，让编辑有个落脚"吃茶"和"看书报"的地方。

纵观叶圣陶长长的一生，作为"教员"，他对最广大的青年永远记住并且担负起教师的责任；作为"编辑"，他对最广大的文学爱好者和求知欲旺盛的青少年永远记住并且担负起编辑的责任。为了这种责任，他俯首甘为孺子牛，不惜牺牲自己的学术研究和专著创作，年复一年地编辑书刊，编写教材，调查研究，诲人不倦。皇皇二十五卷《叶圣陶集》只是他成就的一个方面，更大的成就在"文章"之外，他是真正意义上的出版大家和文化大师。

让我们且怀着无比仰慕的心情，来缅怀叶圣陶的编辑出版生涯，追寻他走过的足迹。

2016 年 3 月 9 日于日本下关 SCU 国际交流会馆

第一章

青少年时期办报办刊的尝试

一、誉满全堂的《课馀丽泽》

叶圣陶本名绍钧，字圣陶，1894 年 10 月
28 日诞生于苏州城内悬桥巷一个平民家庭。
叶圣陶的父亲叶钟济，字伯仁（1848—1919），
职业是账房，为一位姓吴的地主家管理田租，
苏州称这种职业叫"知数"。母亲朱氏（1865—
1961）料理家务。1900 年春，悬桥巷一位陆
姓的殷富之家延师设帐讲学，叶钟济给先生送
了贽敬，让叶圣陶到陆家附读。1901 年春天，
叶圣陶转到张承胪（字元翀）先生设立的私塾
读书，与"以疑古辨伪擅名于学术界、创建了
'古史辨学派'"的顾颉刚是同学。1906 年春考

入长洲、元和、吴县三县新创办的长元吴公立高等小学堂。长元吴公立高等小学学制三年，叶圣陶因学业优异，读了一年就于1907年春越级考入新创办的苏州公立第一中学堂。学堂校址在皇废基北侧、玉带河草桥埃路东，所以又称草桥中学，学制五年。

叶圣陶考入草桥中学后，同学中交往最多的是后来成为古代文学研究家的王伯祥。1908年春，顾颉刚也考入草桥中学，叶圣陶又多了一个伙伴，因为都好学，极爱诗文，受到当年社会上结社风气的影响，他们三人就组织了一个诗社，取名放社。从社名看，显然是受到白居易《放言》诗的启发，意在放言高歌，抒发自己的志向。顾颉刚在《〈隔膜〉序》中说：

> 他（叶圣陶）比我早进一年中学。我进中学时，他正是刻图章、写篆字最有兴味的当儿。记得那时看见他手里拿的一把大折扇，扇上写满了许多小小的篆字，我看了他匀净工整的字，觉得很是美慕。后来他极喜欢做诗。当时同学里差不多没有一个会做诗的，他屡屡教导我们，于是中学里就结合了一个诗会，叫做"放社　"。但别的人想象表出，总不能像他那般的深细，做出来的东西总是直率得很，所以我们甘心推他做盟主。

所谓"盟主"，就是"召集人""带头人"。叶圣陶经常和王伯祥、顾颉刚在一起吟诗、联诗、填词、嵌字、对对子。顾颉刚在《记三十年前与圣陶交谊》[①]中说：

---

① 成都《新民报》1945年1月1日。

（1908 年春）予亦入中学。是时王君伯祥喜与予及圣陶近，结社作诗钟，或嵌字，或咏物，恒三数日轮出一题。圣陶以好饮，自署"醉泥　"。社中惟此三人，所作推圣陶最工。又相约急就章，欲驰骛于隶草之间，亦以圣陶为神似。……是时予有所恋，而社交未公开，无由自达其意。圣陶能篆刻，曾倩刻三印，曰"隔花人远天涯近"，曰"想得人心越窄"，均《西厢记》语；曰"网得西施愁杀人"，尤《西堂赋》中语。印篆或道劲，或蕴藉。时加摩挲，聊可自慰。至圣陶本身，则未闻其有此种烦闷也。

"圣陶以好饮，自署'醉泥'"，可以想见他当年的狂态。除了组织放社，叶圣陶还创办了年级小报《课馀》，这显然是受了晚清革命志士办报办刊宣传革命这一社会风气的影响。《课馀》于 1911 年 5 月 29 日油印出版，叶圣陶在当天的日记中写道：

晨到校绝早，书玉忽提倡组织一种专讲科学之印刷物，以发行于校中。余遂取名曰《课馀》，因作发刊词一首，其他撰稿者则笙亚、书玉、藩室也，而怀兰专任图画。至课毕时共出四张，又画二张。以后则每日两张而画一张也。诸同学皆出纸，定阅几遍全堂。不过如此做来人有益，而己则苦矣，归家时已六句钟。

这里所说的"科学"，可以理解为"知识"和"学问"。"全堂"，指的是全学堂，即全校。创办《课馀》在当时还是一件"新鲜事"，让同学们感到很好奇。顾颉刚在《记三十年前与圣陶交谊》中介绍说：

> 在中学时，各级均办报。圣陶主五年级，报名《课馀》，予主四年级，名《学艺》。报皆钢笔版油印，同学分任缮写。中有论说、翻译、诗文、图画诸栏，惟图画用真笔版印。今国画家吴湖帆君，即常为报中作画者也。时张聿光在上海《时事新报》作漫画，能表见其才气，湖帆效之，署名"韦光"书草宛若"聿光"字。而圣陶学李叔同魏碑体亦特肖。是时苏曼殊发表《断鸿零雁记》于《太平洋报》[①]，南社诸人若宁太一、景耀月、姚鹓雏、柳亚子常发表诗文于《民立报》，圣陶恒抄录集之，以是所作最有时下风。中学英文读《莎氏乐府本事》及伊尔文《见闻杂记》，圣陶恒以吾国古体译其中诗词，载于《课馀》，盖亦仿曼殊之《文学因缘》焉。

《课馀》后改报名为《课馀丽泽》。"丽泽"，源于《易·兑》，"丽泽兑，君子以朋友讲习。"王弼注："丽犹连也"。"兑"，喜悦。意谓两个沼泽相连滋润万物，所以万物皆悦。叶圣陶用"丽泽"作报名，凸显同学间"相连"的情谊，激励大家相亲相爱，互相切磋，砥砺学问。《课馀丽泽》丰富了中学时代的学习生活，增进了同学之间的情谊，弘扬了群德。现将叶圣陶日记中有关《课馀丽泽》的材料摘抄如下：

> 5月30日作"论理学"一则，刊《课馀》。

---

① 这里有误。《断鸿零雁记》，刊《太平洋报》1912年5月12日至8月7日。叶圣陶抄录《断鸿零雁记》应是中学毕业之后的事——作者注。

5月31日作"哲学"短说二则，刊《课馀》。

6月3日午后课毕时预备后日出版之《课馀》，以后日为"课馀"下加"丽泽"两字之第一日，故格外多出约十馀页，各科学无不有，且有征文之题目三，其中余有哲学一则，曰"心学与人类之关系"，令时、笙亚两人伏案勤写，写毕余为印刷人，至夜膳而归，共印好六张，盖尚小半也。归后作诗话几则，以备登于文学一门中。

6月8日作文，题为《虚饰之弊宜自衣冠之族革除之说》。

6月11日编印《课馀丽泽》。

6月15日填《满江红》一首。作文，题为《善为文者无失其机论》。

叶圣陶为《课馀丽泽》撰写的"理学""哲学""诗话"，既研究了"学术"，探讨了"思想"，也多了一份发表的喜悦。他在《杂谈我的写作》一文中说："升到五年级（前清中学五年毕业）的时候，和几个同学发起一种《课馀丽泽》，自己作稿，自己写钢板，自己印发，每期二张或三张，犹如现在的壁报；我常常写一些短论或杂稿，这算是发表文章的开始。"①

叶圣陶主编《课馀丽泽》，顾颉刚主编《学艺丛刊》，他回忆说：

幼年豪兴，常欲集诸秘籍为一书，上攀汲古，下承铁华，而苦无其财力，时肄业草桥中学，则集同学者油印《学艺丛刊》，

---

① 《叶圣陶集》第9卷，江苏教育出版社2004年版，第224页。

按日书数叶①……

《学艺丛刊》刊布的"秘籍"大多由叶圣陶作序跋。岁月迁流，《学艺丛刊》已经散失了。叶圣陶为《学艺丛刊》撰写的序跋仅找到一篇《〈艺兰要诀〉跋》，这是一份很珍贵的史料，特抄录于下：

《艺兰要诀》跋

春间购兰一握植诸盆。尚含蕊焉。色绿而苞明。复十数日且花矣。会结伴泛西子湖。亦六七日。短桨轻打。一舟容与。辄念家中兰。此时当幽香盈屋。及归。乃大不然。六七日前之荣荣窗下者。竟同秋后草。花未开而先萎矣。噫。可惜矣。走访颉刚。则出《艺兰要诀》曰。戚属吴公（吴传澐，号升子——引者注）著也。披阅之。乃恍然悟。盖艺兰固有其方。而余兰之萎。实由于余之未得之也。夫兰之所产。非山隈岩角乎。其生也以天。其萎也以天。天道一岁而往复。兰亦一岁一荣枯。然卒未闻兰有枯而不复荣之一岁。盖不生于他处。而自然生于山岩。则兰之性必宜乎此矣。今乃欲以宜乎山岩之性。而强之亦宜乎盆盎。则非顺其初性不可。所谓顺之者。即所谓艺兰之方。使地易而性仍。其发为荣者。亦必复所旧有。则欲求见兰于盆盎之道。固非未谙于方者。所可言也。以余之不知治兰。乃生春间兰萎之感。同余之怀者几人。以此篇砭之也可。辛亥八月望叶绍钧识。

---

① 顾颉刚：《〈艺海一勺〉序》，录于顾颉刚文稿。——作者注

　　主编《课馀丽泽》和《学艺丛刊》的实践也使叶圣陶和顾颉刚对当"编辑"有了向往之心。1911 年 11 月 5 日苏州光复后，苏州都督程德全"拨款一千二百元"[①]，以"军政府"的名义邀请近代著名的妇女活动家、同盟会会员、南社极负盛名的诗人张涵秋（昭汉）女士来苏创办《大汉报》，"以张吾民族之气，而助民国之成，并提倡民主主义，以亟图社会之升平，获共和之幸福"。[②]11 月 10 日，《大汉报》始"用石印出版，悉数赠阅"[③]；11 月 21 日，改用铅印，"以期渐次扩充"，并"自本日起仍作为第一号，与前号不相连续"[④]，除赠阅以外，还发售全国。这是一份四开小报，每日两张共四版，用国产竹纸帘纸单面印，发行所设在苏州沧浪亭对面的可园。

　　虽说苏州"人杰地灵"，"文化发达"，可在"苏州光复"之前，"苏州没有像样的报纸"。看到苏州有了倡言革命的报纸，叶圣陶就写了《大汉天声·祝辞》[⑤] 寄给《大汉报》。《祝辞》刊登在铅印的江苏《大汉报》第一号（11 月 21 ョ）的"祝辞"专栏。同时刊登的还有汕头新中华报、苏报馆、南社同人以及徐寄尘、李懋勋的祝辞，都只寥寥数语，立意空泛。叶圣陶当年只有十七岁，却洋洋洒洒地写了一首感情充沛并颇有见地的古风：

　　　　黄鹤楼高高百尺，登楼一呼咸感格。

　　　　三吴灵秀肯人后？一夜城头旗尽白。

---

①　《本报宣言》，江苏《大汉报》第 31 号，1911 年 12 月 21 日。
②　去病：《〈大汉报〉发刊词》，江苏《大汉报》第 1 号，1911 年 11 月 21 日。
③　《本报宣言》，江苏《大汉报》第 31 号，1911 年 12 月 21 日。
④　江苏《大汉报》第 1 号，1911 年 11 月 21 日。
⑤　收入《叶圣陶集》第 8 卷，改题名为《大汉天声——祝〈大汉报〉创刊》。

堪喜同胞醒大梦，更庆长官为将伯。

未流点血飞一弹，妇欢孺悦此改革。

秋山如黛秋风和，日光亦作炎炎赤。

似此佳气何壮哉，天然界亦致欣怿。

然而吾党责方深，黄龙未捣虏未擒。

其余当从根本谋，改革尤须改革心。

心犹旧习新何有，革之惟有痛规箴，

规箴以口亦以笔，口不及笔有远音。

于此乃有大汉报，一朝发现吴江浔。

人心种种恶魔障，直欲举投大壑沈。

时持正论察现势，示人指归激人忱。

吾闻文学产英雄，英雄此日起国中。

报章鼓吹在平日，于此当不为无功。

少数英雄犹未足，无名英雄其实系大局。

大汉报乎须努力，吾有产生无名英雄职。

我更为君进颂言，愿君魂力满乾坤。

起我同胞扬轩辕，保护我自由，

张大我汉魂，世界末日君尚存。

叶圣陶　颂

　　《大汉报》在显要的位置刊登了叶圣陶的《祝辞》，这倒让叶圣陶产生了幻想。顾颉刚在《十四年前地印象》中说："（苏州）军政府聘了张昭汉女士（默君）到苏州办《大汉报》，宣传革命。……我和叶圣陶君都心痒得很，请愿到报馆里帮她编辑，因为没有人介绍，就写了一封很长的信，作为自荐书。但除了得到一张回片之外，还有什么效力呢。"① 不过，他们非但没有灰心，反倒更执着于寻找办报办刊的机会。

二、与苏州《大声报》决裂

1912 年 1 月 28 日，苏州公立第一中学堂隆重举行"毕业式会"，叶圣陶在中学堂学了五年，满怀着改造社会的志向走出了校门，被安排到苏州中区第三初等小学当教员。

毕业的前一周即 1912 年 1 月 21 日，叶圣陶和顾颉刚、王伯祥、王彦龙应中国社会党支部主任干事陈冀龙、副主任干事詹天雁的邀请，加入中国社会党。中国社会党自称是"求最真美善之境地"的政党，有"最圆满之境界"的"主义"。叶圣陶听了该党发起人江亢虎以及革命志士陈冀龙的演说，对该党"三无二各"（无政府、无家庭、无金钱，各尽所能，各取所需）的理念，一度到了"痴迷"②的地步。因为信仰很纯真，被陈冀龙称为"最纯粹的党员"。

苏州中区第三初等小学校址在干将坊言子庙，通称"言子庙小学"。虽说也信仰"教育救国"，但作为一名"纯粹"的社会党党员，叶圣陶念念不忘社会党的"主义"，他鼓动社会党苏州支部文书干事顾颉刚上书中国社会党负责宣传的干事丁崇侠（宝琳）女士，恳请社会党总部

---

① 详见商金林撰著：《叶圣陶年谱长编》第 1 卷，人民教育出版社 2007 年版，第 74 页。

② 叶圣陶 1915 年 1 月 26 日记："午后访颉刚，徐瀚澄旋来，因共论昔年社会党中人物，其足取者乃莫得什一。当时振于好奇之心，遂与魑魅为伍。由今以思，真如癫作。徐君曩亦同党，而好学多智，与颉刚殊交好也。"

仿印或自缮外国社会党的"专书"，出版日刊、月报、季刊，传播社会党的主义和学理，敦促各支部"闻风而起""观摩切磋"，将"无政府主义"遍植于"吾党之心"①。丁崇侠在《答苏部党员顾诵坤书》②中说："欲谋发达，首在鼓吹，言论机关，最为重要"，盛赞顾颉刚此举意在要尽到一个"鼓吹者之责"，而他们居然也等来了"鼓吹"的机遇。

1912年8月初，苏州《大声报》创刊，该报总理李则鸣聘请叶圣陶和顾颉刚担任《大声报》副刊"杂录部"的"主任"，真是喜从天降。在那"烈日照墙炎炎似火"的盛夏，叶圣陶和顾颉刚翻阅各种报刊，作为《大声报》的"仿照"。同窗好友也都鼎力相助。王伯祥答应为"杂录部"提供资料，吴遹骏愿意为"杂录部"作画，汪伯珩送来了他翻译的小说，蒋棣苏将其父亲的遗稿贡献给"杂录部"采用。叶圣陶则为《大声报》"杂录部"创作长篇小说《世界》，在8月9日日记中说：

> 早餐已，思作小说载诸文艺之栏，则可少减其他稿件之位置。于是决计作一理想小说，描摹世界无治以后之现象，即名之曰《世界》。余意现今之纷纷扰扰，日事争夺，固仿佛地狱中行径，必如余之所云者方得谓之世界也。自晨至夜，得意辄伏案写出，仅三千字，不过四五日之资料耳。开学以后，只得随作随登，不能预作矣。似此生涯，亦是良苦，谚所谓"捉个虱在头里，搔"也。③

从叶圣陶的日记及相关自叙中可以知道，《世界》是用"白话"

---

① 《顾诵坤（颉刚）致崇侠书》，《新世界》第4期，1912年8月。
② 崇侠：《答苏部党员顾诵坤书》，《新世界》第4期，1912年8月。
③ 叶圣陶：《辛亥革命前后——日记摘抄（四）》，《新文学史料》1983年第4期。

写的理想小说，原计划写十万字。书中描摹的是"无国界""无金钱"的"近乎社会主义的理想世界"。① 叶圣陶和顾颉刚一心想把"杂录部"办成传播"社会党"主义和理念的阵地，而李则鸣则希望将"杂录部"办成适合市民口味、偏重于"芜俚之滑稽谈"的娱乐性的副刊，办报初衷大相径庭，致使创刊之日就成了"决裂"之时，且看叶圣陶8月16日的日记：

> 晨起后即过颉刚家，与之偕至报社。满心快意，以为将得一观新报也。孰知竟未印好，乃坐编辑室待之。既而棣荪至，相与笑语为欢。十句钟时而样张出，趋观之，则见我侪所编之杂录部已大易其位置，且非唯乱其次序，并抽去无算而易以至芜俚之滑稽谈。余与颉刚乃大怒，将所预备明日之资料藏好，不别而行。至于桂芳，作一书与该报馆，意谓我辈当时固为主任杂录部而来也，今乃以己编就者而更动之，则何必我辈为？且于我辈腕底而出如此之恶报，实所不愿，即辞杂录部编辑云云。书就命人送去，忿气犹上蒸也，……后遇彦龙，谓曾遇二我，晨间事已悉，二我谓若辈有些孩子气。呜呼！余方谓："难将怀抱语群儿也。"归家后心绪怅然，自悔观人不明，空劳数日。②

与《大声报》决裂后，叶圣陶"心绪怅然"，朋友们则来安慰说："经此挫折，正以励我侪志气，将来自办报纸时，必且完备异常也。"

---

① 叶绍钧：《杂谈我的写作》，叶绍钧等著《文艺写作经验谈》，重庆天地出版社1943年版。

② 叶圣陶：《辛亥革命前后——日记摘抄（四）》，《新文学史料》1983年第4期。

顾颉刚也怂恿道："我侪为《大声报》搜罗材料殊富"，"弃置篋中，殊为可惜"，主张复兴"放社"，出版《放社丛刊》。"放社"是叶圣陶在草桥中学读书时与王伯祥、顾颉刚等同学组织的诗社，苏州光复后就解体了。叶圣陶是放社的"盟主"，对放社的感情自然更深，一经顾颉刚等好友的煽动，情绪立马振作起来。

三、未能付梓的《放社丛刊》

叶圣陶和顾颉刚一起印发了《叶圣陶顾颉刚宣言书》，郑重宣布"复兴放社"、出版《放社丛刊》，通讯处就设在"苏城濂溪坊四十二号"叶圣陶家里。《叶圣陶顾颉刚宣言书》分发后，很快就得到了二十多位好友的呼应，一些工商界人士也来附会风雅。[①] 叶圣陶信心满满，为了使放社更有召唤力，他和顾颉刚登门拜访，恳请中学时代的国文老师沈绥成草拟《放社宣言》。沈绥成精通经学，有著作《经治》行世。他第一次草拟的《放社宣言》"为序文体"，语言较为艰涩，不够气派。叶圣陶和顾颉刚看了很不惬意，于 8 月 22 日再次造访，"说明原委，烦其重作。"沈绥成按照叶圣陶和顾颉刚的想法，在"放"字上大加发挥。改写后的《放社宣言》颇有目空一切的架势，现抄录于下：

> 欧化东渐，昌行社会，几于无地非社会所，无人非社员矣。
> 询其职志，则政柄其首邱焉，侦其归宿，则利权其尾间焉。其得

---

① 叶圣陶在 1912 年 8 月 22 日日记中写到苏州工党事务所袁彬之前来申请加入放社，并允诺将事务所的"空屋"借给放社作为活动中心。

失吾不敢知，然皆有为而为也。其为于无所为者，聿惟吾放社之设乎。社恶乎做？倡议于庚戌春；社恶乎成？实行于壬子夏；社恶乎地？或城或野，适性攸宜，坎止流行，不离昌亭者近是。社恶乎业？经史百氏，相与讲明，用壮其文诗，灵其书画。社当有章约严整之，监史摄任之，今则否否入社群子，无一非合道通方，其于敬业乐群，知之也深，守之也笃，矫力争而心竞，惩噂沓而背憎，故不必有颙若之型，巍然之长焉。社期之周疏，听诸时社友之多寡，听诸人大要，月恒四五作，作恒廿余士，礼乐兵农，所谓国学也；文诗书画，所谓美术也；悉详讨而明究之，然后宣诸绅豪，异于忘本。曲学由朔，臻晦辄掌录成策，授诸手民，非曰行世立言，敕质有道焉耳。隐居放言，其或当于圣论之废中权乎。嗟乎，人类荡灭，恒由国学郫亡。无大力明为挽之，诚末学肤受所深惕焉。古人之言学也，曰盈科而进，放乎四海。古人之言政也，曰推而放诸四海皆准。善夫，曾曾小子良不敢兴言及此，速苑兰觿褸之讥，厥以保存学术为职志，傅合情谊为归宿。视流俗兴社，则有为人为己之分矣。虽不能至，心向往之，求合乎古人言学，言政寔志焉，未逮之。愚沈云①

《放社宣言》后附"放社同人录"，共三十九人。放社不拟章程，不推选"监史"，也没有明确的"社期"，研究学术"纯任自然，事无专责，作无定规"，这种"无定规"本身就带有浓厚的"无政府主义"色彩。叶圣陶拟定的《放社简约》中说：

———————————

① 《放社宣言》，《新世界》第 8 期，1912 年 8 月 25 日。

放社本无约法，盖有法则有绳，殊非放社之意也。然值此正式成立之初，即社友之对于放社辄有多数之疑问，而非社友之欲入社者，以观察他团体章程之观念，每难寻放社之办事法门，则不易了悟放社之趣意矣。故以简赅之言，发为暂约，将以便记忆而已，无事深文，亦不求整次也。①

"有法则有绳，殊非放社之意也"，也是"无政府主义"者的口吻。放社三十九位"同人"中，有的是叶圣陶的同学（如汪应千、吴宾若、章君畴），有的是叶圣陶的老师（如胡石予、孙伯南、沈绥成），有的是社会党党员（如孙几伊、王臻郊、王彦龙），有的是工商界名流（如袁彬之）。《放社简约》的《总约》中说："本社分设编辑室、书报室、艺事室、音乐室、敲棋室、游宴室六部。"所设的这个"六部"，也能看出放社确有"轰轰烈烈"的势头。再看《放社简约》的"月刊约"：

月刊定名《放社丛刊》

月刊分类：曰放社消息、文艺集、文艺专集、美术集、技术集、文艺话、美术话、技术话、说部、剧部、妇女世界、文美纪事、文美批评、法言、译著、笔记、游记、稗乘、通讯、编辑谈、附录，凡二十一。非社友之著作，列为外集，凡五类：一文艺外集，二美术外集，三技术外集，四杂著，五读者俱乐部。

月刊用上等洋纸，四号字，分两格，纵二十六生的，宽十八

---

① 《放社简约》，《新世界》第 8 期，1912 年 8 月 25 日。

生的，美术集及技术集之精图冠弁卷首，用珂罗版三色版铜版石
印法印刷，封面用水彩画。

全册文字约十万言，凡属社友均有接济材料之责，稿件暂寄
通讯处（苏城濂溪坊四十二号叶圣陶宅）。

《放社丛刊》"全册文字约十万言"，内容十分博杂。1912 年 8 月，
顾颉刚在苏州草桥中学毕业后，到上海神州大学就读，同年 12 月初
"北上"，协助革命志士陈翼龙做社会党北京支部的党务工作，后来又
跟随陈翼龙到天津，组织社会党天津支部，放社的事务只得由叶圣陶
一人"仔肩"。他在 1912 年 12 月 3 日日记中写道：

> 晨起后观昨所购各种杂志，颇觉多味。饭后作书覆唐轶林
> 先生，并录旧作若干首寄去。既而颉刚家使人肩书四大包，至
> 中皆放社之物件及社会主义之籍，外附短简云："社事唯勉力，
> 而苦心搜集之社会主义书，尽以相付矣。"来人云："颉刚以昨日
> 动身至北京，同行者二人中有一姓孙者。"云云，余姓孙者殆几
> 伊也。……旋即作书并送行诗寄与彭枕霞，嘱转交颉刚。盖余
> 数日间欲待颉刚来而与言者悉以书此书中，然心颇凌乱犹未能
> 尽也。

当时叶圣陶正病"痧子"，必须"避风""禁口"，因而不能与顾
颉刚面晤。虽说"心颇凌乱"，但对于放社的事的确很"勉力"。他在
这之后的日记中不仅写到如何撰文、组稿，还写到跑印厂印制《宣
言》、《简约》、《入社书》，分寄各地社友，恳请商务印书馆出版《放

社丛刊》，筹建上海放社和杭州放社，与南社商量合并等①。《放社丛刊》创刊号出版费用高达四百元。为了筹措这笔款子，叶圣陶恳请北京、杭州、上海、苏州等地的朋友认购"股票"，交纳"入社金"，但应者寥寥。他惭愧无办事才能，执掌放社"仿佛村头大曲叔做了县官，直是手足无措"②。1912年12月8日写的《诗四章致颉刚代简》③中说："凄凉放社事，君去更堪怜，希望心如火，负担力似棉。"他一方面为放社的前途忧虑，一方面又怀着"火"一样的心情，组织放社社友开"谈话会""聚餐会""探梅会"，向各地募捐，还希望能邀请吴稚晖、卢信等"阔人"和"名人"入社，为《放社丛刊》的出版找到"捷径"。他在1912年12月26日给顾颉刚的信中说：

> 放社少一体面大的人，吴稚晖能招致入社，便宜殊多。……应干谓《放社丛刊》不出版，殊难以为情，其故缺乏一个所谓阔人，或有名人，吴稚晖、卢信辈能一招致，借其革命头衔，事便容易多多。如有机会，乞即留意焉。④

当年的吴稚晖"学问道德冠绝时流，夙为国人所仰重，即一般之政客学者，亦莫不望其丰采为斗山"。⑤卢信是早期同盟会员、南京临时政府参议员，名重一时，遗憾的是吴稚晖和卢信未能垂顾放

---

① 叶圣陶1912年9月3日致顾颉刚的信中说："同南社合并事又绝望。"
② 叶圣陶1912年9月17日致顾颉刚书，《叶圣陶集》第24卷，江苏教育出版社2004年版，第14页。
③ 《叶圣陶集》第8卷，江苏教育出版社2004年版，第24页。
④ 抄录于原件——作者注。
⑤ 《吴稚晖之一夕话》，《民立报》1913年6月9日。

社。随着岁月的流逝，放社的学子或出洋深造，或到外埠谋职，"风雨如萍，飘零渐散"。叶圣陶"门里裹足"，"频送行人。"与此同时，《江苏公报》、萃成祥、筐锦和等报社和印刷厂纷纷上门索取放社广告费，原来答应"皆以情致，不需刊费"的，转眼就变了卦，仅《江苏公报》一家开价就是五元。叶圣陶囊空如洗，编竣的《放社丛刊》只能束之高阁。

四、聊可欣慰的《尚公记》

虽说热衷于办报办刊、对社会党的"主义"和"理念"一度到了"真如痼作"的地步，但身为教师，叶圣陶对本职工作丝毫没有松懈。1912 年 3 月 31 日，叶圣陶第一次领到月薪，他在《薪工》一文中谈到当时的心情时说：

> 校长先生把解开的纸包授给我，说："这里是先生的薪水，二十块，请点一点。"
> 我接在手里，重重的。白亮的银片连成一段，似乎很长，仿佛一时间难以数清片数。这该是我收受的吗？我收受这许多不太僭越吗？这样的疑问并不清楚地意识着，只是一种模糊的感觉通过我的全身，使我无所措地瞪视手里的银元，又抬起眼来瞪视校长先生的毫无感情的瘦脸。[1]

---

[1] 《叶圣陶集》第 5 卷，江苏教育出版社 2004 年版，第 371 页。

"一切的享受都货真价实，是大众给我的，而我给大众的也能货真价实，不同于肥皂泡儿吗？"打这之后，叶圣陶每月领薪水时总有一种"僭越之感"，总是策励自己在"执教"以及在为"大众"贡献"心力"时，"务期尽量"，可他最终还是成了教育界派系斗争的牺牲品。

随着辛亥革命的流产，苏州学界的新旧之争日趋激烈。苏州光复后，新派教员将守旧的一派逐出学界，同时接纳了一批中学毕业生充实"小教"队伍。被解职的"老教员"恨在心头，串通一气，一心想夺回他们丢失的"饭碗"。1914年7月11日，有传闻说言子庙小学以缩减班次的理由将叶圣陶排挤出校（由原来的四个班并成三个班），而所谓"并班"只是个由头（后来并未压缩班级）。这让叶圣陶感到非常突然。有几位朋友来安慰他，劝他"设法"。叶圣陶说决不"厚脸"去"昏夜叩门"，乞求"同事"和"视学"的怜悯。他在当天的日记中写道：

> 课毕至雅聚，方与君畴、子明言此次更易教师之多，而滋伯、漱云从外来招余，谓"适闻确信，言子庙将减去一教室，而减去之教师，则君也。君盍一设法焉"。二君情意良殷，乃承关切，亟谢之而去。余思曩欲辞职，今乃竟被辞，未始不足慰情。二年半教师，误人家子弟当以百计，良堪惭愧，今后亦足释我辜矣。然顾念后日将何道之由语诸一家，必嗟叹并作，则此事良为没趣耳。世事真无定程，人处其间如随波而上下，弗克自振，无意得之而无意失之，亦其固然。二君教我以设法，岂令我昏夜叩门乞毋辞我耶。此则我宁散闲，尚无厚颜为此也。

1915 年前后的叶圣陶

●●放社宣言

歐化東漸昌行社會幾於無地非社所無人非社員矣詢其職志則政柄其

首邱爲偵其歸宿則利權其尾閭爲其得失吾不敢知然皆有爲而爲也其

爲於無所爲者聿惟吾放社之設乎社惡乎儌倖議於庚戌春社惡乎成實

行於王子夏社惡乎地或城或野適性攸宜坎止流行不離昌亭者近是社

惡乎業經史百氏相與講明用壯其文詩書畫社當有章約嚴整之監

史攝任之今則否否入社羣子無一非合道通方其於敬業樂羣知之也深

守之也篤矯力爭而心競戀嘽杳而背憎故不必有顴若之型巍然之長爲

"社期之周疏聽諸時社友之多寡聽諸人大要月恆四五作作恆廿餘士禮

藥兵農所謂國學也文詩書畫所謂美術也悉詳討而明究之然後宣諸

叶圣陶组织的第一个文艺社团——放社,《放社宣言》
刊于《新世界》第 8 期,1912 年 8 月 25 日出版

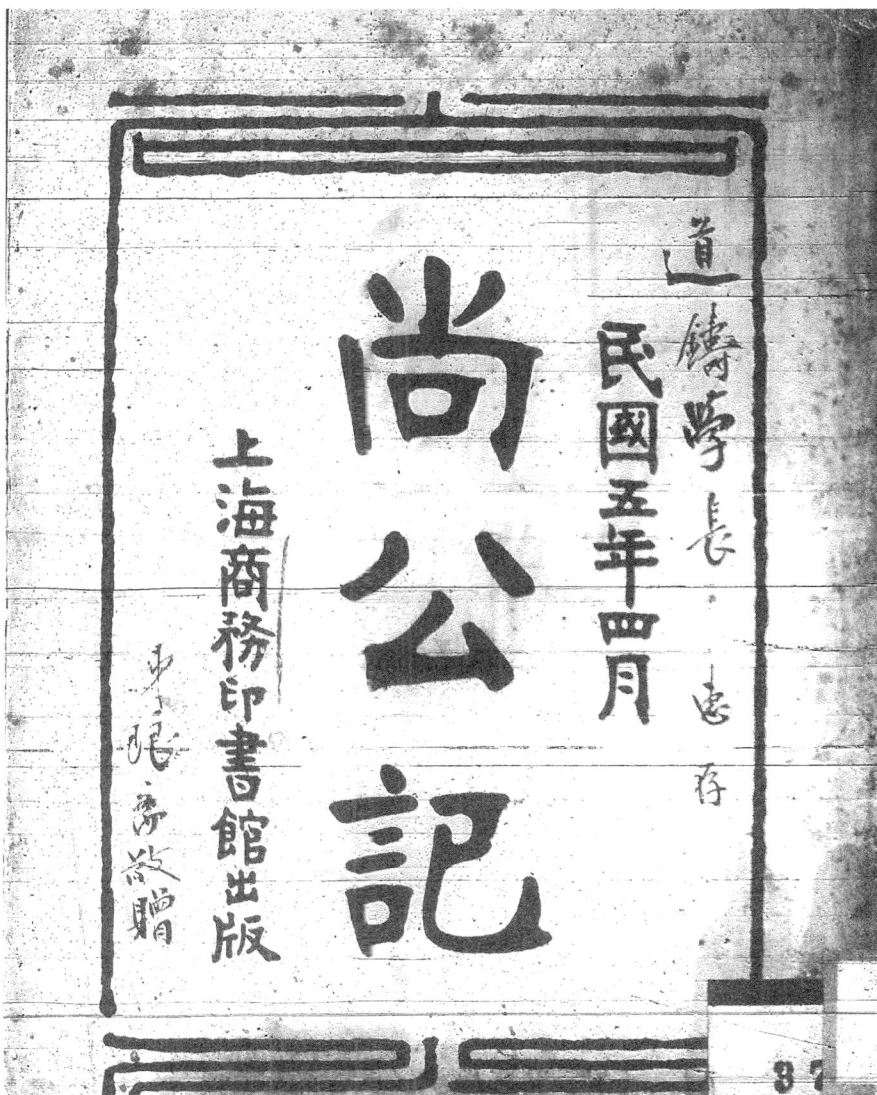

尚公記

民國五年四月

上海商務印書館出版

道鑄學長惠存

壽張聲敬贈

《尚公記》，叶圣陶参与编辑的纪念文集

　　1921 年 10 月，叶圣陶、朱自清与晨光社代表四人合影。照片上站着的女学生为曹诚英，坐在椅子上的是程仰之，席地而坐在边上的是汪静之，另一位是胡冠英

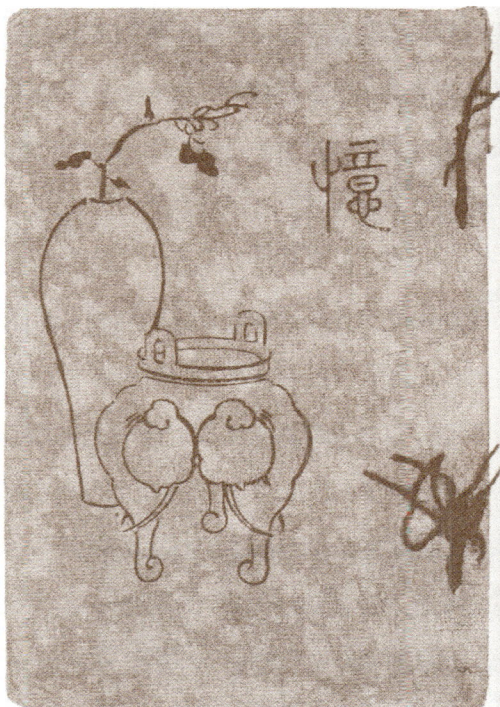

叶圣陶题写的书名——俞平伯诗集《忆》，朴社 1925 年出版。全书由作者自书，连史纸影印，丝线装订

新月集

太戈爾著

鄭振鐸譯

叶圣陶题写的书名——郑振铎 1923 年出版的译作《新月集》

《小说月报》第 18 卷第 4
号封面（1927 年 4 月），刊名
由叶圣陶书写

《小说月报》第 18 卷第 5
号封面（1927 年 5 月），刊名
由叶圣陶书写

《小说月报》第 18
卷第 6 号封面（1927
年 6 月），刊名由叶圣
陶书写

《妇女杂志》第 16 卷第 7 号（1930 年 7 月 1 日）封面，自这一期起由叶圣陶主编

《妇女杂志》第 17 卷第 3 号（1931年 3 月 1 日）封面，这是叶圣陶主编的最后一期

创作《倪焕之》时的叶圣陶

归后批校中考卷。我事必尽为之，以将去而敷衍了事，又所未敢也。①

"我事必尽为之，以将云而敷衍了事，又所未敢也。"这也能让我们联想到他的散文《薪工》。他对工作就是这么敬业。7月13日，叶圣陶到校看望学生，在日记中写道：

晨至校中，诸同事及学童均先集，即向孔丘设位行礼。私念以后如弗为教师，则或与孔先生从此无缘矣。礼毕，将散学生，顾之颇有惜别意。念相处两岁，虽无善状，却颇注心力；或则近有所进，或则斐然可观，间有顽劣，然绝无可憎，而转而可怜，方思有以化之，乃今觏一面，便是分离，能弗黯然？若语以吾弗再来，学生对我何如固未可料，而自己别泪且将夺眶而出；因弗以相告，仅谓之功课毋荒，行检毋卑。此盖例语耳，然而吾今后则弗再为此语矣。②

这也可以说是叶圣陶在言子庙小学执教两年半后写出的一份总结。"虽无善状"，教学经验不多，但一直"颇注心力"。在他的精心教育下，全班同学都有不同程度的提高，有的"斐然可观"，有的"近有所进"；对于少数"顽劣"的学童，"绝无可憎而转可怜"，正在想方设法感化他们，不料他的位置被挤掉了。"自己别泪且将夺眶而出"，说明他舍不得这班学生，从"功课毋荒，行检毋荒"的临别赠语中，

① 《叶圣陶集》第19卷，江苏教育出版社2004年版，第121页。
② 《叶圣陶集》第19卷，江苏教育出版社2004年版，第122页。

也能体味到他对学生的感情。

"一朝解职，全家凝愁，贫穷如吾家，失此即入窘乡矣！"叶圣陶只得靠写小说补贴家用，前后共写了二十来篇文言小说。这二十来篇文言小说，就思想内容而言，大体有六个方面：（一）写工人和佃农的苦难，如《穷愁》、《我心非石》；（二）揭露袁氏政府的倒行逆施，如《终南捷径》、《瓮牖新梦》；（三）歌颂劳苦大众的爱国情绪，如《一贫一富》、《良心上之敌忾》；（四）写触目惊心的家庭悲剧，如《贫女泪》、《姑恶》、《博徒之儿》等；（五）抒发父母之爱、朋友之情，如《倚闾之思》、《旅窗心影》；（六）针砭教育之弊端，如《戕性》、《某教师》。此外还有哲理小说《灵台艳影》，以及根据外国小说改写创作的《黑梅夫人》（小说通过冷静的描述，把资产阶级贵妇人极端自私、虚伪的心态刻画得入木三分）① 等其他作品。这些小说瑕瑜互见，正表现了叶圣陶在这不到两年半的时间里，努力作了各种尝试和探索，其中《穷愁》、《终南捷径》、《瓮牖新梦》、《灵台艳影》诸篇，从当时的水平来衡量，还不失为佳作。

1915 年 4 月 6 日，因了好友郭绍虞的帮助，叶圣陶到上海尚公学校任教。"尚公"意为"崇尚公众"，该校创办于 1906 年春，是商务印书馆的实验小学，有初小四个年级、高小三个年级，还有幼稚园，学生多达二百三十人，大多是商务印书馆职工和工商业者的子弟，校长就是商务印书馆编辑所负责人之一的庄百俞。尚公延聘的教员，多为热心教育的志士。他们"视校事如己事，视学生如己之子弟"，采用"实用主义""勤劳主义""自学辅导主义"的教育方法，

---

① 《礼拜六》第 17 期，1914 年 9 月 26 日。

注重实效。教师之间的关系极为融洽，"精进研求，交相奋勉"。叶圣陶到任的第二天，同事曾品纯就地邀请他加入文艺团体"东社"，一起编撰"东社社集"。叶圣陶在当天的日记中写道："曾君以东社丛刊《天涯吟草》、《鹤望近诗》见赠，谢而受之。君颇欲邀余为东社社友也①。"次日日记记："晚膳后，听品纯谈农事，颇长见闻。"4 月 10 日记："夜，灯下与品纯细论文学，各出所怀，多相证合，语至得意，相与鼓掌。客中之乐以此为最。"这之后，叶圣陶与同事的关系越来越亲密融洽。1916 年春，为了纪念尚公小学建校十周年，叶圣陶和同事们一起编撰了尚公小学建校十周年纪念文集《尚公记》②，内收叶圣陶写的散文、论文和教案共四篇，篇名如下：

《我校之少年书报社》，署名圣陶。

《国文教授之商榷（一）》署名陈文仲、叶绍钧。

《课外授案（一）昆山》，未署名。

《课外授案（二）美华利钟表制造厂》，未署名。

叶圣陶的这四篇作品从一个侧面展现了他当年的教育思想，而《尚公记》也成了叶圣陶编辑出版生涯中最初的一个成果，让他感到欣慰。

---

① 叶圣陶 1915 年 4 月 14 日日记记："曾君屡邀余入东社，情未可却，遂填入社书为社友。"

② 商务印书馆 1916 年 4 月版。

第二章

在第二个故乡——古镇甪直

一、人当"皆有一己所蕲向"

1915年9月，陈独秀主编的《青年杂志》创刊于上海（1916年9月出第2卷1号时改名《新青年》）。陈独秀在《新青年》发刊词《敬告青年》中把社会"隆盛"的希望，"属望于新鲜活泼之青年"。1917年1月4日，蔡元培出任北京大学校长。1月13日，教育部根据蔡元培的呈请，派陈独秀为北大文科学长。陈独秀随即到北大就职，他主编的《新青年》杂志也由上海迁到北京，并逐步与北京进步的知识分子结合起来，李大钊、胡适、钱玄同、刘半农、蔡元培、鲁迅、周作人等成为撰稿人，新文化运动的力量日益壮大。《新青年》第6卷1号的《本志罪案之答辩》中说明"新青年"同人拥护"德谟克拉西"（英语"民主"的音译）和"赛恩斯"（英语"科学"的音译），郑重指出："要拥护德先生便不得不反对孔教、礼法、贞节、旧伦理、旧政治；要拥护赛先生，便不得不反对旧艺术、旧宗教；要拥护德先生又要拥护赛先生，便不得不反对国粹和旧文学。""青年如初春，如朝日，如百卉之萌动，如利刃新发于硎，人生最可宝贵之时期也。青年之于社会，犹新鲜活泼细胞之在人身。新陈代谢，陈腐朽败者无时不在天然淘汰之途，与新鲜活泼者以空间之位置及时间之生命。……"《新青年》发刊词《敬告青年》中启迪心灵的警策，如清夜闻钟，如当头棒喝，使得叶圣陶的"觉悟之心"和"进步向上之心"油然而生。他在1915年11月25日日记中说：

> 夜览《青年杂志》，其文字类能激起青年的自励心。我亦青年，乃同衰朽。我生之目的为何事，精神之安慰为何物，胥梦焉莫能自明。康德曰："含生秉性之人，皆有一己所薪向。"我诵此言，感慨系之矣。

叶圣陶如饥似渴地从《新青年》中汲取思想的精华，对自己作了最深刻的反省："我亦青年"却"志气疲颓"，形同"衰朽"，不知"我生之目的"，浑浑噩噩；进而意识到身为"今日之青年"，面对二十世纪磅礴涌发之潮流，应该有一种精神，有"一己所薪向"。所谓"一己所薪向"，无非是有理想、有信仰、有追求。这之后，叶圣陶用"人生"的"新"的"精神"来规范自己，认识人生，做时代的弄潮儿，他在"五四"运动初期写的《吾人近今的觉悟》[①]一文中说：

> 现在世界各国的政府还是"强权称雄"的遗型，率了一种"强权欲"的冲动而前进，和"庶民主义"、"社会主义"根本矛盾。中国政府毫没学识，所以做出罪恶来格外难看。他国政府将学识自文，所以坏得较为冠冕，其实是一个样子。
>
> 我们欲改造世界，第一步先要铲除强权欲的冲动。我们恃自觉的奋斗精神，凡是和"庶民主义""社会主义"相背的，都要去反对他。我们不要怕强权，只要真能自觉，真能奋斗，最后胜利终属我们。我们如今应当认定，改造世界是我们的责任。无论什么难题，只有我们去解决——我们真欲解决，终能解决。
>
> 若是自居第三者地位，单说几句漂亮话，或是单能说不能行，或是深抱悲观，只会叹"国亡无日"，这都是懦夫的行径，我们绝对不应有这等态度。
>
> 我们要改造世界，只重在一个"我"——只重在我的"努力奋斗"——这是我们近今的觉悟。

文章宣传"庶民主义"和"社会主义"；提出"凡是和'庶民主义''社会主义'相背的，都要去反对他"；指明改造世界的第一步就是要推翻"强权称雄"的"中国政府"，铲除"他国政府"的"强权欲的冲动"；激励人们以"改造世界"为己任，反对在反帝反封建运动中"自居第三者地位"；坚信只要"我们不怕强权，只要真能自觉，真能奋

[①] 《时事新报》1919年5月15日第2张第1版，收入《叶圣陶集》第5卷。

斗，最后胜利终属我们"，"我们要改造世界，只重在一个'我'"，这些重要的见解和革命先驱者李大钊等人的思想十分相似。

二、从编印高等小学国文课本起步

1917 年春，叶圣陶应中学同学吴宾若和王伯祥的邀请，来到甪直镇吴县第五高等小学任教。甪直在苏州东南三十六里，曾经是吴中的一个大镇。它南连澄湖、万千湖，西靠独墅湖、金鸡湖，北邻阳澄湖，素有"五湖之厅"的美誉，历史上是个文化发达的地方。镇上小桥流水，黑瓦白墙，窄街深巷，房舍层叠，店铺栉连。全镇面积约一平方公里，原有石桥七十二座半（所谓"半座"，指一处架在小溪上仅有三、四级石阶的小石板桥）。漫步于甪直街头，真有"市尘五步一顶桥"之感，相传唐代诗人杜荀鹤的诗句"人家尽枕河，水港小桥多"，就是在这里写成的。1926 年 1 月初，郭沫若到甪直镇参加诗人严良才的婚礼，事后在回忆中说：

> 甪直于我却有点象物外的桃源。……那境地有点象是在梦里的一样。空气是那样澄净，林木是那样青翠；田畴的平坦，居民的朴素，使人于不知不觉之间便撤尽了内外的藩篱，而感到了橄榄回味般的恬适①。

---

① 郭沫若：《创造十年续篇》，《郭沫若全集》第 12 卷，人民文学出版社 1992 年版，第 283 页。

古镇甪直很美，这里的人更美。吴宾若是"五高"的校长，王伯祥是"五高"的教员。叶圣陶从他第一次登上讲台那天，就抱定一个志向"使醇醇诸稚展发神辉"，但在苏州和上海时，"因种种牵制不能达到"，到了甪直"却很可以自由措施了"（顾颉刚《〈隔膜〉序》）。叶圣陶和吴宾若、王伯祥，"本来是同学，犹如亲兄弟一样，复为同事，真个手足似地无分彼此，只觉得各是全体的一部分"[①]。

1919 年 9 月，叶圣陶把家从苏州搬到了甪直，"从此做了甪直人"，和外祖母、母亲，以及妻子胡墨林还有刚满周岁的长子至善一起过上了恬静的"乡村生活"，他在《〈甪直闲吟图〉题记》中说：

> 1919 年我父见背，我妻墨林育至善已逾周岁，伯安[②] 任墨林为女子部级任教员，于是我家于是年暑中迁居甪直。……到校有两途可循，一沿河岸而行，复折而南，一则曲折循田塍行，出眠牛泾即为保圣寺天王殿前之旷场，比较近捷。

叶圣陶全身心地投入了教育，和同事们一起对教育进行了一系列改革。顾颉刚在《〈隔膜〉序》中说：

> 他在这几年里，胸中充满着希望，常常很快乐的告诉我他们学校的改革情形。他们学校里，立农场，开商店，造戏台，设备博览馆，有几课不用书本，用语体文教授，……几年内一步步的

---

① 叶圣陶：《好友宾若君》，《叶圣陶集》第 5 卷，江苏教育出版社 2004 年版，第 271 页。

② 伯安是沈伯安，1919 年 8 月吴宾若因车祸去世，由沈伯安接替担任五高校长。

做去，到如今都告成功了。这固是圣陶的一堂同事都有革新的倾向，所以进步如此其快，但圣陶是想象最锐敏的，他常常拿新的意见来提倡讨论，使全校感受到他的影响，这是无可疑的。①

古镇甪直，不仅是叶圣陶实践教育思想的园地，是叶圣陶新文学创作的摇篮，也是叶圣陶编辑和出版工作的发祥地。在甪直，叶圣陶选编了高等小学国文教材，课文包括：翻译作品，如莫泊桑的《两个朋友》（即《二渔夫》）、《项链》，都德的《最后一课》、《柏林之围》，易卜生的《娜拉》等；古典名作，如宋濂《王冕传》、顾炎武《与友人论学书》、魏学洢《核舟记》、杜甫《兵车行》、白居易《折臂翁》、司马迁《史记·项羽本纪》等；以及根据名作改写的语体文，如根据《史记·刺客列传》改写了《荆轲刺秦王》，根据袁宏道的《虎丘记》改写了《苏州虎丘》，根据张溥的《五人墓碑记》改写了《苏州五人墓》，等等。随着新文化运动的勃兴，鲁迅的《孔乙己》、《故乡》，胡适的《一颗星儿》，周作人的《小河》、《生活之艺术》，沈尹默的《三弦》等一大批新文学作品也被叶圣陶编入国文课本，因而引起了教育界极大的关注。

三、汇集在"新潮社"的旗帜下

1918 年 11 月 19 日，北大学生傅斯年、罗家伦等发起成立新潮

---

① 《叶圣陶集》第 1 卷，江苏教育出版社 2004 年版，第 206—207 页。

社，出版《新潮》杂志。新潮社坚守"批评的精神""科学的主义""革新的文词"这三项准则，站在时代潮流的前列，介绍西方近代思潮，批评中国当代学术上、社会上各种问题，鼓吹文学革命和伦理革命，提倡把个人从传统的旧风俗、旧思想、旧行为的束缚中解放出来。对《新青年》顶礼膜拜的叶圣陶很自然地转向了对新潮社和《新潮》杂志的关注。所不同的是，陈独秀创办《新青年》，叶圣陶事前并不知晓，他对于《新青年》只是如饥似渴地阅读和汲取。而傅斯年、罗家伦等发起成立新潮社，出版《新潮》杂志，叶圣陶事前是知道的，是《新潮》杂志最忠实最勤奋的撰稿人，《新潮》杂志第一卷第一号（1919 年 1 月 1 日），就刊有叶圣陶和王伯祥合写的论文《对于小学作文教授之意见》。《新潮》杂志第一卷第二号（1919年 2 月 1 日），刊有叶圣陶著名的关于"妇女解放"的论文《女子人格问题》，同时还刊登了他创作的第一首新诗《春雨》。《新潮》杂志第一卷第三号（1919 年 3 月 1 日），刊有叶圣陶新小说的代表作《这也是一个人！》，这之后发表的作品就更多了。

　　汹涌澎湃的新文化运动使远在水乡古镇的叶圣陶成了"放眼以观世界"、敢于"发舒意见"、"阐述志趣"、锐意进取的"新青年"，并以"思考的一代"、"新一代青年"自许，以建设新文学为己任，成了开创"新体小说创作风气"的先驱者。顾颉刚在《〈隔膜〉序》中对叶圣陶当年的思想风貌作了精辟的论述：

　　　　民国七年间，《新青年》杂志提倡国语文学极有力量。但那时新体小说只有译文，没有创作。圣陶禁不住了，当《新潮》杂志出版时，他就草了《一生》一篇寄去，随后又陆续做了好几篇。

可喜《新潮》里从事创作的，还有汪缉斋、俞平伯诸君，一期总有二、三篇，和圣陶的文字，竟造了创作的风气……

《一生》原来的题名叫《这也是一个人！》（收入短篇集《隔膜》时改为《一生》），这是叶圣陶的第一篇白话小说，他把这篇小说寄给顾颉刚。顾颉刚看后兴奋极了，他在1919年1月21日给叶圣陶的信中大加赞赏，认为叶圣陶用写实的手法叙述了一个农村女子的不幸命运，"情真境确"，打破了以往的惯例——"'佳人'同'薄命'两个观念"。鲁迅也大加赞赏，他在《对于〈新潮〉一部分的意见》中说："《新潮》里的《雪夜》，《这也是一个人》，《是爱情还是苦痛》（起首有点小毛病），都是好的。上海的小说家梦里也没有想到过。这样下去，创作很有点希望。"[1]

1919年3月，叶圣陶由顾颉刚介绍加入新潮社。叶圣陶加入新潮社后，在甪直设立《新潮》杂志甪直"代办处"，销售《新潮》杂志，并与吴宾若、王伯祥、顾颉刚等十多人商定每人每月储洋二元，集资办一周刊，刊名叫作《自觉》，希望能像《新潮》月刊那样，向旧文化、旧思想进行深入彻底持久的攻击，传播新文化、新思想。他在7月30日发表的散文《人的生活》中说：

> 我在乡间做教师，聚上六七位同志，买许多书籍杂志，暇时共同研究，更想编一种周刊，……更想买一架印字机，将这周刊自排自印。至达到年底，总可成事实。

---

[1]《鲁迅全集》第7卷，人民文学出版社2005年版，第236页。

遗憾的是因为吴宾若的猝亡，以及王伯祥离开角直到厦门集美学校任职，《自觉》而未能出版，叶圣陶不甘心就此受挫，于是就改为出版油印小报《直声》。虽说《直声》也只出了几期，但叶圣陶对于创办刊物的心情更急切了，总想在编辑出版工作方面有所作为，他在一首题为《夜》的新诗中写道：

> 你将世界包裹！
> 虽然有煤灯电火，
> 但是一切都生了阴影，
> 显见你是幽晦的，严密的，
> 最高威权的包裹！
> ……
> 冲决你的包裹！
> 毁灭你的王国！
> 光明的曙色与世界接吻，
> 弱小的心才得救啊！

叶圣陶把当时的中国比喻为"黑沉沉的夜"，在他看来要冲决"夜"的包裹，毁灭"夜"的王国，得靠"新文化"和"新思想"。只有"新文化"和"新思想"才能使"现世"绽放出"光明的曙色"，使"弱小的心"得到拯救。

第三章

"半淞园摄影"传佳话

一、拟定《文学研究会丛书缘起》、《编例》和《目录》

1921 年 1 月 4 日，文学研究会在北京中央公园来今雨轩正式成立，叶圣陶和周作人、朱希祖、耿济之、郑振铎、瞿世英、王统照、沈雁冰、蒋百里、郭绍虞、孙伏园、许地山一起，列名为文学研究会的发起人。文学研究会的成立是新文学史上的一件大事，标志着新文学运动已经从一般的新文化运动中分离出来，形成了一支独立的队伍，预示着"一个普遍的全国的文学活动开始到来"①，现代文学进入了

---

① 茅盾：《中国新文学大系·小说一集导言》，《中国新文学大系·小说一集》，上海良友图书出版公司 1935 年 5 月版。

各种流派竞相发展的新时期。

1921年3月底，刚从北京交通部铁路管理专科学校毕业的郑振铎来到上海，被分派到铁路南站见习，让他先从车厢挂钩的活儿干起。在沈雁冰和叶圣陶的激励下，郑振铎决定"从事文化工作"，白天在铁路上挂钩，晚上便为《时事新报》编副刊《学灯》，并开始筹划文学研究会会刊《文学旬刊》。随着郑振铎的南下及文学研究会的好多位作家聚集到上海，文学研究会的重心也由北京南移到上海，并由沈雁冰、郑振铎、叶圣陶等形成了新的领导核心。

当时，叶圣陶虽说还在甪直执教，但与上海近在咫尺，来往便捷。1921年4月上旬，叶圣陶到上海鸿兴坊沈雁冰的寓所，与沈雁冰、沈泽民、郑振铎会晤。他后来在1945年写的《略谈雁冰兄的学工作》一文中谈及这次会晤时说：

> 到了上海，就到他鸿兴坊的寓所去访问他。第一个印象是他的精密和广博，我自己与他比，太粗略了，太狭窄了。直到现在，每次与他晤面，仍然觉得如此。那时还遇见他的弟弟泽民，一位强毅英挺的青年。振铎兄已经从北京到上海来了。我们同游半淞园，照了相片。后来商量印行《文学研究会丛书》，拟订译本目录，各国的文学名著由他们几位提出来，这也要翻，那也要翻，我才知道那些名著的名称。①

半淞园是一个私家园林，位于黄浦江江边码头附近，园内有湖

---

① 《叶圣陶集》第9卷，江苏教育出版社2004年版，第128页。

塘、花草、树林，建有听潮楼、留月台、江上草堂、群芳圃、水风亭等名胜，一派山野乡情的自然神韵。据说园名出自杜甫的《戏题王宰画山水图歌》里的两句诗。初春的半淞园格外明媚，他们四个人的心情也格外兴奋。90多年过去了，在文学世代传递的长河中，这套《文学研究会丛书》包括《文学研究会丛书缘起》、《文学研究会丛书编例》和《文学研究会丛书目录》，连同他们四人同游半淞园拍摄的照片，显得越来越珍贵。从此，叶圣陶与沈雁冰、郑振铎成了心心相印的朋友，（只可惜沈泽民牺牲得太早了），促使文学研究会得以蓬勃发展。现将《文学研究会丛书目录》抄录如下：

文学研究会丛书目录①

文学的近代研究	美国莫尔顿著	郑振铎译
文学的原理与问题	美国亨德著	沈泽民译
文学思潮论	日本厨川白村著	谢六逸译
文学概论	英国黑特生著	瞿世英译
文学之社会的批评	英国蒲克著	
	李石岑 沈雁冰 柯一岑	郑振铎译
诗歌论	英国皮利士著 傅东华	金兆梓译
戏剧发达史	英国布兰特马太著	王统照译
日本文学史		周作人编
意大利文学史		胡愈之编
俄国文学史		郑振铎编

---

① 《小说月报》第12卷第8号，1921年8月10日。

英国文学史		沈雁冰编
德国文学史		蒋百里编
法国文学史		冬　芬编
美国文学史		瞿世英编
北欧文学史		刘　健编
西班牙文学史		郑庆豫编
匈牙利文学史	匈牙利李特尔著	沈泽民译
俄国文学的理想与实质	俄国克罗巴特金著	

谢六逸　沈雁冰　沈泽民译

艺术家及思想家之托尔斯泰

	俄国斯卞皮柴夫斯基著	耿之济译
太戈尔研究	郑振铎	瞿世英编
英国短篇小说集		胡愈之译
哈提短篇小说集	英国哈提著	胡愈之译
心碎之屋	英国萧伯讷著	潘家洵译
银匣	英国高思倭塞著	陈大悲译
心史	英国克洛士著	许地山译
一个不重要的妇人	英国王尔德著	耿之济译
王尔德神异故事集	英国王尔德著	郑振铎译
爱尔兰短篇小说集		冬　芬译
微光（小说集）	爱尔兰夏芝著	王统照译
夏芝诗集	爱尔兰夏芝著	李之常译
俄国短篇小说集		耿之济译
夜店	俄国高尔该著	耿之济译

高尔该短篇小说集	俄国高尔该著	孙伏园	郑振铎译
人的一生及其它	俄国安得列夫著	郑振铎	沈泽民译
安得列夫短篇小说集	俄国安得列夫著		会　员译
克洛连科短篇小说集	俄国克洛连科著		会　员译
古卜林短篇小说集	俄国古卜林著		会　员译
梭罗古勃短篇小说集	俄国梭罗古勃著		会　员译
猎人日记	俄国屠格涅夫著		耿之济译
托尔斯泰短篇小说集	俄国托尔斯泰著		孙伏园译
家庭幸福	俄国托尔斯泰著		耿之济译
工人绥惠略夫	俄国阿尔志拔绥夫著		鲁　迅译
沙宁	俄国阿尔志拔绥夫著		宋　介译
灰色马	俄国路卜岑著	郑振铎	瞿世英译
法国短篇小说集			会　员译
莫里哀戏曲集	法国莫里哀著		高真常译
佛罗倍尔短篇小说集	法国佛罗倍尔著		孙伏园译
莫泊三短篇小说集	法国莫泊三著		会　员译
佛朗士短篇小说集	法国佛朗士著		会　员译
美国短篇小说集			胡愈之译
每日之面包	美国杰勃生著		柯一岑译
草叶集	美国惠德曼著		谢六逸译
斯坎德那维亚短篇小说集			会　员译
建筑师及其它	挪威易卜生著		潘家洵译
阿尼	挪威般生著		谢六逸译
新结婚的一对及其它	挪威般生著		冬　芬译

结婚集	瑞典史德林堡著	柯一岑	沈雁冰译
饿者	挪威哈姆生著		瞿世英译
德国短篇小说集			会 员译
意门湖	德国史东著		唐性天译
沉钟	德国哈勃曼著		蒋百里译
织工	德国哈勃曼著		李之常译
苏特曼戏曲集	德国苏特曼著		潘家洵译
苏特曼短篇小说集	德国苏特曼著		会 员译
阿那托尔	奥大利显尼兹劳著		郭绍虞译
战中之人	匈牙利拉古兹著		沈雁冰译
波兰短篇小说		冬 芬	明 心译
胜者巴狄克	波兰显克微支著		冬 芬译
梅德林戏曲集	比利时梅德著		高六珈译
青鸟	比利时梅著		李之常译
太戈尔戏曲集	印度太戈尔著	郑振铎	瞿世英译
新月集	印度太戈尔著		郑振铎译
暗室之王	印度太戈尔著		瞿世英译
春之循环	印度太戈尔著		瞿世英译
日本短篇小说集			周作人译
一个青年的梦	日本武者小路著		鲁 迅译
新犹太短篇小说集			会 员译
宾斯奇独幕剧	犹太宾斯奇著		胡愈之译
世界语短篇小说集			胡天月译
幽兰女士（戏剧集）			陈大悲著

隔膜（小说集）　　　　　　　　　　　　　　叶绍钧著

上述"文学研究会丛书'书目，这只是这部"丛书"最初的选目，随着文学研究会阵容的日益扩大和新文学的蓬勃发展，"文学研究会丛书"也不断地增补和扩编，《文学周报》1929 年 1 月出版的第 7 卷（合订本）的《文坛近讯》中写到：

> "文学研究会丛书"在上月出版《老张的哲学》、《赵子曰》、《意大利及其艺术》三书；本月又出版茅盾的《幻灭》，罗黑芷的《醉里》，沈馀译的《他们的儿子》三书；即日可出版者有茅盾的《动摇》，赵景深、邱文藻的《天鹅歌剧》二书；年内可出版者则有茅盾的《追求》，王统照的《黄昏》，黎烈文译的《河童》，李青崖译的《波纳尔之罪》，沈馀译的《一个人的死》，赵景深译的《罗亭》，徐霞村译的《葡子夫人》，高滔译的《贵族之家》，宏徒编的《文坛逸话》等书。

"文学研究会丛书"一共出版了多少种，现在已经很难厘清了。除上述列出的这些书目，笔者收集到的"文学研究会丛书"（包括诗歌、小说、散文），以及"文学研究会通俗戏剧丛书"和"文学研究会创作丛书"（包括戏剧和翻译），还有一百二十多种。这批"丛书"的选编工作大多是叶圣陶、郑振铎和沈雁冰做的，他们为新文学发展所作的贡献难以估量。1923 年年初，叶圣陶进商务印书馆编译所国文部当编辑，沈雁冰正好从《小说月报》社调回国文部。商务的编译所在"涵芬楼"二楼上，一大间屋子，用隔扇隔成若干间，中间是过道，过道两边每间为一个部。当时国文部中每四张书桌为一组，叶圣陶和沈雁冰对面坐。1926 年 1 月，沈雁冰到广州参加中国国民党第二次全国代表大会。大会闭幕后，按照中国共产党组织的要求留在广州，任中国国民党中央宣传部秘书。叶圣陶和沈雁冰在"联席涵芬楼"的时光至少有三个春秋，"奇文共欣赏，疑义相与析"，成了日后永久的回忆。

二、主编文学研究会会刊《文学周报》三年半

《文学周报》原名《文学旬刊》，1921 年 5 月 10 创刊，附在上海《时事新报》上发行。1922 年 1 月 11 日，出版的《文学旬刊》第 24 号上注明"文学旬刊社编辑"。创刊后一周年，1922 年 5 月 11 日出版的《文学旬刊》第 37 期上，刊头注有"文学研究会的定期刊物之一"字样。从 1923 年 7 月 30 日第 81 期，改名为《文学》（周刊），仍附在《时事新报》上发行。《文学》（周刊）与《文学旬刊》均为八开两张，1925 年 5 月 10 日出到第 172 期时，更名为《文学周报》，并脱离《时事新报》而独立出版，开本改为 16 开四张，由开明书店发行。1926 年 11 月 14 日，《文学周报》第 249、250 期合刊出版后，改为 32 开本，篇幅扩充到 32 页，每期装订成册。1929 年 11 月 24 日，《文学周报》第 376 期又改为 16 开本 4 张。1929 年 12 月 22 日，《文学周报》第 380 期（第 9 卷第 5 号）出版后停刊，延续的时间长达八年之久。为了叙述的便利和统一，笔者将文学研究会会刊统称为《文学周报》。

半淞园聚会，除了规划《文学研究会丛书》，还决定创办文学研

究会会刊《文学旬刊》，并一起拟定了《文学旬刊宣言》以及《文学旬刊》编辑出版的相关细节。《文学旬刊宣言》中说：

> 人们的最高精神的联锁，惟文学可以实现之。
>
> 无论世界上说那一种语言的人们，他们都有他们自己的文学，也同时有别的人们的最好的文学，就是，同时把自己的文学贡献给别人，同时也把别人的文学介绍来给自己。世界文学的联锁，就是人们最高精神的联锁了。
>
> 我们很惭愧；惟有我们说中国话的人们，与世界的文学界相隔得最为远，不惟无所与，而且也无所取。因此，不惟我们的最高精神不能使世界上说别种语言的人的了解，而且我们也完全不能了解他们。与世界的文学界断绝关系，就是与人们的最高精神断绝关系了。这实在是我们的非常大的羞辱，与损失——我们全体的非常大的羞辱与损失！
>
> 以前在世界文学界中黯然无色的诸种民族，现在都渐渐的有复兴之望了。爱尔兰、日本、波兰、吐光芒于前，印度、犹太、匈牙利，露刃颖于后。惟有我们中国的人们还是长此酣睡，毫无贡献。我们实是不胜惭愧！
>
> 现在虽有一班人努力于创作，努力于介绍，但究竟是非常寂寞而且难闻回响。不要说创作之林，没有永久普遍的表现我们最高精神的作品，就是介绍也是取一漏万，如泰山之一石。
>
> 在此寂寞的文学墟垎中，我们愿意加入当代作者译者之林，为中国文学的再生而奋斗，一面努力介绍世界文学到中国，一面努力创造中国的文学，以贡于世界的文学界中。虽然我们自知我

们的能力非常薄弱，这个小小的《旬刊》，也决不能大有助于我们的目的；然而"登高自卑"，悬鹄自不能不远而且大。

总之，我们存在一天，我们总要继续奋斗一天。结果如何，是非我们所顾及的。如能因我们的努力，而中国的文学界能稍有一线的曙光露出，我们虽牺牲一切，——全部的心和身——也是不顾恤的！

为了使"中国的文学界能稍有一线的曙光露出"，即便"牺牲一切，——全部的心和身——也是不顾恤的！"这就是沈雁冰、郑振铎和叶圣陶当年的誓言。《〈文学旬刊〉体例》共分为八类，现抄录于下：

一、论文凡讨论文学上的各问题，研究文学的原理，及评论世界及中国文坛之变迁与现状的论文，皆入此栏。

二、创作我们的作品，无论是诗，是小说，是剧本，都列入此栏。现在我们的文学，正在创作的萌芽时代，为尽量的自由发表各人的作品起见，本栏所载，拟略取宽格。也许稍涉于滥，然而精神总必求其一致。

三、译丛译世界各国的文学名著。因限于本刊编辑之故，所译的东西，拟以短篇为尚。但间亦登长篇的译文。

四、传记评述各国文学家的生平与其作品。

五、文学界消息以介绍世界各国及中国之最新的有价值的文学作品之登于各杂志上的为主。文学界的其他一切消息，也略有记载。

六、文艺丛谈随笔所写的文字，最足以表现其思想，也足以感人。故本刊于此栏也甚注意。

以上六类都是本刊要常常登载的，尚有以下二类，也间时录登：

一、书评批评新出或旧有的文学作品！包括翻译的与创作的。

二、特载登载外间的来件。

从这《体例》可以看出《文学周报》视野开阔，内容丰富。郑振铎对于《文学周报》的贡献最大，在较长时期内"编辑、发稿、往报馆校对、排样，经常由郑振铎担任"。[①] 另一位"担任"者则是叶圣陶。郑振铎曾写过一首小诗《赤子之心——赠圣陶》[②]：

我们不过是穷乏的小孩子。

偶然想假装富有，

脸便先红了。

郑振铎用"赤子之心"来形容他和叶圣陶，彰显的主要是他俩对于文学研究会工作的热忱。1923 年 12 月，叶圣陶正式接手主编《文学周报》。赵景深在《〈文学周报〉影印本前言》[③] 中说：

《文学周报》的第一任主编是文学研究会的首先发起人之一

---

① 叶圣陶：《略叙"文学研究会"》，《文学评论》1959 年第 2 期。

② 《诗》月刊第 1 卷 2 号，1922 年 2 月 15 日。

③ 《文学周报（影印本）》，上海书店 1984 年版。

郑振铎，……到1922年12月，由谢六逸接任主编工作。1923年5月12日第73期起，又改由沈雁冰、叶绍钧(圣陶)、郑振铎、谢六逸等十二人共同负责编辑。同年又进行改组，调整后的负责编辑，十余人中加入瞿秋白。同年12月24日第102期起，由叶绍钧主编，到1927年7月，主编由我（赵景深）接任。1929年1月8日第351期起，又改由我和郑振铎、谢六逸、耿济之、傅东华、李青崖、徐调孚、樊仲云等八人集体负责，直到1929年12月23日第380期停刊止。

赵景深的叙述是可信的。1923年12月24日，郑振铎在《文学周报》第102期发表《启事》：

> 我因事务太忙！已将关于《文学》一部分的事，移交给叶绍钧君经理。以后关于《文学》的一切来信，均请改寄"上海宝山路顺泰里一弄一号"为盼!!!

所谓"一部分的事"，指的是投稿、函件、发行、问询之类的事务，实际上就是现在所说的"执行主编"的工作。1924年7月初，叶圣陶把家搬到香山路仁馀里二十八号，《文学周报》自129期（7月7日出版）起，封面上注明"编辑及经理处上海闸北香山路仁馀里二十八号"，还特地发表了更改社址的《启事》，直到1927年5月22日出版的第4卷20号（总第270期），《文学周报》封面上仍标明"上海香山路仁馀里二十八号文学周报社编辑"，叶圣陶家的大门上仍然钉着"文学研究会"的搪瓷牌子。由于仁馀里二十八号在"五卅"前后是左派的联络点,"四·一二"中走漏了风声,叶圣陶回不去了。所以,自 1927 年 6 月 12 日出版的《文学周报》4 卷 21 号(总第 271 期)起,封面上改署"上海宝山路宝山里六十号开明书店发行",这与赵景深在《〈文学周报〉影印本前言》中所说的:"到 1927 年 7 月,主编由我接任"的话,是很吻合的。叶圣陶担任《文学周报》的"执行主编"长达三年半。

通览 380 期《文学周报》,可以看到该报的两大特色。一是没有门户之见,虽说是文学研究会的会刊,但对外的大门总是敞开着的,一开始就声明"本刊虽归文学研究会编辑,却仍是公开,读者的来稿,仍是尽量的欢迎"①。二是创作与译介并重,在创刊《宣言》中郑重表示:"在此寂寞的文学墟坟中,我们愿意加入到作者译者之林,为中国文学的再生而奋斗,一面努力介绍世界文学到中国,一面努力创造中国的文学,以贡献于世界的文学中。"②仅开设的介绍"世界文学"的"专号"就有:

1.陀斯妥耶夫斯基纪念(刊有西谛《陀斯妥耶夫斯基的百年纪念》、愈之《陀斯妥耶夫斯基年表》、冰《陀斯妥耶夫斯基带了些什么东西给俄国?》③、《陀斯妥耶夫斯基作品一览》④)。

2.泰戈尔访华专号(刊有记者《东方文明的危机——泰戈尔先生在上海各团体欢迎会讲》、诵虞《泰戈尔的我观》、《泰戈尔新著的介绍》、缅甸华侨《泰戈尔过缅甸时的演说》、澄《杂感二则》⑤)。

---

① 《今后之本刊》,《文学旬刊》第 36 期,1922 年 5 月 1 日。

② 本刊同人:《宣言》,《文学旬刊》第 1 号,1921 年 5 月 10 日。

③ 《文学旬刊》第 19 号,1921 年 11 月 2 日。

④ 《文学旬刊》第 20 号,1921 年 11 月 20 日。

⑤ 《文学》第 118 期,1924 年 4 月 21 日。

3.安徒生专号（刊有徐调孚《"哥哥，安徒生是谁?"》、顾均正《安徒生的恋爱故事》、赵景深《安徒生童话里的思想》、徐调孚《安徒生的处女作》、沈雁冰《文艺的新生命——译布兰特斯〈安徒生论〉第一节的大意》①）。

4.世界民间故事专号（刊有徐调孚译《白壁尔的儿子——喜马拉雅民间故事》、西谛译《巴古齐汗——高加索民间故事》、赵景深译《盖留梭——意大利民间故事》、顾均正译《富农的妻子——挪威民间故事》、徐蔚南译《神奇的头发——塞尔维亚民间故事》、徐蔚南译《青岛——法国南部民间故事》、黎烈文译《狐医生——俄罗斯民间故事》②）。

5."托尔斯泰百年纪念特号"③用了两期的篇幅，设有"论文""介绍""感想"三个专栏，刊登的译著有：

论　文

《怀托尔斯泰》	［俄］蒲宁著	徐霞村译
《论托尔斯泰》	［俄］尼古拉涅灵著	故　剑译
《托尔斯泰小说论》	［美］费尔普司著	赵景深译
《托尔斯泰童话论》		顾均正
《读托尔斯泰的〈复活〉》		司　君

---

① 《文学周报》第186期，1925年8月16日。
② 《文学周报》第299期，1928年1月15日。
③ 《文学周报》第333、334合期，1928年9月9日。

介　绍

《纪梦》	［俄］托尔斯泰著	耿济之译
《工作死亡与疾病》	［俄］托尔斯泰著	雪　君译
《托尔斯泰的短篇代表作》		杜　衡译
《托尔斯泰日》		托尔斯泰编

感　想

《杂谈托尔斯泰》		老　汪
《汉译托尔斯泰著作编目》		赵景深
《缠不清的谈托尔斯泰》		博　董

6."苏俄小说专号"。1929 年 4 月 28 日,《文学周报》用了整整五期（第 364 至 368 期）的篇幅,隆重推出"苏俄小说专号",刊登的译著有:

《新俄文坛最近的趋势》	Joshna Kunitz 著	刘　穆译
《信》	白倍尔著	徐调孚译
《马利亚》	捏维洛夫著	叶绍钧译
《大家庭》	罗曼诺夫著	映　波译
《老太婆》	赛甫琳娜著	郑振铎译
《三架织布机》	谢景琳著	赵景深译
《鹤》	谢西珂夫著	刘　穆译
《奇迹》	弗尔可夫著	樊仲云译
《爱情》	曹西钦珂著	耿济之译

《不过一点儿小事》　　　左祝梨著　　　　　　　傅东华译

《苏俄的教育人民委员长——阿拉德里·鲁纳却尔斯基》

　　　　　　　　　　　　　　　　　　　　　　　　　谢六逸

《本号苏俄小说作者传略》　　　　　　　　　　　编者甲

《中译苏俄小说编目》　　　　　　　　　　　　　编者乙

《编校后记》　　　　　　　　　　　　　　　　　编者丙

　　这六个"专号"中，"陀斯妥耶夫斯基纪念"和"托尔斯泰百年纪念特号"，叶圣陶参与了策划，"泰戈尔访华专号"和"安徒生专号"是叶圣陶主编的，"苏俄小说专号"叶圣陶是作者之一。"陀斯妥耶夫斯基纪念"专号宣称：陀斯妥耶夫斯基是"使我们爱，使我们恨的传道者"，在"卑下的，疯狂的"灵魂中，挖掘出"人性的永久"的"善"。"托尔斯泰百年纪念特号"宣称：托尔斯泰的作品，是"人道主义的典范"。"泰戈尔访华专号"宣称"爱不单是感情，爱是真理"。"安徒生专号"倡导"要懂得儿童的心理"。"苏俄小说专号"则为"革命文学"树立范式。所有这些，都使我们的新文学得到滋养。

　　最值得称颂的是《文学周报》，它密切地关注现实，引领时代潮流，始终站在"反帝反封建"的最前沿。1925年"五卅惨案"发生后，《文学周报》一连四期都可称作是"五卅惨案"专号，现将这四期的目录摘抄于下：

《文学周报》第177期（1925年6月14日）目录

上海学术团体对外联合会宣言

五月三十日的下午　　　　　　　　　　　　　　　沈雁冰

五月三十日　　　　　　　　　　　　　　　　圣　陶

我的恸哭　　　　　　　　　　　　　　　　　大　白

"谨防利用"——一个会场的速记　　　　　　　大　白

《文学周报》第 178 期（1925 年 6 月 21 日）目录

可悲的中国文学界　　　　　　　　　　　　　仲　云

晚境　　　　　　　　　　　　　　　　　　　敬隐渔

演讲　　　　　　　　　　　　　　　　　　　圣　陶

《文学周报》第 179 期（1925 年 6 月 28 日）目录

给死者　　　　　　　　　　　　　　　　　　佩　弦

五月卅一日急雨中　　　　　　　　　　　　　圣　陶

街血洗去后　　　　　　　　　　　　　　　　西　谛

《文学周报》第 180 期（1925 年 7 月 5 日）目录

暴风雨——五月三十一日　　　　　　　　　　沈雁冰

迂缓与麻木　　　　　　　　　　　　　　　　西　谛

"认清敌人"　　　　　　　　　　　　　　　　圣　陶

白种人——上帝的骄子！　　　　　　　　　　佩　弦

杂谭　　　　　　　　　　　　　　　　　　　西　谛

"五卅惨案"专号中，沈雁冰、叶圣陶、朱自清、郑振铎的诗文，都是现代文学史上的名篇，值得注意的是刘大白。刘大白早年追求过马克思主义和共产主义，是新文学的开拓者之一，也是"五四"时期蜚声文坛的诗人，"五四"退潮后步入政坛，以"自由主义者"相标榜。"五卅"惨案发生时，刘大白正在复旦大学执教，并担任中文系代理系主任。就思想而言，此时的刘大白已经开始"退化"，可他在《文学周报》发表的这两个作品，值得一读。

1925 年 6 月 1 日，"五卅"惨案发生的第二天，复旦师生全体罢课，学生一律茹素，将节约的伙食费援助工人。刘大白不仅为死难者哀悼，还在《我的恸哭》一文中批评了只是一味"恸哭"，在"反帝"斗争中无所作为的旁观者，文章开头写道：

> 强食弱肉，大哉人道；螳臂当车，杀人如草。歼此暴徒，飞丸如雨；伏尸十数，流血百步。呜呼哀哉！呜呼哀哉！！非夫人之为恸而谁为！非夫人之为恸而谁为！！

这种一字一泪无比沉痛的情感和十分悲愤的情绪，是对帝国主义野蛮行径的强烈谴责。刘大白盛赞为国捐躯者，他们"把生命做了代价，留下了无限悲惨的光荣，留下了无限光荣的悲惨"。同时指出"未死者"应负的责任，指出"我们对于死者的责任，实在不仅仅在乎几场恸哭而止的"。"五卅"运动爆发后，尽管各界举行了声势浩大的游行示威，但也有一些人软弱妥协、消极观望，甚至诋毁游行示威活动。对此，刘大白展开了强烈的批判，尤其是对那些平日以革命者自居，在惨案爆发后却站在一旁看热闹，蒙着革命者面具的"行尸走肉"，予以了猛烈的鞭挞：

> 咳！死者长已矣！他们底死，是极悲惨的，也是极光荣

的。他们死了，他们到底没有卖了从前，更没有卖了现在和将来，而且还买了无限的光荣的悲惨，买了无限的悲惨的光荣。当这时候，得了这样悲惨的光荣底暗示，受了这样光荣的悲惨底刺戟，如果真是一个革命者，当然应该做革命者应该做的事；至少，也应该说革命者应该说的话。然而有些人身居革命者喉舌的地位，所说的话，竟和反革命者一鼻孔出气，甚至比向来公认为反革命者的还不如，这不是活着便卖了从前而可以恸哭的吗？

卖了，便爽爽快快地卖了；卖了，便老老实实地卖了；卖了，便明明白白地宣布着卖了，这倒也不失为磊磊落落呵。然而依然首鼠两端，还要挂着革命者底牌子，苦啊！苦啊！！可怜啊！可怜啊！！这不是比死者更可怜而可以恸哭的吗？

哀哉哀哉！哀莫大于心死！行尸走肉的未死者呵！以革命者自居而变为行尸走肉者呵！变为行尸走肉而仍蒙着革命者底面具者呵！呜呼哀哉！呜呼哀哉！！非夫人之为恸而谁为！非夫人之为恸而谁为！！

这种严正批判，对于推动这场爱国反帝运动具有重要意义。6月4日，上海工商学联合会成立，上海的"三罢"斗争得以迅猛地发展。6月11日，人们举行了大规模的群众集会和游行。国民党右派及其所利用黄色工会团体，害怕这场运动转变为反帝革命运动，便限制运动规模，又企图夺取领导权，当目的没有达到后就散布谣言，说什么这场运动是共产党专门做宣传的，他们利用爱国的名义来宣传他们的主义的，加入这场运动，就是被他们利用了，因此要"谨防利用"。

针对这种反革命论调，1925 年 6 月 14 日，刘大白在《文学周报》发表了《"谨防利用"——个会场的速记》，对反动势力进行了坚决的揭露和批判：

> 利用，是最可怕的啊！什么党咧，什么派咧，他们是专门利用机会，做他们的宣传功夫的。即如此次五卅运动，明明是他们利用什么爱国的名义，来宣传他们底主义的；所以我们如果加入这场运动，便是被他们所利用了。谨防利用！我们要谨防利用，只有不加入这种运动。因为我们是纯洁的，超然的，绝端反对他们底主义的。洪水猛兽也似的他们，是不可与同群的。我们自然也是爱国的，但是，利用是最可怕的啊；我们要谨防利用，只好暂时不爱国吧。
>
> 是的，利用是最可怕的啊！我因此想到，我们只好暂时不吃饭；因为米铺咧，饭馆咧，厨子咧，他们都在利用我们底吃饭。我们又只好暂时不穿衣；因为布庄咧，绸庄咧，成衣咧，他们都在利用我们底穿衣。我们又只好暂时不住房子；因为木行咧，砖瓦铺咧，营造厂咧，以及旅馆咧，他们都在利用我们底住房子。我们又只好暂时不点灯；因为电灯公司咧，自来水公司咧，煤油公司咧，他们都在利用我们底点灯。我们有只好暂时不坐车坐船；因为铁路公司咧，汽车公司咧，人力车公司咧，轮船公司咧，他们都在利用我们底坐车坐船。总之，我们只好暂时不一切一切，因为一切一切，他们都在利用我们底一切一切。利用是最可怕的啊，我们要谨防利用！为了谨防利用，我们就暂时不做人，也无不可；因为社会底一切，都在利用我们底要做人。总而

言之，统而言之，谨防利用！被人家利用，无宁不爱国，无宁不做人！

对了，谨防利用！然而他们万一利用我们底暂时不爱国，把爱国底美名独占了去呢？万一不但把爱国底美名独占了去，而且耸动了我们管教得好好的奴隶们盲从着他们，也去干那些激烈的爱国事业呢？这种利用，我们也要谨防的呵！——得了！我们不要说暂时不爱国，我们不如也来说爱国。我们可以把我们底爱国，来缓和他们底爱国；我们可以把我们的爱国，来打消他们底爱国。如此，利用也防了；爱国底美名，也可以让我们独占了；我们管教得好好的奴隶们，也可以免得被耸动了。这真是"一举而三善备焉"呵！这在我们，虽然也可以说是利用；然而人家底利用，是应该谨防的，我们底利用，是不容人家谨防的啊！因为我们是纯洁的，超然的，绝端反对他们底主义的。我们要谨防利用，我们正要用利用来谨防利用！

好得很！利用是最可怕的，利用又是最可用的。从此我们可以放心了，我们尽管吃饭，穿衣，住房子，点灯，坐车，坐船，以及一切一切，我们可以不怕了。我们可以用利用来谨防利用，我们可以利用他们底利用，不怕他们不被我们利用。总之，我们尽管可以享做人底实利，占爱国底美名。好得很！就是这样吧！

决议，决议，谨防利用，我们用利用来谨防一切的利用！（注意）这个速记，是写给不大老实的读者的。

在这里，刘大白揭露了反动势力一方面耍手段，散播谣言阻止这场爱国运动,另一方面又试图利用散布谣言来沽名钓誉。这就深刻地揭示了反动派卑劣丑恶的心理,暴露了他们阴险狡诈的手段和不可告人的目的。《文学周报》发表刘大白的文章,可以说是一种"姿态":团结一切可以团结的力量;也可以说是一种"策略":用刘大白这位思想上已经开始"退化"的"文化人"的话,激励知识阶层的觉醒和抗争。作为一位编辑出版家,叶圣陶有着他超越一般编辑的运筹和思考。

三、"小说月报丛刊"和"文学周报社丛书"拾缀

叶圣陶在主编《文学周报》期间还做了两件大事,就是选编"小说月报丛刊"和"文学周报社丛书"。这两种丛书延续的时间较长,出的种类也多,笔者收存的一份"小说月报丛刊"书目,列出的书目就多达五集共六十册,现将目录抄录于下:

第一集:《换巢鸾凤》(创作集,落华生等著)、《日本的诗歌》(周作人等著)、《世界的火灾》(爱罗先珂童话集,鲁迅译)、《曼殊斐儿》(徐志摩等著译)、《诗人的宗教》(泰戈尔论文集,胡愈之等译)、《毁灭》(朱自清等著)、《死后之胜利》(戏剧,王统照著)、《歧路》(诗歌集,周作人等著)、《社戏》(创作集,鲁迅著)、《神曲一脔》(檀德原著,钱稻孙译)、《近代德国文学主潮》(李汉俊等译)、《犯罪》(柴霍甫小说集,耿济之等译)。

第二集:《创作讨论》(瞿世英等著)、《商人妇》(创作集,落华生等著)、《谚语的研究》(郭绍虞著)、《邻人之爱》(安特列

夫的戏曲，沈泽民译）、《良夜》（诗歌集，王统照等著）、《或人的悲哀》（创作集，庐隐女士等著）、《俄国四大文学家》（耿济之著）、《疯人日记》（耿济之译）、《熊猫》（孙伏园等译）、《笑的历史》（创作集，朱自清等著）、《瑞典诗人赫滕斯顿》（沈泽民译）、《雾飙运动》（李汉俊等译）。

第三集：《圣经与文学》（周作人等著译）、《泰戈尔诗》（郑振铎译）、《海啸》（梁实秋等著）、《梭罗古勒》（周建人等译）、《北欧文学一脔》（李运著译）、《平常故事》（创作集，叶绍钧等著）、《丹麦文学一脔》（沈雁冰等译）、《归来》（创作集，顾仲起等著）、《三天》（创作集，冰心女士等著）、《包以尔》（沈泽民等译著）、《恳亲会》（戏曲集，叶绍钧等著）、《芬兰文学一脔》（沈雁冰等译）。

第四集：《在酒楼上》（创作集，鲁迅等著）、《法朗士传》（陈小航等著）、《法朗士集》（高真常等译）、《彷徨》（创作集，庐隐女士等著）、《诗经的厄经与幸运》（顾颉刚著）、《波兰文学一脔（上）》（周作人等译）、《波兰文学一脔（下）》（李达等译）、《阿富汗的恋歌》（翻译诗歌集，沈雁冰等译）、《校长》（创作集，叶绍钧等著）、《武者小路实笃集》（周作人等译）、《日本小说集》（周作人译）、《孤鸿》（戏曲集，顾一樵等著）。

第五集：《诗的原理》（林纾等译著）、《坦白》（佛罗贝尔原著，沈泽民译）、《一个青年》（创作集，叶绍钧等著）、《牧羊儿》（叶绍钧、徐志摩等著）、《新犹太文学一脔》（沈雁冰等译）、《新犹太小说集》（沈雁冰等译）、《生与死的一行列》（创作集，王统照等著）、《婳拉亭与巴罗米德》（梅脱灵著，伦叟译）、《俄国诗坛的昨日今日和明日》（耿济之译）、《眷顾》（新诗集，周仿溪等著）、《宾斯奇集》（冬芬等译）、《技艺》（创作集，王统照等著）。

"文学周报社丛书"要零散些。《文学周报》第 4 卷（合订本，1928 年 2 月）刊登的《文学周报社丛书》的广告有：

《列那狐的历史》		文　基译
《城中》		叶绍钧著
《耶稣的吩咐》		汪静之著
《龙山梦痕》	王世颖	徐蔚南著
《犹太小说集》		鲁　彦译
《英文短诗选》		吴颂皋选
《子恺画集》		丰子恺作
《子恺漫画》		丰子恺作
《血痕》	［俄国］阿志巴绥夫短篇小说集	
	郑振铎　鲁　迅　胡愈之　沈泽民译	
《诗品注》		陈延杰编

《文学周报》第 5 卷（合订本，1928 年 2 月）刊登的《文学周报社丛书》的广告有：

《童话论集》		赵景深著（印刷中）
《恺郁》	柴霍甫著	赵景深译

《国木田独步小说集》		夏丏尊译
《梅罗香》	Walker 著	顾德隆改译
《英兰的一生》	孙梦雷著	（印刷中）
《怂恿》	彭家煌著	（印刷中）

除了上面这些译著，笔者检阅到的"文学周报社丛书"还有十余种。这些"丛书"尤其是"小说月报丛刊"，最醒目的有两点，一是出书的进度相当快捷，作品从发表到汇编成书用的时间很短；二是"汇编本"多，大都是作家们的"合集"。先请看"小说月报丛刊"创作集：

《社戏》 鲁迅等著，小说月报社编。小说月报丛刊。上海商务印书馆1924年11月初版。短篇小说集。目次：社戏（鲁迅）/西山小品（周作人）/两姊妹（徐志摩）/人道主义的失败（高歌）/钟声（王统照）/月下的回忆（庐隐）

《换巢鸾凤》 落华生（许地山）等著，小说月报社编。小说月报丛刊。上海商务印书馆1924年11月初版。短篇小说集。目次：换巢鸾凤（落华生）/看禾（俍工）/两个乞丐（刘纲）/到青龙桥去（冰心）/梦（冰心）

《彷徨》 庐隐等著，小说月报社编。小说月报丛刊。上海商务印书馆1925年3月初版。短篇小说集。目次：彷徨（庐隐）/一只破鞋（徐玉诺）/医院里的故事（俍工）/遗失物（肖纯）

《三天》 冰心等著，小说月报社编。小说月报丛刊。上海商务印书馆1925年3月初版。短篇小说集。目次：悟（冰心）/

三天（刘师仪）／白瓷大士像（白采）

《平常的故事》 叶绍钧等著，小说月报社编。小说月报丛刊。上海商务印书馆 1925 年 3 月初版。短篇小说集。目次：平常的故事（叶绍钧）／祖父的故事（徐玉诺）／赌博（张维祺）／引弟（曹元杰）

《归来》 吴立模等著，小说月报社编。小说月报丛刊。上海商务印书馆 1925 年 3 月初版。短篇小说集。目次：猫鸣声中（吴立模）／最后的一封信（仲起）／归来（仲起）／哭与笑（陈著）／毕业后（孙梦雷）

薄薄的一本"创作"集，少则是三四位作家的"合集"，多的竟有六位，如《社戏》，就是鲁迅、周作人、徐志摩、高歌、王统照、庐隐六个人的"合集"。"翻译"也是这样，少则是三四位译家的"合集"，多的也有五六位。请看以下六种：

《北欧文学一脔》 ［挪威］般生等著，蒋百里等译。小说月报丛刊。上海商务印书馆 1925 年 3 月初版。目次：现代的斯干底那维亚文学（［日］生田春月著，李达译，雁冰按，雁冰再志）／挪威写实主义前驱般生（沈雁冰）／瑞典大诗人佛罗亭（沈雁冰）／瑞典诗人卡尔佛尔脱与诺贝尔文学奖金（沈雁冰）／鹫巢（［挪威］般生著，蒋百里译）／人间世历史之一片（［瑞典］史特林堡著，沈雁冰译）／印第安墨水画（［瑞典］苏特尔褒格著，沈雁冰译）

《芬兰文学一脔》 哀禾等著，周作人等译。小说月报丛刊。

上海商务印书馆 1925 年 3 月初版。目次：芬兰的文学（Hermione Ramsden 著，沈雁冰译）／父亲拿洋灯回来的时候（哀禾著，周作人译）／疯姑娘（明那·亢德著，鲁迅译）／我的旅伴（贝太利·巴衣伐林太著。泽民译）

《阿富汗的恋歌》 诗歌。冯虚女士等译。小说月报丛刊。上海商务印书馆 1925 年 3 月初版。目次：阿富汗的恋歌（冯虚女士译）／永久（［瑞典］泰依纳著，希真译）／季候鸟（同前）／辞别我的七弦竖琴（同前）／假如我是个诗人（［瑞典］巴士著，冯虚译）／浴的孩子（［瑞典］廖特倍格著，希真译）／你的忧悒是你自己的（同前）／东方的梦（［葡］特·琨台尔著，希真译）／什么东西的眼泪（同前）／在上帝的手里（同前）／十二个（［俄］布洛克著，饶了一译）／"十二个"（［英］史罗康伯著，饶了一译）／伤痕（［英］哈代著，徐志摩译）／分离（同前）／她的名字（同前）／窥镜（同前）／伤逝（龙沙著，侯佩尹译）／恋歌（宓遂著，侯佩尹译）。

《波兰文学一脔》（上） 小说。［波］诃勒温斯奇等著，周作人等译。小说月报丛刊第 42 种。上海商务印书馆 1925 年 4 月初版。目次：近代波兰文学概观（诃勒温斯奇著，周作人译）／我的姑母（科诺布涅支加著，周作人译）／影（普路斯著，周作人译／我的姑母（科诺布涅支加著，周作人译）／职（菩路斯著，周作人译）／燕子与蝴蝶（戈木列支奇著，周作人译）／农夫（戈木列支奇著，王剑三译）／审判（莱蒙脱著，胡仲持译）。

《波兰文学一脔》（下） 小说。［波］显克微支等著，周作人等译。小说月报丛刊第 43 种。上海商务印书馆 1925 年 4 月初版。

目次：波兰文学的特性（［日］千叶龟雄著，海镜译）／波兰近代文学泰斗显克微支（沈雁冰）／二草原（显克微支著，周作人译）／犹太人（式曼斯奇著，周建人译）／树林中的圣诞夜（善辛齐尔著，式之译）／古埃及的传说（普路斯著，耿式之译）／秋天（西洛什夫斯基著，李开先译）。

《日本小说集》小说。 ［日］志贺直哉等著，周作人等译。小说月报丛刊。上海商务印书馆1925年4月初版。目次：乡愁（加藤武雄著，周作人译）／到网走去（志贺直哉著，周作人译）／女难（国木田独步著，丐尊译。附译后记及晓风作的记）／汤原通信（国木田独步著，美子译）。

至于"文学研究会丛书"，如1922年6月出版的新诗集《雪潮》，汇集的是朱自清、周作人、俞平伯、徐玉诺、郭绍虞、叶绍钧、刘延陵、郑振铎八人的新诗。出版"合集"，看起似乎比较容易，其实是有难度的。一是这工作主要得由"编辑"来做，分门别类，及时地把作家和翻译家的"创作"和"译作"一篇篇地汇集起来；二是"编辑"不仅得要征得作家和翻译家们的授权和认同，还得在集子的"署名"、作品的"排序"，乃至稿酬的标准等细节上考虑得很周全，让聚集到一本书里的作家和翻译家们皆大欢喜。这固然需要作家和翻译家彼此尊重，相互谦让，但"编辑"的秉公办事，待人以礼以情，恐怕得摆在第一位；三是这些"丛书"和"丛刊"名义上是由商务印书馆或开明书店出版，其实是由文学研究会"自筹经费"、"集资出书"，不仅编辑、校对、出版事务、印刷装帧乃至发行等各个环节都得"自己动手"，还得在经济效益方面承担风险。不过，为了及时地汇集新文学的实绩，向旧文学示威；为了放眼世界，让"异域文术新宗"尽早输入华土，使我们的新文学得以"采用外国的良规，加以发挥"，创作出"更加丰满"的作品，以叶圣陶、郑振铎、沈雁冰为主干的文学研究会同人心往一处想，劲往一处使，用他们的真心和热诚把同时代作家和翻译家的创作和译作像营造金字塔那样地层层垒起，让文艺的花枝叶露撒满神州，以激励后人创造出超越前辈的辉煌。

除了"创作"和"翻译"，这些"丛书"和"丛刊"还有一个类别，是"怀人"，或者说是"纪念"。罗黑芷是江西武宁人，生于 1898 年。早年留学日本，并加入过同盟会。回国后在湖南图书编译局译书，后来在长沙几所中学当教员。1919 年开始文学创作，1925 年成为文学研究会会员。1927 年春夏之交，因写了一篇思想激进的文章，被湖南省政府逮捕，在狱中备受酷刑折磨。经营救出狱后，身体每况愈下，终因贫病交加于 1927 年 11 月 18 日含恨离开人世，年仅 29 岁。为了纪念这位志士，文学研究会为他编了两本书，一是短篇小说集《醉里》，收录了他的短篇小说十八篇和一篇《卷端缀言》，作为"文学研究会丛书"，由商务印书馆于 1928 年 6 月初版。另一本是短篇小说和纪念文章合集《春日》，收罗黑芷的短篇小说九篇，以及《作者评传》/《罗黑芷死了》（黄醒，1927 年 12 月 9 日）/《予所知罗黑芷者》（李青崖，1927 年 12 月 29 日）/《罗黑芷的小说》、（黎锦明，1927 年 12 月 7 日）/《罗黑芷的散文小品》（赵景深，1927 年除夕），作为"文学周报社丛书"，由开明书店于 1928 年 6 月初版，让人们对这位过早远去的青年作家有了最真切的追忆。

以上列举的"小说月报丛刊"和"文学周报社丛书"，很有可能"挂一漏万"，只好在今后的研究工作中多加寻访和探讨了。从 1921 年 1 月到 1932 年"一·二八"战争前夕的十一年间，是文学研究会最兴盛的时期，在我国现代文学史上写下了极其辉煌的篇章。司马长风在《中国新文学史》（上卷）中说："由于文学研究会所拥有的条件这样雄厚，因此除创造社一群作家，及与胡适接近的一些作家如沈从文、陈衡哲、丁西林、杨振声、凌叔华等之外，几乎网罗了当时全国所有的作家。潦草作一统计，单是知名的作家即近百人；因为阵容和声势太浩大了，使后起的团体无法与之竞争"[1]。文学研究会"阵容和声势太浩大"，就是因为沈雁冰、郑振铎和叶圣陶有着脚踏实地的献身精神，他们办刊办报出书，让作家和翻译家们有了可以耕作的田园，有了喜庆丰收的时节。美国一位名叫伊林的作家曾经说过：人类是奇迹的创造者。在人类所创造的许多奇迹之中，最珍奇的是一件我们所认为最平常的东西——记录人类生活和智慧的书。从这个意义上说，叶圣陶所做的编辑出版工作，就是在汇集和传播人类"最珍奇的奇迹"！

---

① 司马长风：《中国新文学史》（上卷），昭明出版社 1978 年版，第 135 页。

第四章

我国新诗史上第一份新诗刊物的诞生

一、《诗》月刊创刊"缘起"

1921 年五六月间，文学研究会在上海成立"读书会"，分设"小说组""诗歌组""戏剧组""批评文学组"（后又增加了"杂文组"），"每月开会一次"，由各组组员轮流报告"所购及所读之书"，以及"其所读书内容并宣读其研究所得之论文"①，"读书会"其实就是新文学作品的研讨会。

作为文学研究会核心成员的沈雁冰、叶圣陶、郑振铎分别分在"小说组""诗歌组""批

---

① 《文学研究会读书会简章》，《小说月报》第 12 卷 6 号，1921 年 6 月 10 日。

评文学组";沈雁冰和郑振铎还都是"戏剧组"的成员。"小说组"有《小说月报》,由沈雁冰主编;"批评文学组"有《文学旬刊》,由郑振铎主编;"戏剧组"的成员大都是"民众戏剧社"的社员。"民众戏剧社"是由沈雁冰出面组织的,并于1921年5月创办了《戏剧》月刊,这样就只剩下"诗歌组"没有相应的刊物了,因而创办新诗刊物成了"诗歌组"的当务之急,也是叶圣陶义不容辞的责任。

1921年7月,叶圣陶应上海吴淞中国公学代理校长张东荪和中学部主任舒新城的邀请,到中国公学中学部教国文,同时应邀前来教国文的还有刘延陵和朱自清,他们三个人都写新诗,于是就有了创办《诗》月刊的意愿。1921年10月18、19、20连续三天,上海《时事新报》副刊《学灯》刊登了叶圣陶写的《〈诗〉底出版底预告》,形式很特别,是用一首短诗写成的:

旧诗的骸骨已被人扛着向张着口的坟墓去了,
产生了三年的新诗还未曾能向人们说话呢。
但是有指导人们的潜力的,谁能如这个可爱的婴儿呀?
奉着安慰人生的使命的,谁又能如这个婴儿的美丽呀?
我们拟造这个名为《诗》的小乐园做他的歌舞养育之场,
疼他爱他的人们快尽他们的力来捐些糖食花果呀![①]

本刊一月一期。创刊号明年一月一日出版。来稿欢迎,请寄本报《学灯》转新诗社。

---

① 《诗》月刊第1卷4号刊登时,小有改动。

这则预告其实就是《诗》月刊的"征稿之诗"（叶圣陶语）。1921年11月4、5、6连续三天，《学灯》又刊登了叶圣陶写的《〈诗〉底出版底预告（二）》，明确宣告：《诗》月刊归中华书局发行，"创刊号准备于明年一月一日出版"，内容有"一诗，二译诗，三论文，四传记，五诗评，六诗坛消息，七通讯"，来函仍由《学灯》转新诗社。"新诗社"即"中国新诗社"。俞平伯在1959年写的《五四忆往——谈〈诗〉杂志》①中说：所谓"中国新诗社，其实并没有真正组织起来，不过这么写着罢了"。但《诗》月刊第1卷1至4号均署"编辑兼发行者中国新诗社"，自1卷5号起（1922年5月15日出版）改署"文学研究会"，封面上也标出了"文学研究会定期刊物之一"的字样，编辑声称："现因本刊创办人都是文学研究会底会员，故大家协议，将本刊作文学研究会出版物之一"。②由此可见，"中国新诗社"仍然可以看作是新诗运动中出现较早的一个新诗团体。

为了替《诗》月刊的出版制造舆论，叶圣陶在1921年11月1日出版的《文学旬刊》第18期上发表了"杂谭"《盼望》（署名佚名），刘延陵也在这一期的《文学旬刊》上发表了"杂谭"《诗论》（署名YL）。叶圣陶的《盼望》可以看作是《诗》月刊的"缘起"，现抄录于下：

> 文艺实在是人人需要的东西，同衣服食料一样。只看到极愚笨的人，他听人讲感动的故事，也能默默点头，深深欣赏，就可见文艺的力是普及的了。不过文艺超过物质，假若研而不与，也不至于饿死冻死，因此人家便看得不很重要。然而精神的冻馁是

---

① 《文学知识》1959年5月号。
② 《读者赐览》，《诗》月刊第1卷4号，1922年4月15日。

永久的伤害，一经冻馁，便赶快加衣举箸，先前的伤害已不可磨灭了。所以能得多多接触文艺总是一种幸福。

现在文艺的供给实在太稀少了。黑幕派的，专供人消遣的书籍，态度不正，不能入数；只有几种外国作品的译本，不满五种杂志。按时供给，益进于新，本是杂志的优点。就现在的杂志说，《小说月报》偏重小说，《戏剧》杂志专研戏剧，各治一途，工分则精，确是很好的事。但是诗也占文学中一大领域，却没有专事研究的杂志，在贫乏的中国文艺界里，很有创办的必要。

十天以前，《时事新报·学灯》栏载一个《诗》的出版预告，颇引起我盼望的热情。美国有新诗的杂志不满十年，日本才有了两三年，但因此而产生了许多新诗人。我国一般人对于"诗是什么"这个问题，还没有清楚明确的观念。由于韵律的废除，句调的自由，新诗又往往受人家的非议和辱骂。而创作之浅薄和模仿之弊病，又极须纠正的必要。我盼望《诗》能尽他的责任，一方向人家宣告什么是诗，一方向进取深造的方面努力，因此而唤起许多新诗人，一齐来供给一切以精神上的必要品！

这虽是个小乐园呵，——他们广告上的话——我盼望他们为一切人的灵魂安憩之地！①

"一方向人家宣告什么是诗，一方向进取深造的方面努力，因此而唤起许多新诗人，一齐来供给一切人以精神上的必要品！"这就是《诗》月刊的创刊理念。刘延陵在《论诗》中对小说、戏剧、诗的传布的难

---

① 《叶圣陶集》第 9 卷，江苏教育出版社 2004 年版，第 80—81 页。

易作了一番比较后说："我想小说与戏剧之传布总不如诗之传布为易罢。实地扮演的戏剧才有满足的影响；单单读剧本就等于读小说；而戏剧小说之篇幅平常都较诗为长。诗的名句往往可以家弦户诵传之千万世。这是因为诗句短而意长，易于诵记之故。还有诗底可唱性多于小说戏剧；可唱，故于藉视觉刺激人心之外，又能藉听官而以其摇曳的音腔震动人心之灵魂"，诗是文艺之中"尤其可贵的"。从《〈诗〉底出版底预告》、《盼望》、《论诗》中可以看出，《诗》月刊的基本精神与文学研究会《宣言》①所标举的宗旨是完全一致的。它肯定新诗是"有指导人们的潜力的"，"奉着安慰人生的使命的"，这些都体现并升华了"为人生"的文学主张；叶圣陶和刘延陵要给"诗是什么"下一个"明确的观念"，要扭转新诗受人"非议和辱骂"的局面，纠正"创作之浅薄和模仿之弊病"，充分利用新诗"易于诵记""可唱""易于传布"的特点，让新诗"向人们说话"，"成为一切人的灵魂的安憩之地"，这些也都体现了文学研究会努力创造"真的文学"和"国民文学"的信念。

二、回击"诗学研究号"的示威和挑衅

就在叶圣陶和刘延陵、朱自清紧锣密鼓地筹办《诗》月刊的同时，1921 年 10 月 26 日，学衡派的大本营东南大学出版了一张带有示威和挑衅性的《国立东南大学南京师高日刊·〈诗学研究号一〉》，这张

---

① 文学研究会《宣言》中说："将文艺当作高兴时的游戏或失意时的消遣的时候，现在已经过去了。我们相信文学是一种工作，而且又是于人生很切要的一种工作；治文学的人也当以这事为他终身的事业，正同劳农一样。"

"研究号"共有四个版面，开设的栏目有：启事、论著、讨论、诗话、随笔、诗丛。第一版上刊出的"本期要目"如下：

本刊启事

诗与哲学	薛鸿猷
论诗教则	章松龄
伯沆先生诗问	薛鸿猷
曼云楼诗话	吴江冷
读诗随笔	薛鸿猷
过道旁古墓有感	潘一强
秋夜思亲	白眉初
谒南京古物陈列所	欧阳蕭
金陵杂咏	薛鸿猷
舟中	林昭音
过放翁亭	李 瑶
金陵杂咏十八首	薛鸿猷
寄怀谢养纯绥定	周邦道
月夜闻笛	潘一强
送友人归宁波	林昭音
读书	林昭音
问菊	徐书简
菊语	徐书简
南京	卢正坤
自题小照	卢正坤

讯菊	茅祖槃
感怀	李　瑶
秣陵客菊与王大生夜话	李　瑶
过董小宛故里	李　瑶
过放翁亭	李　瑶
雨后登豁蒙楼	章松龄
登雨花台	徐书简
月夜	潘一强
秋雁	潘一强
日暮舟泊罗衣	曾节之

以上抄录的只是"要目"，实际的诗词多于这个篇目。《本刊启事》非但不用新式标点符号，甚至连句读也没有。内容如下：

（一）本刊诗学研究号原拟本月中旬出版嗣以发刊孟罗特号犹为当务之急遂致稽迟至今始克出版望阅者原谅

（二）本期研究号辱荷诸君踊跃投稿奈限于篇幅未能一一登载容当发刊第二期再为揭载不误如荷同文仍以佳稿惠寄者请照研究专投稿办法征稿期十一月终截止

（二）本期所载各篇小诗已商准王伯沆先生批评抉出其优劣点当于第二期发表先此奉闻

（四）此次征稿以语体诗见惠者甚多同人以为语体诗问题亟需研究之点颇多容当另刊专号从事讨论所收各稿已代保存知念此白

编辑部谨启十月二十六日

"诗学研究号一"的作者名字中，王伯沆、白眉初是教师，分别讲授国文和地理；其他均为南京高师——东南大学的在校学生。

"论著"栏首篇是薛鸿猷的《诗与哲学》，紧随其后的是章松龄的《论诗数则》。薛鸿猷在《诗与哲学》后加有"附识"，强调他所说的诗的对象是"哲学"和"人生"。至于这"哲学"是什么哲学，这"人生"是什么样的人生，则避而不谈。这决不是无意间的疏忽，而是故弄玄虚。联系到"诗学研究号"上刊登的五七言绝句和律诗，以及许多"月"和"吊古"的题目，则不难看出他们完全拜倒在旧诗坛的尘下，迷恋"旧派"。因而刚一露面，就引起文学研究会同人的警觉。第一个站出来批判的是叶圣陶（用了笔名"斯提"），他在 11 月 12 日《文学旬刊》第 19 期上发表了《骸骨之迷恋》一文，严厉批判"诗学研究号"死死抱着"文言"不放，死死守住"格律"不变，迷恋"冢墓里的骸骨"。此文一出，就立刻引来"论敌"的反击，薛鸿猷甚至辱骂说《骸骨之迷恋》的作者是"一条疯狗"。他们甚至把新文化运动诬蔑为"伪新文化运动"，把"活的文学"和"人的文学"等新文学理念都说成"缪悠之论"，把新文化运动的先驱者和追随者都斥为"盲目之徒，不知是非"，这就触犯了众怒，在《文学旬刊》引发了长达四个月"讨论"。

"讨论"的结果当然是"骸骨之迷恋"派偃旗息鼓，《国立东南大学南京师高日刊·〈诗学研究号一〉》只出版一期就收摊了，"本刊启事"中所说的"另刊专号"并没有真做。不过，作为反新文化——新文学的"学衡派"高调登场了，1922 年 1 月，《学衡》杂志在上海中华书局出版，打着"论究学术，阐求真理，昌明国粹，融化新知"的招牌，守卫古体诗词，这也促使了以叶圣陶为代表的文学研究会同人尽快出版《诗》月刊，在为新诗开垦出一片创作园地的同时，对"落伍""荒谬"和"反动"的谬论予以回击。

三、编者作者和诗坛的"光荣"

其实，当年"旧"向"新"的"示威和挑衅"，不只是漫延于"文学界"，教育界也是"波涛汹涌"。就在叶圣陶、刘延陵、朱自清紧锣密鼓地筹办《诗》月刊约同时，1921 年 9 月，中国公学部分学生在"旧派教员"的蛊惑下，闹起风潮，驱逐致力于教育改革的代理校长张东荪、教导主任舒新城以及叶圣陶、刘延陵、朱自清等八位新教员。1921 年 10 月，中国公学风潮以改革派的失败而告终，叶圣陶愤然辞职，和朱自清一起应邀到杭州第一师范任教，刘延陵也回到杭州教书。1922 年 2 月下旬，叶圣陶应聘到北京大学中文系任教，4 月下旬因为要陪夫人胡墨林到产科医院生至美，叶圣陶只教了两个月就回苏州了。1922 年秋，他把家从角直搬回苏州，并应邀到上海复旦大学和神州女校任教。1923 年 1 月，到上海商务印书馆文部当编辑，随后把家搬到上海。可以这样说，从 1921 年 10 月到 1923 年 2 月的两年半里，叶圣陶走南闯北，生活过得很艰辛。

《诗》月刊 1922 年 1 月 1 日创刊，由上海中华书局出版，1923 年 5 月 15 日停刊，在将近一年半的时间里共出了 2 卷 7 期（第 1 卷 5 期，第 2 卷 2 期），名为月刊，却因种种原因未能按时出版。《诗》月刊的"投稿地点"随着叶圣陶的履迹而迁徙。刘延陵离开中国公学后在杭州的两所学校教书，中间还去过南通，因职务牵缠，"用于

《诗》月刊的时间很少的"①。《诗》月刊第 1 卷 5 号的《编辑馀谈》是刘延陵写的，其余的如第 1 卷 2 号的《国内诗坛消息》、第 1 卷 3 号的《投稿诸君览》、第 1 卷 4 号的《读者赐览》和《编辑馀谈》，以及第 2 卷 1 号和 2 号两期的《编辑馀谈》，都出自叶圣陶之手，可见《诗》月刊的编辑工作主要是叶圣陶做的。

叶圣陶对来稿总是抱着十二分欢迎的态度，看得十分认真。一次，郭绍虞寄来两首短诗：

夕　阳

夕阳之神

正在精心地撰他的文章呢！

把满山的红霞，

铺作满江红锦。

说他是垂死的留恋吗？

但是何曾有些儿暮气呢！

雨　后

这又是洗刷的大章了：

在不甚充足的晴光中。

有远山似雾，

远雾似山。

---

① 刘延陵：《〈诗〉月刊影印本序》。《〈诗〉月刊影印本》，上海书店 1987 年版。

这两首诗写得都很美，且相互照应，是一个诗组。叶圣陶把它们编入《诗》月刊第 1 卷 4 号，可在复审时发现《夕阳》曾以《暮气》为题，在《小说月报》第 13 卷 6 月号上发表过了，就把它抽了出来，只用了《雨后》一首。他认为一稿"重投"会使读者对于《诗》月刊"减少兴趣"，为了提请作者注意，还特地为《雨后》加了一段"附语"："在这首之前还有郭君的《夕阳》一诗，本已排入；后因《小说月报》第 6 号登过，所以抽去。《夕阳》之首句是'夕阳之神正精心撰他的文章'，与这首诗底首句互相照应。"话说得很委婉，反对一稿"重投"的意见表述得再清楚不过了。1922 年，诗人徐玉诺在福州写了一卷诗，题为《日落之后》，共三十六首。叶圣陶只选登了其中的七首①。叶圣陶对郭绍虞和徐玉诺这样的老朋友是如此严格，而对青年人却关怀备至，热情提携。《诗》月刊第 1 卷 4 号②《读者赐览》中有一段话着实感人：

我们很欢喜，本期里有了许多新的姓名了！我们故意把这些新的投稿者底作品编在头上，用以表示我们的热烈的欢迎。我们敢敬告读者，本刊各栏是一律公开，欢迎投稿。我们并不愿意专门把自家几个朋友底稿件颠来倒去地登载；如果读者有佳妙之作寄来，我们总当尽先采用。

这些"新的投稿者"是叶善枝、陈开铭、张拾遗、周得寿、张近

---

① 即《日落之后》、《老年人》、《美人的微笑》、《偶像》、《我的世界》、《黑暗》、《别》，《诗》月刊第 2 卷 2 号，1923 年 5 月 15 日。

② 《诗》月刊第 1 卷 4 号，1922 年 4 月 15 日。

芳、应修人、许誉鸾、崔真吾、红舟、魏金枝等，他们都是头一回在《诗》月刊上发表作品。其实，《诗》月刊期期都有新人，如1卷1号上的汪静之、潘漠华、健鹏、程憬；1卷2号上的陈学乾、冯雪峰；1卷3号上的侠隐、子耕、维祺、汪馥泉；1卷5号上的陈昌标、张守白、朱以书、何植三、施章、王梓音、吴俊升、葛有华、陈乃棠、蘅魂、陈斯白；2卷1号上的芳信、冯西冷、徐雉、张鹤群、王佐才、王怡庵、郭理同、崔小立、王祺、夏爱白、冯文炳、李宝梁、玉薇、赵景深、叶伯和；2卷2号上的林文渊、孙謇、柳野青、成绍宗、潘振武、张渭泾、倪文亚、朱枕新、曹世森、甘乃光、刘碧溪、程宪钊、查士元、罗青留、刘梦苇，等等。这些是叶圣陶和刘延陵（尤其是叶圣陶）的"发现"，他们的诗作或译作才得以在《诗》月刊上面世，并从此步入新文坛，其中不少人后来成了现代文学史上的名家。虽说《诗》月刊创办的时间不长，出版的期数不多，但有近百位诗人在上面发表了近五百首新诗，除了前面提到的诗人以外，胡适、周作人、沈雁冰、郑振铎、顾颉刚、王统照、朱自清、俞平伯、康白情等也都是《诗》月刊的"投稿者"，从而形成了一个阵营强大的"人生派"诗歌流派。这近五百首新诗题材极为丰富，内容主要集中在以下三个方面：

一是比较广泛地反映了军阀统治下旧中国社会的黑暗，描写了"农家""渔夫""乞丐""长工""樵女""牧童"等"像大道旁野草一般多"的"苦人儿"的苦难生活。郑振铎的《死者（一）》[①]控诉军阀赵恒惕用极其残酷的"斩首之罚"，杀害工人领袖黄爱和庞人铨，要复仇者

---

① 《诗》月刊第1卷5号，1922年5月15日。

"以眼还眼，以牙还牙"。这首诗共有四节，每一节的开头都是："谁杀了我们的兄呢？"呼吁"亲爱的兄弟"对"我们的敌"绝不可"宽恕"。在这首诗的注中说："今年黄爱、庞人铨二君，被赵恒惕杀于长沙城外，死状极惨。我们听见这个消息时，愤怒极了。当时我便想在泪火燃着的时候，写一首诗来吊他们。但是一个人当情绪紧张的时候，是什么话也不能写出来的。所以到了现在才成了这一首。'我们应该用赵恒惕所用的方法，来对待赵恒惕。'真的，这是应当的。我们本想宽恕一切，但可惜我们的度量太小了。不要让最初流血者的鲜红的血无谓的流去呀！……这也是无法的。人世间的幕本就是由千万年来的'悲惨'与'恐怖'织成的，""赵恒惕加于黄庞二人的死刑是'斩首之罚'。据说：黄爱死时被砍数刀，头尚未断。他们即把他埋入土内。天明，他们把他的尸身，由土中掘出，装入棺内。此时，离他受刑时已有三四小时了。但是他的眼睛还'睄睄而视'，两手还握紧作忍痛状……唉！不忍再往下写了。只要是'人'，是一个'人'，谁忍加这种刑罚在他的兄弟身上呢！"《死者（一）》是我国新诗史上最优秀的革命诗篇之一。

二是汇集了一批清纯而美好的"爱情诗"。《诗》月刊发表的爱情，这在当时是有反封建意义的。朱自清在《〈中国新文学大系诗集〉导言》中说："中国缺少情诗，有的只是'忆内''寄内'，或曲喻隐指之作；坦率的告白恋爱者绝少，为爱情而歌咏爱情的更是没有。……真正专心致志做情诗的，是'湖畔'的四个年轻人。他们那时候差不多可以说生活在诗里。潘漠华氏最是凄苦，不胜掩抑之致；冯雪峰氏明快多了，笑中也有泪；汪静之氏一味天真的稚气；应修人氏却嫌味儿淡些。"叶圣陶和朱自清都是"湖畔诗人"的"导师"。1921年秋，杭州第一师范学生潘漠华、冯雪峰、汪静之、应修人、赵平福（柔石）、魏金枝等组织"晨光文学社"，叶圣陶和朱自清担任顾问。朱自清的评述有益于我们更好地欣赏"湖畔诗人"作的"情诗"，从中也能体会叶圣陶编刊的"慧眼"和"导向"，这里引录几位青年诗人的"情诗"。

潘漠华的《祈祷》[①]是一曲炽热而又痴情的恋歌："月光漫盖的静夜／他坐在石砌沙铺的一块空场上，／横起笛儿在吹，／心中却向他呢喃的祈祷：／笛声，我吹出的笛声，／你飞去，飞过那矮墙，／可落在我那人的屋顶。／她现在正在美睡——／左手搁在头边，／深蓝色的衣襟解开了／掩在右手上——／你轻轻地唤醒她，唤她出来，／说，如此美丽的夜，／月儿高高地照临，是待我们的夜行。／我们去，／我们去到旧日坐过的草坪，／同流久别后再会的欣慰的泪！"这一节写抒情主人公在月下吹笛，"祈祷"笛声"飞过那矮墙"，"轻轻地"唤醒"正在美睡"的"她"出来相会，"到旧日坐过的草坪，同流久别后再会的欣慰的泪！"诗的第二节写抒情主人公在"她"门前徘徊，"祈祷"轻妙的脚步声"飞进去"告诉"她"："他"在你门前来回的走着，"今夜是第七夜了，这次是第九次了，他看不见你出来，他将会走到天明，明夜也仍将会走到天明，后夜也仍将会走到天明"，流溢在字里行间的是至真至美的爱，如醉如梦……

冯雪峰的《鸟儿叫着》[②]，笔调明快而哀婉，这首诗共分三节，每一节都以"鸟儿叫着"打头："鸟儿叫着，／太阳从东方出来，老三底爸妈，打锣打鼓地忙着接医生；／可是总医不好老三底病。／老实说，／医生是戴着野花在塘边浣衣服啊"；"鸟儿叫着，／太阳走到天

---

① 《诗》月刊第 2 卷 1 号，1923 年 4 月 15 日。
② 《诗》月刊第 1 卷 4 号，1922 年 4 月 15 日。

中央。／老三底爸妈，／打锣打鼓地忙着接医生；／可是总医不好老三底病。／老实说，／医生是戴着野花在山上摘茶叶啊"；"鸟儿叫着，／太阳溜到了西山。／老三底爸妈，／打锣打鼓地忙着接医生；／老三底病却更坏了。／老实说，／医生便是那穿着红衣坐在轿里抬去的新嫁娘呵。""老三"热恋的姑娘是这样纯朴、勤劳，出嫁当天还像往常一样地"在塘边浣衣服"，"在山上摘茶叶"，他失去了这位好姑娘，怎能不"病"倒呢？诗人捃写了江南农家男女青年纯洁的爱情，控诉了封建婚姻制度对于青年的摧残。

汪静之的《蕙的风》① 以其特有稚气和温馨流传一时。诗人运用象征的手法，以"蕙花"象征抒情主人公的恋人——一位被锁在深宅大院里的姑娘："是那里吹来／这蕙花的风——／温馨的蕙花的风？‖蕙花深锁在园里，／伊满怀着幽怨。／伊的幽香潜出园外，／去招伊所爱的蝶儿。‖雅洁的蝶儿，／薰在蕙风里：他陶醉了；／想去寻着伊呢。‖他怎寻得到被禁锢的伊呢？／他只迷在伊的风里，／隐忍着悲惨而甜蜜的伤心，／醺醺地翩翩地飞着。"诗作中"蕙花"和"蝶儿"这两个意象极为传神，"蕙花"飘香，"蝶儿"恋花；"伊"的"幽怨"，"他"的"悲惨而甜蜜的伤心"，写出了热恋中男女青年魂牵梦绕的思慕之情。

应修人的《拾取》② 只有短短的六行："伊脸上没有花粉，／伊手里的青菜，／因捆菜的草绳断而坠了，／伊并不唤我拾取，／伊只回头／笑唤伊的妈妈。"味儿是淡了些，但清新、含蓄，颇有情趣。

此外，潘漠华的《将别》，冯雪峰的《桃树下》、《落花》，汪静

---

① 《诗》月刊第 1 卷 1 号，1922 年 1 月 15 日。

② 《诗》月刊第 1 卷 4 号。

之的《杂诗二首》、《祷告》、《谢绝》、《定情花》等，都是上好的"情诗"。除了"湖畔诗人"，刘延陵、徐雉、张鹤群、叶伯和等人的爱情诗，也格外清新。诗中的抒情主人公无论是"体面的美少年"，还是"尊贵的处女子"、"娇憨可爱"的村姑、"零丁而孤苦"的寡妇，他们的"爱"总是那么纯净而热烈。刘延陵的《水手》①把漂泊在海上的"水手"对于妻子的相思之情写得真切、凄婉极了：

> 月在天上，／船在海上，／他两只手捧住面孔／躲在摆舵的黑暗地方。／他怕见月儿眨眼／海儿微笑／引他看水天接处的故乡。／但他却终归想到／石榴花开得鲜明的井旁，／那人儿正架竹子，晒他的青布衣裳。

漂泊在海上的水手，"两手捧住面孔，躲在摆舵的黑暗地方"，但照耀远近的月亮和滚滚远处的波浪好像在挑逗他，非教他看不可，他不由地"想到了"石榴花似火的水井旁晾晒衣裳的妻子。"水手"对妻子的爱就是这样的率真、质朴。

徐雉散文诗《乞丐》中抒情主人公"乞丐"将"清丽的女子"的爱视为"新生命"，请看他对于"爱"的吟咏："爱情？这正是我所最需要的！……面包只能疗我物质上的饥饿，惟有你的爱能疗我精神上的饥饿！金钱死后是带不去的，天才也有涸竭的时候，惟有你的爱才是永远不会磨灭的东西！名誉不能给我一些帮助，惟有你的爱是冲破烦闷之浓雾的太阳！是黑暗中引导我的光明！"

---

① 《诗》月刊第 1 卷 1 号，1922 年 1 月 15 日。

《诗》月刊上的爱情诗，无论是直率的告白，还是委婉的倾诉，都是抒情主人公镌在"心版"上的歌；不管是枯竭的血液里"烧着的相思的火"，还是神秘的心房里"像太阳般的燃烧起来"的"爱"，都是新诗史上宝贵的收获。

三是抒写知识分子的彷徨和苦闷。《诗》月刊出版的年代，正值"五四"的"退潮"期。《诗》月刊的作者经过"五四"的洗礼，唱出了高亢激越的"人生之歌"：

> 偷安，是人类之祖未食智慧之果以前的败德！服从，是人类之祖未饮反抗之酒以前的弱点！①
>
> 泪是我们的情侣，/血是我们的侠客，/生命道上的柔弱者，/不过只有这两位知己。②

诗人们呼唤"希望之神"，向往"奋斗的人生"，则因尚未投身到革命旋涡中，没有同革命的主潮汇合，因此看不清方向，找不到出路，在人生的道路上踯躅徘徊，"孤独的琴弦"弹奏出了"颓废而悲哀的调子"：

> 苦闷随着日子增加起来了；/躺下，郁在心里，/坐起，浮在脑上，/只有走着，访佛印在地下；③……
>
> 我的心中没有喜悦的播植；/也没有悲哀的滋蔓；/只撒布

---

① 李之常：《爱洗》，《诗》月刊第 1 卷 4 号，1922 年 4 月 15 日。
② 倪文亚：《知己》，《诗》月刊第 2 卷 2 号，1923 年 5 月 15 日。
③ 徐玉诺：《苦闷》，《诗》月刊第 2 卷 1 号，1923 年 4 月 15 日。

了颗粒形"怀疑"的种子；并且循环地开花，结实；①……

痛苦永久的。他像蔓草，蔓延遍播于人的心上，虽被野火烧尽了，只要春风微微地一吹，他又复活了②。

"烦恼是一条长蛇"，"一刻不离的跟着我"③。诗人把自己比喻为怯弱的"失运儿""在生命道上碌碌奔波的漂泊者"，"是一只迷途的孤雁"，"是一个无根的浮萍"。朱自清在《自从》④中说："我今年二十二岁"，在"人生底旅路"上，我一直在寻找"人间底花"；"我清早和太阳出去"，"夜幕下时，／我又和月亮出去，／和星星出去；／没有星星，／我便提了灯笼出去。／我寻了二十三年，／只有影子，只有影子呵！……我流泪如喷泉，／伸手如乞丐；／我要我所寻的，／却寻着我所不要的！"俞平伯的《归路》⑤写的是"独立山头闻杜宇，冷月三更无处归"的梦境，抒发的却是现实生活中找不到"归路"的苦闷："我想去叩天门／上有白云底皑皑；／我想来返人寰，／下有荆棘底漫漫。"透过这些诗篇，我们看到了"五四"时代知识分子心灵的历程和前进的足迹。

就诗的体式而言，《诗》月刊发表的近五百首诗都是自由体诗，长短不一，体式各异，色彩纷呈。所刊载的诗作中小诗约占总数的一半左右，生动地展示了当年诗坛上小诗创作繁荣的景象。这些小诗清新流畅、构思完整、言简意长，无论是写生活哲理，还是写刹那间

① 罗青留：《投落》，《诗》月刊第2卷2号，1923年5月15日。
② 郑振铎：《痛苦》，《诗》月刊第1卷3号，1922年3月15日。
③ 徐玉诺：《跟随者》，《诗》月刊第1卷1号，1922年1月15日。
④ 《诗》月刊第1卷2号，1922年2月15日。
⑤ 《诗》月刊第1卷1号，1922年1月15日。

的感兴、一地的景色、一时的情调，"纯任声气底自然"（俞平伯语），没有叶圣陶所批评的"先存体裁的观念而诗料却随后来到"的弊病。散文诗占的比例也很高，郑振铎的《痛苦》、《无酬报的工作》、《自由》、《空虚之心》，俞平伯的《春寒》、《生所遇着的》、《迷途底鸟的赞颂》、《没有我底分儿》，徐玉诺的《杂诗》（二篇）、《走路》，刘延陵的《海客底故事》、《铜像底冷静》，潘漠华的《立在街头吹箫的浪子》，叶善枝的《一笑》，徐雉的《乞丐》等，都是散文诗中的佳作。在这之前的散文诗大多流于散漫、直白，缺少诗的韵味。《诗》月刊发表的散文诗既富有散文自由随意轻灵潇洒的特点，又讲究诗的意境和韵味，真正包融了散文与诗的两者之长，两者之美。刘延陵在散文诗《海客底故事》前面引用了马拉梅的话：

　　实在没有散文，只有字母，此外就是诗，紧结得或多或少些，松散得或深或浅些。

　　刘延陵对于"散文诗"的"诗"的追求，也不妨看作是《诗》月刊诗人群体对于散文诗的共识。除了小诗和散文诗，其余的二三百首新诗形式各异，诗的段数、行数、字数以及音节韵律都是自由灵活的，朱自清的《转眼》长达一百四十四行，王统照的《旧迹》长达九十八行，俞平伯的《忆游杂诗》是由十四首短诗组成的一个诗组，从而形成了《诗》月刊特有的品位：长诗短章争芳斗艳，各种诗体竞相媲美，创作、批评、译介并重。叶圣陶的《诗的泉源》，强调生活是创作的源泉；云菱（刘延陵）的《去向民间》，呼吁诗人注意现实生活；俞平伯的《新诗进化的还原论》，力主诗的"平民说"；王统照《对于诗坛批评者的我见》，提倡开展新诗评论；刘延陵的《前期与后期》，介绍新诗发展前后两个阶段的特点，都是诗坛上颇有影响的诗论。其他，像俞平伯的《〈忆游杂诗〉序》、朱自清的《〈杂诗三首〉序》、叶圣陶给刘延陵的谈小诗的一封信、朱自清的《短诗与长诗》，或阐述小诗的艺术特色，或批评小诗流行中公式化的流弊，或提倡写长诗以调剂新诗体式"偏枯的现势"，也都对新诗的发展产生过积极的影响。尤其是叶圣陶的《诗的泉源》，可算是一部"诗美学"的缩影。文章指出"作诗"或"写诗"不是什么高人一等的事，"世间没有空虚无实，仅仅名为一个诗人的人"，"假若没有所谓'人类'，没有人类这么生活着，就没有诗这东西"，诗源于生活。"空虚的生活是个干涸的泉源，也可说不成泉源，那里会流出诗的泉来？""惟有充实的生活是汪汪无尽的泉源"，"充实的生活就是诗"，"这不只是写在纸面，有字迹可见的诗呵：——当然的，写在纸面，就是有字迹的诗"，生活中许许多多"写不出"诗的人其实也是"诗人"。"一个耕田的农夫或是一个悲苦的矿工的生活，比较一个绅士先生的或者充实得多，因而诗的泉源也比较的丰富。"他讲这番话的目的，意在纠正当时有些诗人的自视特殊，似乎高人一等的作派，强调只有生活充实才能写出好诗来，批评"生活空虚"的诗人。他指出："生活空虚的人也可以写诗，但只是诗的形罢了。……所以到我们眼睛里的诗有满篇感慨，实际却浑无属寄的。有连呼爱美，实际却未尝直觉的；情感呢？没有，思虑呢？没有，仅仅具有诗的形而已。汲无源的泉水，未免徒劳；效西子的含颦，益显丑陋。"这些论述即便今天读来也仍很亲切。《诗》月刊放眼域外。刘延陵、周作人、俞平伯、李宝梁、张鹤群等译介的欧美和日本有关新诗运动、诗歌流派的文篇，以及著名诗人的作品；沈雁冰、王统照、陈南士等译介的乌克兰、南斯拉夫、爱尔兰、印度等被压迫被侮辱民族的诗歌，拓宽了诗人的艺术视野，使我国的新诗得到了滋润。

《诗》月刊由中华书局出版，没有编辑费，也没有稿酬，所刊诗作仅以"本刊一册为酬"，叶圣陶给作者写信还要自己贴钱买邮票，可他乐此不疲。他在《诗》月刊第2卷2号的《编辑馀谈》中说："承投稿诸君的厚意，多量地把所作的诗篇惠寄给我们，这是我们所欣感无极的。其中偶有本质微嫌平庸技术略感精浅的作品，我们大胆地把它隐藏了，不给披露出来。我们以为这样可以免除以后的悔愧，想诸君一定能够谅解而且表示赞同的。而对于诸君的努力，我们总怀着无限的敬意与热望。所以愿诸君继续以新作见示，直到佳稿累积，这薄薄的小册子容纳不下，势必扩充为厚帙的时候，又岂仅是我们的光荣呢！"叶圣陶想把《诗》月刊"扩充为厚帙"，让其为新诗的发展作出更"光荣"的实绩。不料中华书局改变了主意，不愿意继续负责《诗》月刊的印刷与发行，这样《诗》月刊出至第2卷2号就被迫停刊了。《诗》月刊对新诗的成长与发展起的推动和促进作用，将永远镌刻在新诗发展史上。至于《诗》月刊的作者，值得一提的还有周作人，《诗》月刊一共出了2卷7期（第1卷5期，第2卷2期），周作人在《诗》月刊上发表的作品有：

《儿童的世界（论童谣）》，日本柳泽健原著，周作人译（第1卷1期）；

《日本俗歌四十首》，周作人译（第1卷2期）；

《法国的俳谐诗》①，周作人译（第1卷3期）；

---

① 共27首，诗前有周氏1922年3月31日写的《附记》。

《通讯》，周作人、俞平伯（第 1 卷 4 期）；

《石川啄木的短歌》（第 1 卷 5 期）；

《日本的小诗》（第 2 卷 1 期）。

周氏这么热心，无偿地奉献了这么多稿件，这也能从一个侧面衬托出了《诗》月刊的品位。《诗》月刊顺应了时代的要求，既给"收获极其薄弱"的诗坛开垦了一片创作园地，又使"寥落"的诗评家有了施展才艺的舞台。从此，处在"筚路蓝缕"时代的新诗有了真正属于自己的刊物，新诗发展史揭开了新的一页。

第五章

主持文学研究会的日常工作

一、大门上钉着"文学研究会"的搪瓷牌子

　　1923 年 1 月，叶圣陶到商务印书馆国文部当编辑，与沈雁冰、郑振铎朝夕相处。是年 9 月，征得商务的同意，应邀到福州协和大学教新文学。12 月，从福州回到上海。从此，文学研究会的日常事务由叶圣陶负责处理，家里成了文学研究会的会所，大门上钉着"文学研究会"的搪瓷牌子，函件往来，接待来访等事务性的工作，大多由叶圣陶来做。以 1924 年上半年为例，仅《王伯祥日记》①中记到

———————————

他与叶圣陶一同接待的名家就有俞平伯、张东荪、徐玉诺、傅东华、泰戈尔、何炳松、郭绍虞等。南来北往的朋友路经上海时，他都要宴请。以 1926 年为例，叶圣陶单独宴请或与郑振铎、沈雁冰等人一起宴请的名家就有何柏丞、傅彦长、朱应鹏、张若谷、陶希圣、徐志摩、方光焘、朱自清、李石岑、徐悲鸿、李金发、高觉敷、孙伏园、郭绍虞、江小鹣、顾颉刚、魏建功、罗家伦、潘家洵、鲁迅、傅斯年、许地山等。叶圣陶的热心和真诚，既储蓄了文学研究会的人脉，也为《文学周报》和《小说月报》以及文学研究会的一系列丛书拓宽了稿源。

1927 年 1 月 10 日，郑振铎写过一篇散文，题为《宴之趣》，刊登在《文学周报》第 258 期（1927 年 1 月 16 日）。文章中写到他和文学研究会的朋友喝酒的乐趣，现摘录几段：

> 别一个宴之趣，是我们近几年所常常领略到的，那就是集合了好几个无所不谈的朋友，全座没有一个生面孔，在随意的喝着酒，吃着菜，上天下地的谈着。有时说着很轻妙的话，说着很可发笑的话，有时是如火如剑的激动的话，有时是深切的论学谈艺的话，有时是随意的取笑着，有时是面红耳热的争辩着，有时是高妙的理想在我们的谈锋上触着，有时是恋爱的遇合与家庭的与个人的身世使我们谈个不休。每个人都把他的心胸赤裸裸的袒开了，每个人都把他的向来不肯给人看的面孔显露出来了；每个人都谈着，谈着，谈着，只有更兴奋的谈着，毫不觉得"疲倦"是怎么一个样子。酒是喝得干了，菜是已经没有了，而他们却还是谈着，谈着，谈着。那个地方，即使是很喧闹的，很湫狭的，向

来所不愿意多坐的，而这时大家却都忘记了这些事，只是谈着，谈着，谈着，没有一个人愿意先说起告别的话。要不是为了戒严或家庭的命令，竟不会有人想走开的。虽然这些闲谈都是琐屑之至的，都是无意味的，而我们却已在其间得到宴之趣了；——其实在这些闲谈中，我们是时时可发现许多珠宝的；大家都互相的受着影响，大家都更进一步了解他的同伴，大家都可以从那里得到些教益与利益。

"再喝一杯，只要一杯，一杯。"

"不，不能喝了，实在的。"

不会喝酒的人每每这样的被强迫着而喝了过量的酒。面部红红的，映在灯光之下，是向来所未有的壮美的丰采。

"圣陶，干一杯，干一杯，"我往往的举起杯来对着他说，我是很喜欢一口一杯的喝酒的。

"慢慢的，不要这样快，喝酒的趣味，在于一小口一小口的喝，不在于'干杯'。"圣陶反抗似的说，然而终于他是一口干了，一杯又是一杯。

连不会喝酒的愈之、雁冰，有时，竟也被我们强迫的干了一杯。于是大家哄然的大笑，是发出于心之绝底的笑。

"宴之趣"从一个侧面写出了文学研究会同人之间亲密无间的情谊。文学研究会同人就是通过这一个个"宴之趣"凝聚力量，增进共识。我国现在文学史上有很多文学社团刚成立时"轰轰烈烈"，可不久就"意见纷纷"，甚至相互厮杀，化友为敌。而文学研究会同人自始至终都是"君子风"，是一辈子的朋友，究其原因首先得益于叶圣陶、郑振铎、沈雁冰这三位核心人物的亲和力，得益于他们以"中国的文学界"大局为重的热忱和献身精神。

朱自清 1930 年 7 月写的《我所见的叶圣陶》一文中说："我常想，他（叶圣陶）好像一个小孩子；像小孩子的天真，也像孩子似的离不开家里人。必须离开家里人时，他也得找些熟友伴着；孤独在他简直是有些可怕的。"又说"圣陶不是个浪漫的人；在一种意义上，他正是延陵所说的'老先生'。但他能了解别人，能谅解别人，他自己也能'作达'，所以仍然——也许格外——是可亲的。"① 刘延陵所说的"老先生"指的是在叶圣陶身上绝无"苏州文人"的作派和习气，而朱自清说的"作达"，指的则是不客套，不敷衍，很自然。概括起来说就是叶圣陶的"天真"和"可亲"。茅盾在《祝圣陶五十寿》② 中说：

圣陶对于中国新文学的光辉的贡献，海内早有公论，决不因我的赞美而加重。我们二十多年的交谊，使我从圣陶的"为人"与其作品看到了最重要的一点，即两者的统一与调和。作品乃人格之表现：这句话于圣陶而益信。凡是认识他的朋友们都不能不感到，和圣陶相对，虽然他无一语，可是令人消释鄙俗之心，读他的作品亦然。你要从他作品之中找寻惊人之事，那不一定有；然而即在初无惊人处有他那种净化升华人之的品性的力量。才华焕发，规模阔大，有胜于圣陶的，但圣陶的朴素谨严的作风，及其敦厚诚挚的情感，自有不可及处。我们所以由衷的爱慕圣陶，而圣陶的作品对于青年的教育意义之重大，唯有从这一点才得到

① 《朱自清全集》第 1 卷，江苏教育出社 1996 年版，第 156、158 页。
② 《华西晚报·每周文艺》第 1 号，1944 年 12 月 5 日。

了最真切的说明。

郑振铎、朱自清、茅盾这三篇文章都是"知人之论"，叶圣陶"像小孩子的天真"，叶圣陶"敦厚诚挚"，由他来主持文学研究会的日常工作，肯定是最佳的人选，且看王统照为长篇《山雨》写的一则《跋》：

《山雨〈跋〉》

这本小说起草于一九三二年的九月，到十二月的初旬写成，然而我起意写这样材料的长篇却在下笔的前一年。记得一九三一年的八月由杭州回到上海，一个星期日下午，叶圣陶兄约我在江湾某园闲谈。我们踏着绿草地上夕阳的淡影，谈着文艺界的种种情形与怎样创作的话。我说打算写两个长篇：一个是以济南五三惨案为背景，描写帝国主义下的日本兵士心理的矛盾，再加上革命青年与病苦妇女的觉悟，以人类的伟大同情与恶势力相抗争作归结。另一个就是《山雨》，意在写出北方农村崩溃的几种原因与现象，以及农民的自觉。这两种题材圣陶都极赞同，希望我早日完成。但到九月中我离开上海后，便发生了九一八的事变！那时我已经开始写头一篇了。十月末写成九万字左右，那时中日的冲突日甚，接着便是淞沪的抗日战争。我正写到一个日本兵士的心理变化，当前的情形使我不愿继续写下去（自己也说不出是一种什么心理），从此便把这本未完的稿子丢在一边。直到今年的暑天过后，我想还是写第二篇吧。费时三月余写成这本《山雨》，虽然大概的构图是经过几番寻思，而调制材料也还费过相当的时间，不过写完之后总感到不满，尤其是后半部结束得太匆忙了，事实的描写太少，时间又隔离的太久。原想安排五六个重要人物，都有他们的各个故事的发展，并不偏重一两个主角，在写作中终于没有办到，所以内容还是太单调了。这是我觉得脱懒与不安的！

小说中的事实并没有什么夸张，——我觉得一点没有，像这样的农村与其中的人物在中国太平常了，并不稀奇。我在文字中没曾用上过分夸大的刺激力。

末后得谢谢圣陶！因为《山雨》在开明印刷时，圣陶兄自愿替我校对，这不但作者应该十分感谢，而且是这本小说的光荣。

统照

一九三三年六月十六日

长篇《山雨》封面"山雨"两个篆体字也出自叶圣陶之手。朋友们创作构思时参与酝酿，写作进程中多方鼓励，出书时帮助校对设计，这就是叶圣陶工作的常态。叶圣陶在《追念子恺》中写道："漫画初探招共酌，新篇细校得先娱。"[1] 诗后有注云："君最初作漫画时，曾邀数友到其江湾寓所共同斟酌……君早期之作，由余校对印行者不少。"叶圣陶在《题〈李健吾小说选集〉》中写道："当年沪上承初访，执手如故互不拘，英姿豪兴宛在目，纵阅岁时能忘乎？诵君兵和老婆稿，纯用口语慕先驱；心病发刊手校勘，先于读众享上娱。"[2] 大概是在 1930 年，李健吾慕名到叶圣陶寓所拜访。叶圣陶读了李健吾的中篇小说《一个兵和他的老婆》，特别欣赏他的语言，鼓励他多写。不

---

① 《叶圣陶集》第 8 卷，江苏教育出版社 2004 年版，第 368 页。

② 《叶圣陶集》第 8 卷，江苏教育出版社 2004 年版，第 453 页。

久，李健吾的长篇小说《心病》在叶圣陶主编《妇女杂志》连载并由开明书店出版，装帧设计题签均出自叶圣陶之手。"漫画初探招共酌"、"执手如故互不拘"，无论是老朋友还是新朋友，叶圣陶都真诚相待，鼎力扶植。"新篇细校得先娱""先于读众享上娱"能把朋友们的作品印出来贡献给社会，这对于叶圣陶说来是最大的享受。

二、印制文学家明信片

1924 年春，叶圣陶和胡愈之、谢六逸、郑振铎等人集资，先后印制了六组文学家明信片（每组六张），把世界著名文学家的肖像印在明信片上，目的是为了满足文学美术爱好者的需要。叶圣陶在《爱好文艺美术的人们，请购文学家明信片！！！》[①] 中说：

> 凡是嗜读著名文学作品的人，一定要想瞻仰作家的丰采，把文学家的肖像放在案头，挂在壁上，不但可以点缀一间优雅的书室，而且和文艺天才昕夕晤对，更可激发灵感，怡养性情，凡在文艺发达的国家，文学家像片印行发售的很多，只有在我国还无从购得。上海文学研究会为满足爱好文艺的人们的需要起见，特由会员集资，印刷了一种名信片，……第一组六张，合为一套，每套售大洋二角，连邮费在内（国外加邮费四分）。……汇兑不通处可以邮票代现。函购处上海宝山路顺泰里一号文学研究会。[②]

---

① 《文学》第 128 期，1924 年 6 月 30 日。
② 即叶圣陶住所。后来搬到闸北香山路仁馀（余）里二十八号。

为了印得精美，他们委托上海当时新设的美化照相凹版公司，用照相凹版两色版印，"不但神采逼真，而且轮廓彩色都足引起美感，凡是欣赏艺术的人们，见了一定十分满意"，第一组的六张肖像是印度诗圣泰戈尔、英国诗人拜伦、爱尔兰诗人及戏剧家夏芝、法国诗人及戏剧家佛朗士、德国戏剧家霍卜特曼、俄国小说家陀斯妥耶夫斯基。购买者汇款不方便，大多寄邮票来兑换，有时信封受了潮，邮票粘在一起，还得用水泡开。叶圣陶不厌其烦，把明信片寄出去，再把邮票收集起来，留作文学研究会寄稿子或寄信时用。文学研究会编辑出版的"小说月报丛刊""文学研究会丛书"和"文学周报社丛书"，每本的定价也只有一角或二角钱，读者买个一本二本的，大多也是寄邮票来兑换。叶圣陶不辞辛劳，收集邮票，惠寄书刊。他在谈到童话《古代英雄的石像》的"意旨"时说"余当时不过瞧不起所谓英雄，又略有为大众服务之想头，以为唯有如石块铺路，供人行走，乃为有意义之生活。"① 他主持文学研究会的日常工作，编杂志出丛书印制文学家名信片，似乎也都可以解读为"如石块铺路，供人行走"。

1925 年 3 月 23 日出版的《文学周报》第 165 期，刊登消息《"文学家明信片"第二辑出版了!》，全文如下：

> 本会印行的文学家明信片，前已出版一套，印刷精美，甚为文艺界所欢迎。现在第二套又出版了。计共六张，是世界六大文豪像片：
>
> （一）英国戏曲家、诗人莎士比亚；

---

① 《叶圣陶集》第 23 卷，江苏教育出版社 2004 年版，第 10 页。

（二）法国诗人、小说家、戏曲家嚣俄；

（三）俄国小说家、思想家托尔斯泰；

（四）丹麦小说家、诗人、童话作家安徒生；

（五）挪威小说家、戏曲家般生；

（六）英国诗人、论文家爱莫生。

这六位作家都是现代中国读者所最熟悉的。除会员自用外，尚可以若干套供献与爱好文艺的同志之前。

此项明信片俱用照相凹版（Photogravurs）印刷，比以前更加精美，每套六张，仍售洋二角，每元可购六套，以前所印六种，不日亦将再版，函购请向：

"上海，闸北，香山路，仁馀里二十八号，文学研究会"接洽。

1928 年 3 月 18 日出版的《文学周报》第 6 卷 8 期上刊登了这样一则广告：文学家明信片"先出俄德两国，其余陆续印行，每打售洋二角，每张售洋二分"。

"俄国文学家"是诗人普希金，小说家歌郭里，诗人李门托夫，小说家杜思退益夫斯基，戏剧家阿史特洛夫斯基，小说家科洛林科，小说家迦尔洵，小说家柴霍甫，小说家高尔基，诗人蒲宁，小说家科布林，小说家安特列夫；

"德国文学家"是批评家莱森，诗人歌德，戏剧家席勒，小说家霍夫曼、戏剧家克来司忒，童话家格林，诗人乌兰，诗人海涅，戏剧家海勃尔，小说家施笃谟，戏剧家苏德曼，戏剧家霍甫特曼。

紧接着，又出了"英国文学家"和"美国文学家"两种：

"英国文学家"有散文家路斯金，诗人梅勒底新，诗人慕里斯，诗人史文明，诗人哈代，小说家史提文生，戏剧家萧伯纳，戏剧家巴蕾，小说家康拉特，小说家吉百龄，诗人夏芝，戏剧家高尔斯华绥；

"美国文学家"有小说家富兰克林，散文家欧文，诗人勃兰脱，散文家爱玛孙，小说家霍桑，诗人朗弗落，诗人华特尔，诗人爱伦坡，诗人罗威尔，诗人惠特曼，散文家泼克曼，批评家史特曼。

《文学周报》第326至350（1928年7月22日至1928年12月30日）合订本的前半部分有一版"文学家名信片"的广告，现抄录于下：

君欲认识各国著名文学家吗？

我们已有英、美、德、俄、法，五国文学家六十位的照相，用极精巧的细纲铜板制成明信片，彩色精印，鲜艳美丽。下端附录生卒、性格、著作，以及汉译书目，极便参考。以之装饰书房，尤为雅致。兹将各位姓名介绍于下：……

这"英、美、德、俄、法五国"六十位文学家的相片分为十辑。第一辑（俄）有：普希金、歌郭里、李门托夫、杜思退益夫斯基、阿史特洛夫斯基、科洛林科；第二辑（俄）有：迦尔洵、柴霍甫、高尔基、蒲宁、科布林、家安特列夫；第三辑（德）有：莱森、歌德、席勒、霍夫曼、克来司式、雅各格林；第四辑（德）有：乌兰、海涅、海勃尔、施笃谟、苏德曼、霍普特曼；第五辑（美）有：霍桑、罗威尔、勃兰脱、富兰克林、惠特曼、爱伦坡；第六辑（美）有：朗弗落、欧文、爱玛孙、史特曼、华特尔、泼克曼；第七辑（英）有：路斯金、梅勒底新、慕里斯、史文明、史提文生、哈代；第八辑（英）有：萧伯纳、巴蕾、康拉特、吉百龄、夏芝、高尔斯华绥；第九辑（法）有：福劳贝尔、左拉、都德、法耶士、莫泊桑、罗曼罗兰；第十辑（法）有：嚣俄、乔治桑特、高贝、大仲马、小仲马、巴尔扎克。

这十辑明信片，每辑一角，每张二分，由上海开明书店发行。叶圣陶和文学研究会同人印制文学家明信片的工作持续了四五年之久。"凡是嗜读著名文学作品的人，一定要想瞻仰作家的丰采，把文学家的肖像放在案头，挂在壁上，不但可以点缀一间优雅的书室，而且和文艺天才昕夕晤对，更可激发灵感，怡养性情，凡在文艺发达的国家，文学家像片印行发售的很多，只有在我国还无从购得。"叶圣陶在《爱好文艺美术的人们，请购文学家明信片！！！》中说的这番话，也道出了文学研究会要使中国成为"文艺发达的国家"的良苦用心和满腔热忱。

三、创办上海朴社

1923 年前后，商务印书馆汇集了一大批文学研究会会员，如沈雁冰、郑振铎、叶圣陶、胡愈之、顾颉刚、王伯祥、周予同、周建人、谢六逸，等等。他们继承五四文化思潮中"独立的思想和自由的精神"，为了摆脱社会的压制以及书店的剥削和商务当局的牵制，就组织起来，每人每月拿出 10 元钱，集资出书，以促进和推动新文学创作和学术研究繁荣发展。这个想法很快就得到了郭绍虞、朱自清、俞平伯、耿济之、陈乃乾、严既澄、潘家洵、吴颂皋、陈万里、陈达夫、常燕生等一大批学者的赞同，于是就在 1923 年 3 月成立了上海朴社。发起人为沈雁冰、郑振铎、叶圣陶、胡愈之、顾颉刚、王伯祥、周予同、谢六逸、陈达夫、常燕生，共十人，顾颉刚任会计。

社名"朴社"，缘自"朴学"，即乾嘉考据学（又称"汉学"）。梁启超在《清代学术概论》中揭示其十大特色，诸如：凡立一义，必凭证据；选择证据，以古为尚；孤证不为定说；隐匿或曲解证据为不德；罗列同类事项为比较研究；凡采用旧说，必明引之；所见不合，则相辩诘，虽弟子驳难本师，亦所不避；辩诘以本问题为范围，词旨务笃实敦厚，以讥弹影射为不德；喜专治一业，为"窄而深"的研究；文体贵朴实简洁，忌枝蔓。梁启超十分推重朴学的学风，认为有裨于笃学诚挚之学者的养成："用习此种研究法以治学，能使吾辈心细，读书得间；能使吾辈忠实，不欺饰；能使吾辈独立，不雷同；能使吾辈虚受，不敢执一自是。"[1] 文学研究会同人将书店的名字叫做"朴社"，意在传承和弘扬"朴学"，守正创新。

关于朴社，顾颉刚和王伯祥的日记中都有记述，可以相互参证。顾颉刚的日记 1921 年以后的都留存下来了，王伯祥的日记留存下来的则始于 1924 年。从顾颉刚和王伯祥的日记中可以看出，对朴社最热心的是顾颉刚，排在第二位的就是叶圣陶。朴社的"社徽"，就是叶圣陶设计的，是一个圆形的繁体的"朴"字，印在出版物的封底，

---

① 梁启超：《清代学术概论》，商务印书馆 1938 年版，第 79 页。

很是醒目。叶圣陶对朴社热心，这与他当时的工作不无关系。1923
年前后的叶圣陶，虽说在新文学创作方面成就显赫，可商务印书馆看
重的并不是他新文学的"实绩"，而是厚重的"国学"根基，是"国学"
研究的能力，是作为"学者"来派用场的。叶圣陶到商务印书馆不是
像沈雁冰和郑振铎那样主编《小说月报》和《儿童世界》，搞新文学，
而是到国文部编纂初中国文教科书《国语》和"学生国学丛书"，偏
于"国粹"和"古董"。商务印书馆编纂中学国文教科书《国语》和
"学生国学丛书"，所编纂和汇集的都是我国历代的重要著作，"经部
如《诗》、《礼》、《春秋》，史部如《史》、《汉》、《五代》，子部如《庄》、
《孟》、《荀》、《韩》，并皆刊入；文辞则上溯汉、魏，下迄近代，诗歌
则陶、谢、李、杜，均有单本，词则隋唐五代、两宋，曲则撷取元、
明大家，传奇、小说，亦选其英"。为便于阅读，"诸书均为分段落，
作句读"，加注，难字注音，卷首均有"新序"，"述作者生平、本书
概要，凡所以示学生研究门径者，不厌其详"。(《学生国学丛书编例》)
叶圣陶心里并不乐意，但也"胜任愉快"。虽说只有中学学历，但自
学成才，古文根基极深。

　　除了日常的编辑工作之外，叶圣陶署名选注的有《荀子》、《礼
记》、《苏辛词》、《周姜词》、《传习录》及《史记》(与胡怀琛、庄适
一同署名)，他继承了无证不信的乾嘉学风，广泛汲取新的知识和理
念，提出学术研究要有"客观的态度"和"融通的性习"。他在《〈荀
子〉(选注本)绪言》中说：

　　　　研究学术思想，不论是古人的或是现代的，首要在确知它的
　　　真相；更进一步，就拿来作我自己研究学术、完成思想的参证。

所以主观的态度是不相宜的，拘泥的性习是没有好处的。譬如从前人因荀子主张性恶，就对他不满意，以为他无论如何，至少要比孟子低一级。这由于他们主观得厉害，拘泥得厉害，故而想着性总该是善的才对。我们现在就不这样，性到底是善是恶的问题且搁在一旁，却觉得孟、荀二人同样是混用抽象名词来说话的人。陈登元作《荀子之心理说》（见东南大学南京国学研究会所出的《国学丛刊》第二卷第二期），罗列两家的说数来比核，他的答案是"孟、荀二家皆主心善。荀子性恶之性，非孟子性善之性。"试读《解蔽篇》论心的文字，与孟子"恻隐之心，人皆有之……"的话对照，他们两个人确然在一条路上。荀子说性恶，每指情欲而言，孟子说性善，却指"我固有之"的良心，用词不同，显然可见。那么，从前人扬彼抑此，不是无聊的争辩么？这是说客观的态度的必要。

又如我们既知道孟子说性善，荀子说性恶，其实他们两家都说的心善，这当儿最要记着"孟子说、荀子说"这几个字。记着这几个字就与"我信"不同。固然，如孟、荀两家在我国学术思想上都发生伟大的影响，或且直到无尽的将来。但"食而化之"是可以的，"酌而采之"是可以的，研究某说即我信某说是不可以的，因为这样就把你的进程阻挡住了。在现在的时代，要研究哲学、教育、心理等科，应当从现代的哲学、教育学、心理学等入手；古代的呢，都只给我们作参证的材料；这才会有永远进展的希望。这是说融通的性习的必要。①

---

① 《叶圣陶集》第18卷，江苏教育出版社2004年版，第272—273页。

　　这番话讲得相当透彻，可以作为治学的指南。也正是因为叶圣陶当时的工作偏重于学术，又是和顾颉刚搭档一起编纂中学国文教科书《国语》，对朴社的热心是很自然的事。1923 年 12 月底，叶圣陶结束在福州协和大学的教学工作回到上海后，就又成了朴社的"主干"。王伯祥 1924 年 2 月 15 日日记：

　　　　散馆后去振铎所开会讨论朴社事。雁冰、愈之、乃乾俱到，决先把《浮生六记》刊行。又拟就重要古籍中选注辑印为《中国文学选本》陆续刊行，作中等学校教本或补充课本。当时商定《史记》、《左传》、《国策》、《庄子》、《荀子》、《韩非子》、《论衡》、《孟子》、《诗经》、《乐府诗集》、《唐五代宋词选》、《唐诗选》、《元曲选》、《古诗选》等十四种。先出《史记》（圣陶任）、《孟子》（我任）、《论衡》（乃乾任）、《词选》（振铎任）四种，希望于暑假前交稿，则开学时当得一大批销路也。

　　王伯祥日记中提到的上海朴社的主要成员中沈雁冰、郑振铎、胡愈之、叶圣陶、王伯祥都是学界名家，只有陈乃乾一人是个书商。他精明强干，在上海经营一个名叫"上海古本流通处"的书店，专做图书生意，在与"书刊"打交道的同时，刻苦自学，积累了丰富的学识，新中国成立后出任中华书局副总编辑。不过，当时他还只是个书商，沈雁冰、郑振铎、胡愈之、叶圣陶等人与他合作，显然带有营销策略上的考虑。

　　众所周知，商务印书馆在我国近现代出版史上的腾飞与它的经营策略和管理体制紧密相关。商务当局尊重人才，编辑的薪酬比较丰厚，自由度高，每天工作只有六个小时，此外每年还有相对固定的创作假，甚至还有出国访学的机会。这是优厚的一面，但也有相当苛刻的一面。商务当局要求编辑必须忠诚，"不能在书馆外做与在书馆内同一样的工作"，否则就是"不忠"。上海朴社同人和陈乃乾联手，显然也是为了要遮避商务当局耳目的考量，好把印书售书的事交给陈乃乾来做。也正是因为这样，朴社没有成立《宣言》，所出的书有的也不署名，从而也就给"朴社"研究增加了难度。至于叶圣陶为朴社做了哪些工作，顾颉刚和王伯祥的日记中时有记载，现汇拢如下：

> 顾颉刚 1924 年 2 月 28 日记圣陶来信云，"《史记》预备四十篇，每篇不全选，中有删节。点好后加注，以详明二字为标准。要请你做一篇序，言太史公之史学上的价值，顾及文学上的价值。为才力著想，为名气著想，此序都要你做才行。你虽忙，因为这是社里事业的第一炮，务望抽闲努力一作。"上海友人之责望我如此。他说"名气"，可见名之累人。①
>
> 顾颉刚 1924 年 3 月 3 日记昨得圣陶、伯祥来信，要我为他们标点的戴东原《孟子字义疏证》等三种作序。我近日为学正想把范围缩小，而他们责望我放大，这是不能徇人的，因作函辞之。②
>
> 王伯祥 1924 年 3 月 6 日记饭后乃乾来，出《浮生六记》印稿交圣陶校。
>
> 顾颉刚 1924 年 5 月 28 日记（写圣陶信）圣陶嘱予为其所

---

① 《顾颉刚日记》第 1 卷，（台北）联经出版事业股份有限公司 2007 年版，第 460 页。
② 《顾颉刚日记》第 1 卷，（台北）联经出版事业股份有限公司 2007 年版，第 461 页。

标点之《王文成公集》作序，辞之。此等事出诸圣陶之口，使我惆怅。"①

王伯祥 1924 年 7 月 23 日记散馆后在振铎所议《结婚的爱》版税抽法。到愈之、乃乾、振铎、圣陶及我五人，决先付印，将来照定价取百分之十五。

以上是叶圣陶做的几项具体的工作。标点《史记》、戴东原《孟子字义疏证》和《王文成公集》，校阅《浮生六记》等，当然这只是叶圣陶所做的一部分工作。至于朴社出版的书籍，这里也汇集几种。1924 年 6 月 30 日出版的《文学周报》第 128 期刊登了朴社出版的四种书的广告：

　　霜枫之一　浮生六记　沈复著　俞平伯点阅
　　作者是个习幕经商的人，全凭真率的性情和天禀的文才，写成这部反映出身世和心灵的自传。俞平伯先后作序文两篇，就它的本质和艺术加以批评，并钩稽书中事实，编成年表，对于读者尤为便利。
　　本书实价大洋二角八分外埠函购可用邮票代钱寄费不加须挂号寄出每件另加五分

　　霜枫之二　初日楼少作　严既澄著（预告）
　　月下微吟，灯前浅醉，如想在这境界中寻茜色芳年的残影，

大可读这本小诗集。良金美玉，灼烁明珠，令人爱玩。

霜枫之三　髭须及其他　莫泊桑著　李青崖译（预告）

莫氏这六篇作品，占有浓烈的肉的气息，而文笔犀利，态度严正，不落猥琐。此从法文原本译出。

霜枫之四　剑鞘　叶绍钧、俞平伯著（预告）

中含二人的论说美文小说札记书评等，俱经抉择，力扫浮滥，作者的才性，作品的风裁，比较观之，颇有兴趣。

朴社发行所　上海广西路筱花园口

1924 年 10 月 24 日《文学》第 144 期，以及 1924 年 11 月 10 日《文学》147 期，分别刊登了朴社的两则广告：

全译《结婚的爱》英国司托泼夫人著　胡仲持译

本书根据科学的考察，把两性关系的真相，庄严地露骨地叙述下来，实为已结婚及将结婚的青年们不可不读的书。著者又有卓越的天才，想象非常丰富，文笔非常优婉。所以从文艺的立场看来，也是一部有希望的作品。原书在英国已销售六百余版，各国都有译本。兹经译成流畅之语体文，以饷中国读者。卷首附作者肖像及周建人先生序文，尤为难得。

甲种道林纸实价 8 角　乙种瑞典纸实价 6 角　外埠函购寄费七分半

总发行所　上海广西路筱花园朴社　代售处　上海四马路商

报馆

妇女问题丛书第一种《妇女问题十讲》章锡琛译著　实价大洋八角

　　本书为日本本间久雄原著，介绍欧美学者最新学说，如参政问题，职业问题，恋爱问题，婚姻改造，自由离婚，产儿限制各种重要问题，非常详备，实在是这方面最高权威的著作。原书第十讲，系述日本的妇女思想，由译者节成短篇，均作附录。另撰中国妇女思想的发达一篇，凡三万余言，详述古来妇女观及近年妇女思想发展的状况，更有价值。全书用白话文写成，译文的明了正确，和印刷装订的精美，为我国出版界空前的创作。末附索引，尤便检查。

　　总发行所　上海宝山华兴里 155 号妇女问题研究会

　　总经售处　上海广西路筱花园朴社

　　代售处　上海平望街民国日报馆　上海四马路商报馆及各大书店

从这几则广告可以看出：上海朴社注重出版学术著作，选编的态度极其认真。上海朴社 1924 年 11 月出版的《初日楼少作》的版权页上，刊有《人间词话》的一则广告，全文如下：

　　王先生作词推崇五代北宋，标举"境界"之说，实为词坛创见，治文艺及文学史者，得此可助理解不少。本社就原书所举词人，辑为略传，所标零句，移录全篇，合为附录，载诸书后，尤便读者。

笔者见过上海朴社出的学术著作中还有两种：一是 1924 年 8 月影印的《古今杂剧三十种》，这部元人选刻的元曲堪称元代文学中的精品。二是叶圣陶和王伯祥点校的《戴氏三种》，1924 年 8 月由朴社出版。书前有叶圣陶和王伯祥合写的引言以及胡适的《戴东原在中国哲学史上的位置》。叶圣陶在为这本书作的广告中说：

> 戴东原一生的成绩，门类是很繁多；但足以使他不朽的，却在他的哲学思想。他的哲学思想具见于《原善》、《孟子字义疏证》二书；虽所用的方法是籀绎古昔的学说，实在是自建他思想的体系……现在本社把这三书合刻在一起，精校印行。对于研究戴氏思想的，自谓颇能给予不少的便利。[①]

叶圣陶在为这本书写的"小引"中说："书册序言，旨在提摄，强为者病。《努力周报读书杂志》第十七期载胡适《戴东原在中国哲学史上的位置》一文，扼要钩隐，足助理解，为本书序文，尤称其职，因移录焉。"

遗憾的是顾颉刚离开商务印书馆，于 1923 年年底回到北京就任北大研究所国学门助教之后，就对上海同人不满，要在北京成立朴社"北京部"，与"上海部"形成并峙之势，且因个人感情，拒绝与陈乃乾合作，主张由北京朴社来出书。上海同人耐心劝解，顾颉刚就是听不进，坚持要把朴社本部移到北京，由他来经理（详见顾颉刚 1924 年 9 月 25 日日记）。上海同人担心"走漏风声"，被商务印书馆觉察，

---

① 《文学周报》第 153 期，1924 年 12 月 21 日。

只好急流勇退，保留个"朴社出版部"的名义，由陈乃乾负责再版并经销已出版过的书籍，原社员持股分红。顾颉刚则在北京大肆宣传，招募社员。大约在1925年二三月间，北京朴社正式成立，顾颉刚担任总干事。北京朴社维持了将近13年，直到1937年"七七"事变后才歇业。

上海朴社解体之后，叶圣陶、胡愈之等人想办书店的念头反倒更热切了。1925年1月，《妇女杂志》主编章锡琛和编辑周建人，因将《妇女杂志》1月号取定为"新性道德号"，且载有章锡琛写的《新性道德是什么》和周建人写的《性道德的科学标准》，受到封建卫道士的攻击。商务当局以耳代目，于是年6月将章氏降到国文部当一般编辑，将周氏调到自然部当编辑。章锡琛不服，于是在年底私下创办了《新女性》杂志，与商务的《妇女杂志》唱对台戏，触犯了商务当局"不能在书馆外做与在书馆内同一样的工作"的规定，被商务当局视为"不忠"而解职。出于对章锡琛的同情，也出自要开办书店的热望，文学研究会同人以当年创办朴社的热情鼓动章锡琛创办开明书店。1926年8月1日，开明书店正式挂牌，以其特有的"开明风"在我国现代出版史上写下了璀璨的一页，而叶圣陶后来则成了开明书店的"灵魂"。

第六章

"五卅"和"大革命"时期的"肉搏"

一、"五卅"惨案中的《公理日报》

中国共产党建党初期，叶圣陶与沈雁冰、沈泽民、杨贤江、侯绍裘、瞿秋白、恽代英等共产党人都有过交往，可以说从中国共产党成立之日始，叶圣陶就是共产党人最真诚的挚友。1923年6月底、7月初，沈雁冰参加了党的第三次代表大会后回到上海，接替恽代英担任上海"交通局"主任（即党中央联络员），各省地方党组织的报告，用"钟英先生"的名义寄给沈雁冰转交党中央。那时叶圣陶的门上钉着"文学研究会"的牌子，沈雁冰看中了叶家这个公开身份，就托叶圣陶为他收取信件，凡是信封上写着"钟英先生收"的，收藏在一旁，转交给他。"钟英"系"中央"的谐音。"五卅"前后，叶圣陶居住的仁馀里二十八号成了共产党人与左派的秘密联络点，一些共产党人和左派人士常在这里开会。当时，正值第一次国共合作的蜜月期，许多共产党人都以个人身份加入国民党，"入党救国"的口号颇为流行。在沈雁冰、杨贤江等共产党人的劝导下，叶圣陶和夫人胡墨林以他们特有的真诚，庄严地走到"三民主义"的旗帜下，成了中国国民党左派队伍中的成员，还分别担任了国民党上海特别市候补执行委员[①]和国民党上海妇女运动委员会委员[②]，站到了中国革命斗争的前列。编辑出版《公理日报》，就是叶圣陶加入中国国民党左派阵营之后，做的一项很重要的工作。

"五卅"惨案发生的第二天，叶圣陶怀着满腔愤怒，写了《五月三十一日急雨中》，用雄浑犷放的"愤怒之音"，倾诉了他的反帝激情，以及对同胞联合起来反帝的期盼。

6月1日，叶圣陶和沈雁冰、郑振铎、胡愈之等发起成立了上海学术团体对外联合会，发表了《上海学术团体对外联合会宣言》[③]。"上海学术团体"由少年中国学会、中华学艺社、文学研究会、太平洋杂志社、孤军杂志社、醒狮周报社、上海世界语学会、妇女问题研究会、中国科学社上海社友会、学术研究会、上海通信图书馆、中华农

---

① 4月5日上海《申报》第14版发表《国民党特别市代表大会记》称：4月4日，在国民党上海特别市代表大会上，丁晓先（39票）、叶绍钧（34票）、丁郁（34票）、冯明权（32票）、范博理（30票）当选为'候补执行委员"。

② 1月17日上海《申报》报道：上海妇女运动委员会由章国希、胡警红、郁斐如、范博理、管学达、张钟、胡数云、孔德沚、雷孝芹、陈比难、贺敬晖、梅玉珂、徐鸣和、胡墨林、钟复光等十五人组成。

③ 《公理日报》创刊号，1925年6月3日。

学会等十二个团体组成，虽说政治态度并不一致，但在"一致对外"的口号下，暂时凝聚在一起。

《上海学术团体对外联合会宣言》对反帝斗争提出了六条要求，第一条就是"收回全国英租界"，第四条是要"惩办肇事捕头及巡捕，西捕头爱优孙及其他凶手，一律抵偿生命"。《宣言》号召广大民众要"奋力为之"，"一息无懈"，"使英人对吾人之要求全数照办而后止"。然而，上海各日报，如《申报》、《新闻报》、《时报》、《商报》、《新申报》、《时事新报》、《民国日报》等均拒绝登载这份宣言。他们既无耻又懦弱，"对于如此惨酷的足以使全人类震动的大残杀案，竟不肯说一句应说的话"。为了使"不平而残忍的事"和"公正的舆论"不至于被报界"隐瞒"，叶圣陶和沈雁冰、郑振铎、胡愈之等决定创办《公理日报》，"以发表我们万忍不住的说话，以唤醒多报的在睡梦中的国人"①。他们自筹经费，联系印刷厂，组稿编排，连夜作战，编辑部和发行所就在宝山路宝兴西里九号郑振铎家里。

"五卅"惨案的第四天——6月3日清晨，《公理日报》与上海市民见面了，"在一切同类刊物中是最先出现的"。② 报头"公理日报"四个字出自叶圣陶之手。印好的报纸，天刚蒙蒙亮就运到郑振铎家里，无数报童涌来买报，市民争相传读，"赢得了数万读者的热烈同情"。

《公理日报》"每日印一万五千至两万份"，一共出了22号，叶圣陶以"秉丞"的笔名发表的文章共有十篇（其中号召捐款支援罢工工

---

① 《〈公理日报〉停刊宣言》，《公理日报》1925年6月24日。

② 东公：《介绍关于"五卅"事件的定期刊物》，《时事新报·鉴赏周刊》第8期，1925年7月27日。

人的两篇社论，与"左生"一同署名），在文学研究会会员中是发表文章最多的一个。此外，《公理日报》几乎有一半文章没有署名，其中一定也有叶圣陶写的，或者虽非叶圣陶动笔，也包含着叶圣陶的意思，因为有许多意思本来是大家的。所以《公理日报》从一个侧面记录了叶圣陶在"五卅运动"中的反帝爱国斗争。

6月2日，全国总商会副会长、上海总商会会长、淞沪市政办虞（和德）洽卿，奉段祺瑞政府"妥协解决"五卅惨案的使命，从北京赶到上海，发表"调停"的演说，涎着脸说什么"这样各走极端是不对的呀，我是作调人的"。南京路商界联合会发布的《警告各界》①的公告中说：

> 此次惨剧，务清静待解决。如无重要事件，亟勿外出。如在路上行走，切勿停留观看，或拍手呼喊；更勿暴动，以免危险。至要至要。

"公告"明显是站在帝国主义一边，压制民众反帝爱国运动。叶圣陶敏锐地认识到，不揭露资产阶级右翼的真面目，反帝爱国斗争就很难深入。于是写了《虞洽卿是"调人"！》②一文，用锋利的笔调剖析了虞洽卿的卖国嘴脸：

> 调人！洽卿是来作调人的！同胞听见么？
> 我不知道他的国籍是什么！不知道他的头脑是什么！不知道

---

① 《申报》1925年6月2日。
② 《公理日报》1925年6月6日。

他血管里有没有一点一滴红热的血！

凡是中国人，没有不热血沸涌，痛恨万恶的强权的。凡是有感情，有思想的人，没有不一致起来竭力反抗，以为决不可略为退让的。

同一天，叶圣陶在《有交涉，无调停》①的社论中，呼吁那些持"旁观者的态度"的民众加入到反帝斗争的行列，"因为这回的耻辱是全体同胞的耻辱，所受的痛苦是全体同胞的痛苦，只有愤恨，只有反抗，是我们应走的路。"

在《公理日报》以及随后出版的由瞿秋白主编的《热血日报》的鼓舞下，上海市民的反帝爱国热情日益高涨，帝国主义"采取最强硬的手段"予以绞杀。自6月起，帝国主义的军舰一艘又一艘地开进上海港，工部局借"维持秩序"之名，除了出动印度巡捕，调集各国水兵上陆，还征召万国商团"出防"。万国商团并非商业团体，而是由各国流氓组织起来的维护帝国主义统治的一支反动武装。接到工部局命令以后，他们"实弹巡逻"，行凶杀人。而万国商团中的华队（中国流氓组成的队伍），居然也以"维持秩序"为名，荷枪出防，"追随英人之后，为杀戮同胞之举"，还在6月7日的《申报》和《新闻报》的头版发布了《华队公会宣言》，声称他们的"出防"，是为了"维持秩序，保护居民之生命财产"。

就在《华队公会宣言》发表的第二天，6月8日，叶圣陶在《公理日报》发表《华队公会的供状》一文，针对华队公会的"以维持租

---

① 《公理日报》1925年6月6日。

界公共治安为唯一之宗旨",以及"华队出防即为维持秩序,保护居民之生命财产"等谎言进行驳斥:"在最热闹的大马路,有游行演讲的学生,有聚集听讲的群众,却给排枪打死打伤打散,这是什么样的治安!你们要实行你们的宗旨,就该出来维持呀,扑灭残暴的恶魔,保护同胞的生命……你们这样做过么?""跟着残杀我们的仇敌,在众目共见的马路上站岗,还要搜查行人,搜查旅客,而行人旅客正就是你们的同胞。"叶圣陶的驳斥,让人们认清"跟着仇敌逞威"、甘作"大英顺民"的华队公会,是一群"没有廉耻没有正义"的民族败类!

"惨案"发生的第二天——6月1日,《时报》的《小时报》刊登了一篇题为《今日只可谈风月》的文章,"把程砚秋、梅兰芳等人的起住,认为可以发表的消息;而把一切关于'惨案'的消息,认为没有到发表的时期"。上海各日报照样大登特登英日广告,与广大市民的"提倡国货是救国的第一方策""与帝国主义经济绝交"的呼声背道而驰。《公理日报》抨击《时报》的行径"是消磨民众的战斗意志",并以上海学术团体对外联合会的名义,致书上海各日报公会,劝告他们"切实宣告,以后凡英日广告,一例摒斥不登,务希俯从公意"。日报公会非但不作答复,而且"照常替屠杀同胞的英国商人大登特登其销货广告"。6月12日,叶圣陶和郑振铎、胡愈之等代表上海学术团体对外联合会,向日报公会"特再提出警告,以冀报界最后觉悟,正式宣布,拒登英货广告",希望报界的"明理之士",不要"拂逆舆论,致引起社会之反抗"。日报公会仍然不作答复。叶圣陶于是写了《日报公会不答复》[1]一文,愤慨地说:"我们看见了一颗腐烂了变色的

---

[1] 《公理日报》1925年6月13日。

心！"次日，叶圣陶又写了《爱国的报纸应有单独的表示》，用极诚挚的话语呼唤日报公会的会员，与日报公会分道扬镳，单独宣告以后一律不登英日货广告。叶圣陶说，这样做"一方面可以见得你们不是同流合污的，而又一方面也安慰安慰我们老等着回音的人。大家看见你们的报纸上刊出'本报以后永不登英日货广告'时，将齐声歌颂你们的勇敢，将永远记着你们的好义"。然而，报界、银行和钱庄仍一意孤行，"每天发刊登载仇人的广告"，"每天解运银洋与仇人的银行"。叶圣陶又写了《再告报界与金融界》①，痛斥卖国的报阀、银行和钱庄。再次要求他们"为自己的心迹名誉起见"，赶快出来宣告"以后永不登英日货广告""永不与英日银行往来"，并提议各界"推举代表"，检阅银行和钱庄的"账簿"。这些正义的呼声，在当时确实起到了激励民众、鼓舞民气、打击敌人的战斗作用。

为了使工人阶级的罢工斗争如火如荼地深入发展，6月12日叶圣陶写了题为《援助罢工工人！》的社论，精辟地阐述了慷慨解囊、出钱援助罢工斗争的重大意义："罢工足以制仇敌的死命……出钱足以使我们的军队勇往直前。"并提出了援助工人的"六条"具体办法，热切地希望各界"加以采纳""努力实行"，因为"这是义务，是责任，是良心的命令"！"凡是爱国的同胞，希望这回民族运动成为光荣的，胜利的"，就应该尽量地出力、出钱！6月13日，叶圣陶又为《公理日报》写了题为《怎样做到我们的办法？——援助罢工工人》②的社论，提出了实施"六条办法"的"三个步骤"：

---

① 《公理日报》1925年6月16日。
② 《公理日报》1925年6月13日。

第一步，由总工会指挥全体罢工工人分日在闸北南市举行大游行，促起市民的注意。

第二步，由学生会通知各校组织演讲队，同时出发演讲说明大罢工之必要及援助罢工工人之意义与方法。

第三步，由商会及各马路商界联合会赶即筹议援助罢工工人之实施办法……

这"三个步骤"切实而具体，体现了叶圣陶直面现实、脚踏实地的战斗风格。这两篇社论当时是学校演讲队的讲稿，是我国现代史上最"鼓舞民气"的篇章之一。

对于反帝斗争的终极目标，叶圣陶也有很周密的思考。6月10日，他在《公理日报》上发表了题为《不要遗漏了"收回租界"》的社论，指出只有"收回租界"，废除一切不平等条约，中华民族才能在政治上和经济上抬起头来。然而，段祺瑞卖国政府却暗中指使总商会拟定了一份所谓的"十三条"交付"谈判交涉"，把"收回租界""承认工人有组织工会及罢工之自由"等最重要的条款统统删除。叶圣陶立即写了题为《总商会的条件?》①的社论，呼吁广大民众赶紧站出来，为了"民族前途的命运""为了大多数同胞的权利"，与"忘了全国，以私意取舍于其间"的"外交当局"进行斗争！"只知媚事外人""没有脊梁"的段祺瑞政府非但不回头，反而勾结和拉拢资产阶级右翼背叛民族利益。6月19日，总商会召集上海六十一公团代表在总商会会所举行秘密会议，策划于6月21日单独开市，并请奉军开进租界，

---

① 《公理日报》1925 年 6 月 18 日。

维持开市后的秩序。叶圣陶连夜写了题为《无耻的总商会！！！》^①的社论，向同胞倾诉了他的愤慨："开市了！明天开市了！总商会决议明天开市了！我闻此，心血已沸，怒火欲焚，我不料中国人里头会有这样无耻的总商会，卖国的总商会；然而中国人里头竟有这样无耻的总商会，卖国的总商会！"满腔的愤怒，使得叶圣陶与上海学术团体对外联合会中的右翼公开决裂，呼吁"大家起来打倒这个无耻的卖国的总商会！""打倒外来的帝国主义！"

随着形势的恶化，印刷厂不敢再承印《公理日报》；原来捐助《公理日报》的商人们也拒绝捐助；上海学术团体对外联合会内部的分歧也白热化起来，《公理日报》被迫停刊了。叶圣陶和郑振铎、沈雁冰、胡愈之等人在《〈公理日报〉停刊宣言》中说：我们"愤怒填胸，欲哭无涕"，"要是能力允许我们继续奋斗的话，我们必牺牲一切，奋斗到底。然而现在竟因种种不能克胜的困难，使我们不得不暂停我们所最欲去做的工作！他们怀着沉痛的心情郑重地宣告："我们的工作，万不能就此终止，诸君且记住……来日方长，我们的相别是暂时的！同情于我们的请来合作！在最近的将来，如得生力的应援，我们竟将以更勇进的面目与诸君相见。"从这些感人肺腑的言语中，我们可以感受到他们的心情。在这场反帝斗争中，他们认识到中国工人阶级的伟大与刚强；看清了"绅士"者的奴性；深切地懂得"'公理'是要实力来帮助的，赤手空拳的高喊着'公理'，是无用的"，这和鲁迅的思想是一致的。鲁迅在《华盖集·忽然想到（十）》中说：中国人民要"抽刃而起"，对敌人要"以血偿血"，要增长"国

---

① 《公理日报》1925年6月20日。

民的实力"①。

二、被诬为拿了"宣传费"的《苏州评论》

1925 年 6 月 6 日，叶圣陶和沈雁冰、杨贤江、侯绍裘等人发起组织的上海教职员救国同志会正式成立，《上海教职员救国同志会宣言》痛斥"漠视而遏止救匡运动"的"学阀名流"，宣传"救国应先于教育"的理念，号召广大教职员，"一方面应以国民的资格，率先为救国的运动，一方面以教育者的资格，领导受我辈教育之青年，为救国的活动，并培养其救国之能力"，"务使救国的教育，成为全国教育之风气，以挽国家之危机，而亦即所以根本的奠定教育之基础"。

这《宣言》显然是有感而发的，当时"学者名流"散布的"读书救国"不绝于耳。五卅惨案发生后，胡适只寄希望于军阀政府与帝国主义的交涉和谈判，并不支持群众的爱国反帝运动，特别不赞成学生罢课去参加斗争，还专门写了《爱国运动与求学》②，对爱国青年学生进行嘲讽。胡适说："排队游街，高喊着'打倒英日强盗'，算不得救国事业；甚至于砍下手指写血书，甚至于蹈海投江，杀身殉国，都算不得救国的事业。救国的事业须要有各色各样的人才；真正的救国的预备在于把自己造成一个有用的人才。"还说什么"求学"要"比呐喊重要十倍百倍"。这年 9 月，胡适到武昌大学讲演，公然要学生"闭门读书，

---

① 《鲁迅全集》第 3 卷，人民文学出版社 2005 年版，第 95、96 页。

② 《爱国运动与求学》，《现代评论》第 2 卷第 39 期，1925 年 9 月 5 日。

不管闲事"。胡适的追随者鹦鹉学舌，鼓吹"欧洲大战"时法国学生"安心读书"的精神，说"不定心"读书是"根器浅薄"，"还配爱国么？"也正是出自要抨击"士大夫"和"学阀名流"的荒谬，叶圣陶和丁晓先、王芝九等人一起自筹经费，于1926年1月20日创办了《苏州评论》。

《苏州评论》是十六开不定期的小型刊物，"通信处"就设在叶圣陶家里（上海香山路仁馀里二十八号）。在第一期的中缝刊有《告读者诸君》、《本刊征稿简则》、《本刊欢迎索阅》、《本刊征求经济上之援助》等启事；第二期的中缝有《本刊特别启事》。《告读者诸君》中说："本刊为十数同志之结合，目的在谋苏州社会之革新。同人预拟之计划，欲先从舆论方面入手，藉以唤起群众组织团体，以与盘据苏州社会之恶势力相奋斗。惟同人之才能有限，思虑难周，所望吾乡有志革新者，不分彼此，咸来合作，或供给材料，或资助经费，或指示方略，或广为传布，以造成一坚强有力革新苏州之大联合，未始非苏州前途一线之生机也，是所切盼！"《本刊欢迎索阅》中说："本刊为发行上之必要，虽在封面刊有定价，但实际并不注意于此项收入。凡爱读本刊者，只消通函本刊通信处，略附邮费，便可照寄。如愿代为推广者，尤所欢迎，请将需要份数开示，略附邮费，即可遵照办理。"《本刊特别启事》中说："这样小小的一个评论，我们本想办成旬刊或周刊，使其能多与读者相见；只为经济能力所限，暂定每月发行一次。以后如同志加多，经济充裕，当将定期缩短。我们想早早实现所期望的，所以此时成了一个不定期刊的情形。""启事"言简意赅，突出了《苏州评论》这一社会评论刊物的宗旨。

《苏州评论》第 1 期刊登的叶圣陶的《我们的意思》①，实际上是《苏州评论》的发刊辞。《我们的意思》中说"认识我们的周围是非常切要的"。不然，"一塌糊涂，什么都不辨"，"就自欺得可怜，懦怯得可怜"。认识社会现状，认识苏州，"要用我们的眼睛耳朵，去看，去听；要用我们的身体心灵，去经历，去体验；这才会认识它的真实相"。不能听别人唱"三吴文物""富庶之区"的老调子，不能"抱成见""戴蓝眼镜"。认识苏州"衰老""贫穷""愁苦"和"危殆"的目的，是要"脚踏实地"地改造苏州，进而阐述了"本土"与"四方"的联系，革新苏州与改造整个社会的辩证关系，再次谈到创办《苏州评论》的意愿，就是要以之为阵地，"征求同志和我们合作一起"，为革新苏州和改造整个社会大造舆论，唤起民众，"连起手来向前走"，与"反动势力"作斗争。

叶圣陶在《苏州评论》第 2 期（2 月 20 日）发表《致态度各异的同乡们》，剖析"同乡们"的习性，指出遇事总是以为"事不干己，就回转头来抽他的水烟"，"消遣""玩世""忘却自己生活的意义""无所为"等是"最腐烂人心"，号召"同乡们"起来"积极地奋斗"，一方面要努力铲除恶势力，一方面要劝诱改革恶习惯。"五卅"周年前夕，叶圣陶在《苏州评论》第 4 期（5 月 30 日）发表《"五卅"纪念与苏州》②，再次批评苏州人对"国家大事"感觉特别薄弱，一味冷淡和敷衍的心态。文章开头便写道：

> 苏州邻近上海，交通便利，每逢全国有一种什么运动，苏州

---

① 收入《叶圣陶集》第 18 卷时，改题名为《我们的意思——〈苏州评论〉发刊辞》。
② 收入《叶圣陶集》第 5 卷。

也往往响应得很早的；然而也不过很早的响应而已，至于沉寂起来较任何地方（穷乡僻壤自然不算）为快，这是谁也看得出的，毋庸多言。而且所谓响应，也带着敷衍的色彩，事前既无广泛的宣传，当时也没有激昂的举动，不过"虚应故事"而已。听说最近的"五九"纪念，军警倒认真到场弹压，民众却漠无所知，以致开会时连大中小学生合并起来，只抵及数不满百的军警的二分之一（决非到场之后被军警赶回去的）。而各种运动会，水龙会……以至大出丧，却从来没有如此萧索。……

希望"同乡"面对"内压外侵"要有"一点挣扎的呼声"。"'五卅'事件虽发生于上海，而全国人民应当一致声援；'五卅'流血虽已事过境迁，而我们当永远继续此种精神"，联合起来，"共谋地方事业之改进"。

《苏州评论》第 4 期刊登了王伯祥的《消毒运动》，文中写到的"江浙战争"，着实令人浩叹。1924 年九、十月间，江苏军阀齐燮元与浙江军阀卢永样纠集十余万人的军队，在江苏、浙江交界处太湖流域的九个县进行混战，史称"江浙战争"。军阀一边打仗一边抢劫，各地土匪乘机大起，人民生命财产不堪闻问。战争结束之后，黄炎培等人写的一份调查报告中说："无辜良民，死于战时之炮火，已属可怜，因为战后之焚掠，尤为奇惨。其间如浏河全市，弥望瓦砾，方泰一镇，洗劫殆尽。流亡间有归来，无衣无食，垂涕悲号，全无人色，而骸骨转于沟渠，妇女被迫于奸淫。"而苏州"一班特殊阶级"是怎样对待这场恶战的呢？王伯祥在文中写道，等到战事打响，苏州"一班特殊阶级"：

只索拼命搜刮一切公私款项来供应军需，竭力帮同军警拉夫（美其名曰出钱预雇，实则按地段勒派，比正常的拉夫还要坚强有力，脱逃不了）以备战场上炮火弹雨之下的牺牲。——这便是他们对于这回子打仗的成绩。

后来战事终了，是凡稍有人心的人们，那一个不目击心伤，痛定思痛，然而他们（苏州"一班特殊阶级"）的成绩，却愈出愈奇；原来他们分明在那里兴高采烈地表示幸灾乐祸呢。谓予不信，请看他们所演的戏文！当齐燮元从真茹回宁，路过苏州的那一天，他们早在车站上高搭彩棚，满张着"保障东南""德隆恩溥"一类的匾额，敬谨伺候，可见他们的捧齐是无微不至，惟恐失欢了。……

苏州这帮"特殊阶级"的"奉恶"与"无耻"，令人发指。王伯祥在文章最后写道：

我们要打倒军阀，

　　必需先来打倒这班专门捧场的应声虫！

我们要求得公平正确是非，

　　必需先来摧灭这班专崇势头的魔鬼！

我们要想地方上一切庶政的清明，

　　必需先来驱除这班久据城社的狐鼠！

我们要获得轨道上的进行，

　　必需先来扫净前途的一切障碍！

大家一致起来，

努力于这个消毒运动罢!

《苏州评论》的创刊"像一块小石投入大海掀起了波圈,写信来交换意见的,一天总有好多起,有劝勉编者的,有指示办法的,有愿永相结合的,有愿担任发行的,有惠寄资料的,有寄文稿的"①。与此同时,《苏州评论》的"消毒运动"却引起恶势力的疯狂反扑,诬其是"怪物","侮谩长上""专骂前辈老先生","想当官儿","是拿了什么党的宣传费"在作"宣传"。叶圣陶在《苏州评论》第5期(1926年6月30日)发表《腐烂了玷污了的》和《我们与绅士》予以回击。他说《苏州评论》的"印刷费是你一块钱他两块钱凑集起来的",并没有拿"广州的宣传费"。他说为了革新苏州,"须有许多高尚贞固的分子,须有许多阔大精深的人才",需要"道德、智慧、热诚和不断的努力"。接着,叶圣陶痛斥"腐烂了"良心的绅士。他说"在这八表同昏的时代",绅士们"自烂良心,自污人格""道德沦亡",这只能暴露他们的丑恶,他们"是不知有群的鄙夫","是金钱座下的奴隶"。叶圣陶还说:"我们的立脚点是一个市民,一个苏州的市民","是个爱地方的市民,真爱自己的市民"。虽说《苏州评论》只办了6期(《苏州评论》第6期,1926年8月31日出版),《苏州评论》附带的《苏州评论附刊》只出了"第一号"(1926年8月),从创刊到终刊时间只八个月,但它也能从一个侧面记录叶圣陶在"五卅"后的斗争业绩。

---

① 叶圣陶:《致态度各异的同乡们》,《苏州评论》第2期。

三、主编济难会会刊《光明》半月刊

1926 年 1 月 17 日，中国济难会上海市总会正式成立。中国济难会，又名中国革命互济会，是中国共产党为了保护一切解放运动的斗士，救济为反动派所迫害的被难者，于是联合各阶层的民主人士发起组织的进步群众团体，由恽代英、张闻天、沈泽民、杨贤江、郭沫若、沈雁冰等联名发起，《中国济难会宣言》[①] 中明白昭示："本会以救济一切解放运动之被难者并发展世界被压迫民众之团结精神为宗旨。"是年 5 月，叶圣陶接受中国济难会委托，筹备中国济难会机关刊物《光明》半月刊，刊名来源于巴比塞组织的团体"光明"。1918 年春，法国小说家巴比塞联合了世界的著作家、艺术家，组织一个叫做光明的团体，并发行名为《光明》的刊物。他们主张建设一种社会生活，把世界完全改造，实现普遍的友爱之谊——民众大同。叶圣陶觉得这个寓意极好，就借用过来作为刊名。他在给孙伏园的约稿信中说：

> 中国济难会拟出一个半月刊，名曰"光明"，专务宣传该会宗旨，希得一般人赞助。该会新经决定，不谈政治问题，不参加政治活动，不带任何党派色彩，唯自人道主义之立足点，援助解放运动之被难者，完成一种社会上本来缺少的慈善事业。"光明"立论，即据此义。会中意欲得先生一文，刊诸首期，……颇闻日来闲居多暇，该会宗旨又当蒙赞同，想必能允即属稿。[②]

---

① 《济难月刊》创刊号，1926 年 1 月。
② 伏园：《走向光明之路》，《光明》半月刊第 1 期，1926 年 6 月 5 日。

1926 年 6 月 5 日，中国济难会刊物《光明》半月刊创刊。创刊号刊登了《光明运动》（愈之）、《光明的创造》、《萧朴生》、《乱世求生之两大途径——互助与自救》（杨铨）、《走向光明之路》（伏园）、《中国"光明"运动的开端》（杨贤江）、《血花的爆裂》（诗，光赤）、《血痕》（小说，俄国阿志巴绥夫著，西谛译）、《托尔斯泰的话》（仲云）、《莫遗忘》（圣陶）、《编辑馀言》（郢生）等。这几位作者中，萧朴生和杨贤江是共产党员，杨铨后来成了中国民权保障同盟的发起人，1933 年被国民党特务暗杀于上海，蒋光赤是左翼作家，胡愈之、郑振铎（西谛）、樊仲云和孙伏园在当时也都是反帝爱国的斗士，可见这个刊物的思想倾向。《光明》半月刊的作者群体中，还有沈雁冰、丁晓先等共产党人。"人们并不努力创造光明，人们有什么权利诅咒黑暗？"叶圣陶在《光明》半月刊第一期《编辑馀言》中的这句话，可谓点睛之笔，深刻地阐明了刊名中蕴含的这发人警醒之寓意。

《光明》半月刊创刊卷首胡愈之的《光明运动》，明显具有"发刊词"的意味。文中写道：

> 这是什么年头啊？残杀，压迫，欺骗，屈辱，愚昧，可以包括了一切。这个小小的星球，经两大怪物的铁蹄蹂躏遍了。到处只看见点点的血斑和泪痕。人类的肉体受了不易回复的残伤，人类的精神遭了难以洗刷的污辱。这便是今日的世界！

文章列举了英、法、德、保加利亚、匈牙利、波兰、日本的专制和压迫后，以较多的篇幅写到中国的现实：

在另一个国土里——这是在那一个国土，我不说了；我不愿意说——可是更糟了。在那边，照例工人不许集会，学生不许游行，违反这个律令，枪毙了几十个，就是应该的。报馆记者不许谈政治，大学教授不许讲学问，不然，就是叫什么化了，那是应该与众共弃的，杀死几个更不成问题。带了土匪式的军队，干那非军队的勾当，这是为"维持治安"。在热闹的都市中砍头枭首，这是为显扬战胜者的威风。

随后援引了巴比塞的一席话："从前我说：'像这年头，我们还活着，不该害羞吗！'现在呢，我倒要向天下的弟兄们说：'像这年头，你们正该活着，因为这是你们的责任啊！'"胡愈之从这里生发开来：

我们是这世界里的人，所以我们不能放弃我们的责任。处在现在这悲剧的时代，而毫不动心的，那一定是无感情的人了。处在现在这混乱的时代，而不想投身到社会中间去谋补救的，那一定是无理智的人了。

而所谓的"谋补救"，就是要走向"十字街头"，开展"光明运动"。光明运动的最大目标就是打破"愚昧"，进行精神革命，对于"支配现世界的一切因袭的制度"，展开"理智的反叛"，"协力以谋思想的战胜"。萧朴生的《光明底创造》则号召人民勇敢地站出来，"和黑暗势力奋斗"，面对"外国人和中国人"的屠杀、掠夺、奸淫，做一个"真实的慈善家和人道主义者"，"在黑暗中创造光明"，做"光明的创造者！"杨铨在《乱世求生之两大途径——互助与自救》中说到"社会之祸乱"，"实由内生"。他说中国济难会同人"不敢以悲天悯人自命"，"亦聊尽其地狱众生中一部分之匍匐求生之责"，"为被压迫蹂躏之四万万平民"，尽"为善之心"。蒋光赤的《血花的爆裂》则在唤起民族的"奋起"和"反抗"，用铁血"灌出鲜艳的红花"。诗的最后一节写道：

> 起来罢，我们为中华民族的大暴动！
>
> 起来罢，我们把帝国主义的权威断送！
>
> 起来罢，我们将祖国的敌人灭种！
>
> ……
>
> 我们中华民族的健儿呀！
>
> 我们中华民族的勇士呀！
>
> 不自由无宁死呵！

作为主编，叶圣陶在《光明》创刊号发表了两篇文章，一篇是《莫遗忘》，另一篇是编后记《编辑馀言》。《莫遗忘》要人们不要忘记"五卅"惨案和"三一八"惨案的"被难者"。在《编辑馀言》则希望人们要有"广大的爱"和"深切的恨"，最后写道：

> 萧朴生先生说："人们并不努力创造光明，人们有什么权利咒诅黑暗？"这是意味深长的一句话。我们的同伴呀，抛弃了我们的悲叹颓丧与一切消极，我们开始从杨杏佛先生指出的两条路上努力创造光明吧！

《光明》半月刊第 2 期（6 月 20 日）登刊了《法律的力》（希圣）、《光明运动中的中国济难会》（萧朴生）、《这样的世界》（鲁）、《"我们忏悔来的!"》（郢生）、《光明运动的第一步》（仲云）、《诗人》（圣陶）、《血痕（第二幕）》（西谛）、《中国济难会会务报告》等。其中郢生（叶圣陶）的《"我们忏悔来的!"》和《诗人》，很值得一读。先来看《"我们忏悔来的!"》：

"我们忏悔来的!"

五月二十九日，上海各界为五卅烈士墓行奠基礼。杨杏佛先生的演说最沉痛，打动了全场群众的心，大家以为他的话就是各自要说的话。其中尤其重要的一句是"我们忏悔来的!"现在就取这一句作我的诗题。

带了什么来?

带了什么来?

祭文——笔同墨的玩艺，

花圈——花儿匠所栽培，

旗帜——空写了几行字，

墓基——顽然的石一块

一点没有，空空的两手，

"我们忏悔来的!"

……

全场为致念死者而静默，

死一般的静默。

这中间沸腾着忧愁呢，

或者流荡着哀恻。

——忧愁有什么用处，

哀恻也不是长策。

从今朝换条路吧，

"我们忏悔来的！"

血衣的血不复鲜赤，

时光的脚步只是向前奔驰，

问我们的藩篱固了多少？

看虎狼的凶焰更长千尺！

在今天这墓场上，

应知道什么是我们的羞耻。

死者呀，我们的死者，

"我们忏悔来的！"

庄严肃穆地来到五卅烈士墓前"忏悔"，反思如何祭奠"英灵"；怎样才能从睡梦中醒来；"换"条什么样的"路"才能化解"忧愁"；面对"更长千尺"的"虎狼的凶焰"，追问"什么是我们的羞耻"，每一行诗都以最"沉痛"的拷问，撞击着读者的心灵。

《诗人》是一篇对话体散文诗。文章借用"诗人"甲和乙的对话，写出了现实的黑暗和"生活"中的"恨"："我们的生活！'愚昧'高高地坐在顶上，抽着那狠毒的鞭子；'强暴'密密地围在四周，刺着他那锋利的刀剑；不容声响，声响就是罪恶；不容喘息，喘息就是乖逆。"进而强调"诗人"要"拿出我们的力量来，亲自动手，把这个生活撕成粉碎，让它再也拼凑不拢来；同时另外建造个新的"，创造出"能够清醒人家的心灵，安慰人家的痛苦，具有无上的价值"的"真好的诗"，真的能"被称为诗人"。

《光明》半月刊第 3 期[①]《编辑馀言》，收入《叶圣陶集》第 18 卷，题名为《杀头与枪毙》，《光明》半月刊第 5 期[②]《编辑馀言》，收入《叶圣陶集》第 18 卷，题名为《谁该抱歉》，从这二则《编辑馀言》可以看出刊物的内容，以及叶圣陶编辑的艰辛。现将这二则《编辑馀言》抄录如下：

杀头与枪毙

杀头，枪毙，不是现在有权威者处置所谓罪犯的、不用反省的最普通的办法吗？听人讲说和在报纸上看到杀头和枪毙的新闻，也如听到吃饭喝茶那么平常，似乎这世界本当保存着这些事情的。畏垒先生问得伤心，"难道二十世纪的人类，已经'血渴'到和野兽一样吗？"其实，他们所缺少的只是反省。能够反省时，虽有权威未必定要学张献忠的，而听到这等新闻，定会如撕去一缕脑筋似的震骇。

本志于最近期内拟出一个专号，来讨论处置犯罪的种种极刑问题。我们要从历史上观察，民族学上观察，法理学上观察，心理学上观察……看看所谓"极刑"到底是野蛮还是文明，是

---

① 《光明》半月刊第 3 期，1925 年 6 月 30 日。
② 《光明》半月刊第 5 期，1925 年 8 月 5 日。

培养人类还是残戕人类，是有效的手段还是没有用的手段。现在向读者报告一声，同时也表示我们努力使这个杂志更为充实的诚意。

该谁抱歉

不多几年前，北京地方当局为维护风化，不大高兴青年男女谈什么恋呀恋，爱呀爱。他们认定有些书籍是专在那里教育青年们这样做的，于是查禁言"爱"的书。《爱的成年》当然是罪在不赦了，"爱美的戏剧"也做了陪客。我想，倘若有一位欢喜科学的先生给电气发明家爱迪生先生写一篇小传，大概同样要被查禁吧。

本期登载了蒋光赤先生的小说。读者诸君读这一篇时，会发见有几处印着点子，占到十个字的地位，这是表示删节的意思。为什么删节呢？无非免得被人家看作爱美的戏剧与爱迪生传之类罢了。这是得了蒋先生同意才这样做的，然而总觉得对蒋先生和读者诸君抱歉。但是再一细想，该抱歉的到底是编者么？

"难道二十世纪的人类，已经'血渴'到和野兽一样吗？"，"为维护风化"，当局"查禁言'爱'的书"，从这些片言只语中可以触摸《光明》半月刊的锋芒以及她所宣誓的"打破一切的桎梏，冲决一切的网罗"的意义。也正是因为这样，《光明》半月刊"被指为'赤化'，为有特殊作用"，只出了有六期就被迫停刊了。虽说时间很短暂，但它的确曾像黑暗中一道耀眼的星光，它所彰显的"互助"说、"自救"论和"爱憎观"，给了渴望"光明"的人们以思想和精神上的鼓舞和震撼。

四、组建"上海著作人公会"

1927 年 2 月 16 日，在上海工人阶级发动第二次武装起义前夕，叶圣陶与胡愈之、郑振铎等发起组织的"上海著作人公会"宣告成立，叶圣陶、丁晓先、郑振铎、潘公展、胡愈之、周予同、钱江春当选为执行委员，蒋光赤、朱应鹏、杨贤江、徐调孚、傅彦长当选为监察委员①。《上海著作人公会启事》②和《上海著作会公会缘起》，都出自叶圣陶之手。《启事》指出："本会宗旨，在谋增进著作人之福利，及促进出版物之改良。"《缘起》与当时的革命斗争相呼应，提出了反对"精神的产品商品化"，推翻"资本制度"，搬开"政治的习俗"对于"著作人"的"种种锢蔽"的大石。认为"到资本制度形成而且盛大之后"，"著作人的精神的产品商品化了；著作人的地位一变而为零卖商或受雇者；著作人的被资本家剥削完全与体力劳动者同其命运"。如何改变这种命运呢？《缘起》中写道：

> 在这样的情形之下，我们觉得著作人应当组织一个团体，协力来谋改革。为自身，也是为文化。所以发起这个上海著作人公会。很希望同业者踊跃加入，使这个会力量坚强且伟大。想来凡与我们同其命运的人，对于我们这个意见，总会致深切的同情吧。更希望各地的著作人都有同样的组织，因而成立一个"全国著作人联合会"。那时候，我们将自由的搬开压着我们的大石，

---

① 《上海著作人公会成立》，上海《商报》1927 年 8 月 18 日第 2 张第 1 版。
② 《文学周报》第 265 期，1927 年 3 月 13 日。

改善我们自身的生活，同时，自可毫无拘牵的渴望尽忠诚于我们的文化①。

"上海著作人公会"会员来自各个阶层。"公会"具有强烈的社会责任感和朴素的阶级意识，自觉地与"体力劳动者"认同。"公会"成立刚一个星期，1927年2月22日，上海闸北区的工人武装向盘踞在该区的直奉联军发起了猛烈的攻击，经过一天一夜的血战，工人武装攻克了全部据点。战斗尚未结束，又传来了北伐军到了上海的消息。叶圣陶欣喜若狂，"挤"进"华界"瞻仰北伐军的风采，并在长诗《忆》中真实地描述了他当时"说醉不像醉""说是痛快又未免过于干脆"的"心情"。3月11日，叶圣陶接受国民党苏州市党部的委派，与吴致觉、丁晓先、沈炳魁、王伯祥、计硕民、胡墨林等七人组成接管委员会，代表革命政权到苏州接管学校，"收回教育权"。由于丁晓先是上海市临时政府教育局局长，胡墨林又奉命接管上海务本女校（后因病未去），真正到苏州接管学校的只是叶圣陶、王伯祥、吴致觉、计硕民四人。可就在他们信心满满地接管学校的时候，4月12日，蒋介石集团发动反革命政变，把已经站立起来的百万工农重新淹没于血泊之中。上海成了"狼虎成群"的世界（当时上海人民咒骂刽子手杨虎、陈群的双关语），昏黑的乌云弥漫了清朗的乾坤。革命陷入低谷，中国进入了一个冷酷而沉闷的时代。4月17日深夜，叶圣陶冒险潜回上海。面对国民党反动派的倒行逆施，他把国民党党证撕得粉碎，与国民党从此一刀两断。

---

① 《上海著作会公会缘起》，《文学周报》第262、263合期，1927年2月27日，收入《叶圣陶集》第5卷。

　　"上海著作人公会"在大屠杀的腥风血雨中解体了，但作为"著作人"一员的叶圣陶却在推翻"资本制度"、"促进出版物之改良"、反对"精神的产品商品化"的征程中迈开了新的步伐。

第七章

危难之中接编《小说月报》

一、擂响催人奋进的鼙鼓

蒋介石发动反革命政变的第三天——1927年4月15日，上海《商报》刊出了郑振铎、胡愈之等人写给国民党元老吴稚晖、蔡元培、李石曾的信，信中说：

上海市民方自庆幸得从奉鲁土匪军队下解放，不图昨日闸北，竟演空前之大屠杀惨剧。受三民主义洗礼之军队竟向徒手群众开枪轰射，伤毙至百余人，而我神圣之革命军人，乃竟忍心出之。……目睹此率兽食人之惨剧，万难苟安缄默。

这是知识分子反对国民党大屠杀的第一份抗议书，写于4月13日晚上，由胡愈之起草。签名者7人：郑振铎打头，依次为冯次行、章锡琛、胡愈之、周予同、吴觉农、李石岑。他们以为吴、蔡、李三人与文化教育界关系密切，或许还能听得进去，凭"元老"的身份在国民党内起点作用。不料吴稚晖看了大为震怒，通知斯烈（浙江军阀的一个师长）按名搜捕。当时，吴稚晖以"党国的柱石""先知先觉的导师""'白头少年'的老健将"自居，今天检举这个是"准共产党"，明天诬陷那个是"额头上不雕字的共产党"①，以炫耀他"清党"的"魄力""见识"和"奇功"，猖狂之极。郑振铎于是陷入了危险的境地，他不得不暂避锋芒，于5月21日搭乘法国邮船赴欧"游学"，把主编《小说月报》的重任托付给了他完全可以信任的挚友叶圣陶。

那么叶圣陶代郑振铎主编《小说月报》是从哪一期开始的呢？《小说月报》第18卷第5号上印着的出版日期是5月10日，按说应该在4月中旬发稿，郑振铎的离国声明又刊登在第6号上，似乎都能说明，叶圣陶代郑主编《小说月报》是从第6号开始的。但是在当时那个"特殊的年代"，期刊不能按时发稿、按时出版是"常态"，《小说月报》也是如此。

《小说月报》第18卷4号刊登的林守庄倾诉"四一二"大屠杀后的痛苦和彷徨的新诗《流泪》，后注"七，三〇，大哭后"，可见虽说版面上注的是4月10日出版，而实际的出版日期已经延搁到8月初。这一期的封面画是陈子佛的四色版画：宁静的夜晚，头戴大荷花的荷花仙子在荷塘旁现身，天上星光灿烂，池畔荷风送远。相传农历6月24

---

① 许德珩：《"清党"欤？"驱无"欤？》，时希圣编：《吴稚晖言行录》，上海广益书局1929年版。

日是"荷花"的生日，我国江南有在这一天给荷花"上寿"的风俗，红男绿女挑上这一天去游荷花荡，酒食征逐，热闹一番，再买些荷花或莲蓬带回家。这幅封面画也从一个侧面点出了该期的出版日期，已经到了赤日炎炎的盛夏，而不是无数花儿争着开的初春。可以肯定，这一期是由叶圣陶最后编定发稿的；"卷头语"引录了德国现实主义戏剧家 F·Hebbel（赫贝尔）的一段话，激励作家们忠实地尽一个作家的责任，直面现实，敏锐而真实地描写人生和时代的"美""丑""善""恶"。

《小说月报》第 18 卷 5 号封面上"小说月报"四个篆书和"第 18 卷第 5 号"一行楷书，都出自叶圣陶之手。这一期是"柴霍夫（契诃夫）专号"，"卷头语"就引录了契诃夫的一段话。这段话说："一个人要写小说……顶要紧的，也须由你自己的意思。莫泊桑以他的伟大把小说的程度提高，使得别人不敢献丑。但我们仍旧要作小说，尤其是我们俄国人，一个人写他的作品一定要勇敢。比方大狗和小狗，小狗不能因为有了大狗，它就灰了心。大狗可以叫，小狗也可以叫。上帝给狗声音原是要它叫的。"用意是明确的，为的是鼓励作家大胆创作，勇敢地说出自己的话，不要被任何权威压得不敢作声。

大革命失败后，曾经为革命奔走呼号的作家或银铛入狱（如罗黑芷、潘漠华），或避难海外（如郭沫若、成仿吾），或暂时隐蔽（如沈雁冰、戴望舒），或"默默然的叹息"（俞平伯语），回到书斋去做自己的学问，或谋"读书救国"以修炼"薄弱的心志"（谢冰莹语），或想"游戏人生，糟蹋一生"①，新文坛"呈现了刹那间的空虚"②。周作

---

① 李白英：《借着〈春潮〉给〈从军日记〉著者》，《春潮月刊》第 1 卷 7 期，1929 年 6 月 15 日。

② 方璧：《欢迎"太阳"!》，《文学周报》第 298 期，1928 年 1 月 8 日。

人在 1927 年 9 月 20 日写的《怎么说才好》①一文中说：目前在中国
生活的人最好"学个乖，真的像瓶子那样地闭起嘴来罢"，"不说最
好"，因为"中国人特别有一种杀乱党的嗜好"。可见叶圣陶所援引
的"小狗不能因为有了大狗，它就灰了心。大狗可以叫，小狗也可
以叫。上帝给狗声音原是要它叫的"这几句话，是有很强的现实针
对性的。

国民党反动派的叛变断送了革命，也绞杀了新文学。尽快凝聚力
量，使受"四一二"冲击而失散的创作队伍尽可能重新组织起来，并
发现新人，成了新文学发展最紧迫的课题。叶圣陶通过"卷头语"和
"编后记"与作者"对话"，希望得到真诚的感应。

《小说月报》第 18 卷第 6 号的"卷头语"，叶圣陶引录了厨川白
村在《苦闷的象征》中的一段话：

文艺者，是生命力以绝对的自由而被表现的唯一时候。因为
要跳进更高更大更深的主活去的那个创造的欲求，不受什么压抑
拘束地而被表现著，所以总暗示著伟大的未来。自过去以至现在
继续不断的生命之流，惟独在文艺作品上，能施展在别处所得不
到的自由的飞跃，所以能够比人类的别样活动——这都从周围受
著各种的压抑——更其突出向前，至十步，至二十步，而行所谓
"精神底冒险"。超越了常识和物质，法则，因袭，形式的拘束，
在这里常有新的世界被发见，被创造。在政治上，经济上，社会
上还未出现的事，文艺上的作品里却早经暗示著，启示著的缘

---

① 岂明：《怎么说才好》，《语丝》第 151 期，1927 年 10 月 1 日。

由，即全在于此。

厨川白村是日本著名的文艺理论家，他的《苦闷的象征》和《走向十字街头》在我国产生过深远的影响。叶圣陶援引厨川关于"文艺是苦闷的产物"，以及在文艺里面要"烧着"作家"生命力"或"意力"的话语，显然是在激励作家深入到"更大更深的生活"中去，做"敢于冒险"的"精神上"的先驱者，毫无拘束地在作品中"暗示著伟大的未来"。

叶圣陶又引录了德国现实主义戏剧家 F·Hebble（赫贝尔）在《文艺日记》中的一段话作为第 8 号的"卷头语"，强调文艺的使命是要"表现人生"，鼓励作家直面现实，大胆创作。

二、揭橥"写这个不寻常的时代"的旗帜

赵景深在《文坛回忆·叶绍钧》中说：叶圣陶代编《小说月报》"是用全力来对付的"，"一切琐碎的事，甚至校对，都由他自己动手。投稿人有信给他，如果是必需答复的，他自写回信去。他的字迹圆润丰满，正显出他那谦和而又诚实的心。"[①] 其实，叶圣陶"那谦和而又诚实的心"首先表现在他对《小说月报》的重新定位，在内容和编排上作了重大调整。

《小说月报》创刊于 1910 年 7 月，由商务印书馆出版，是我国当

---

① 赵景深：《文坛回忆》，重庆出版社 1985 年版，第 230 页。

时最大的文学期刊。1919 年 11 月初，《小说月报》主编王莼农征得商务当局的同意，请沈雁冰主持《小说月报》"小说新潮"栏。1919 年 12 月 25 日，《小说月报》第 10 卷 12 号发表了沈雁冰拟定的《"小说新潮"栏预告》，宣布了它的宗旨："要使东西文学行个结婚礼，产生一种东洋的新文艺来！"从 1920 年 1 月《小说月报》第 11 卷 1 号起，"小说新潮"栏以全新的面目面世，被誉为《小说月报》的"半"改革。1921 年 1 月，《小说月报》第 12 卷 1 号起由沈雁冰主编，遵循文学研究会"为人生"的文学理念，依托文学研究会成员为核心的撰稿人，沈雁冰对《小说月报》进行全面的革新，其对时代的影响之大以及对新文学催生的作用，是无法估量的。

自 1923 年 1 月起，《小说月报》由郑振铎接编。在我国现代作家中，郑振铎的渊博、坦率、精力充沛、热情洋溢为人称颂，他不仅是我国现代著名的作家、学者、杰出的社会活动家，同时也是我国民间文学和俗文学研究最早的倡导者，是中国现代考古学的先驱，是文物收藏家、鉴定家、文献家和藏书大家于一身的文化巨匠。也正是因为郑振铎是文化巨匠，他主编的《小说月报》偏重于"学术"和"介绍世界文学"，就连《小说月报》的封面画和插图也大多采用国外的名画和雕塑，追求的是"典雅"。以《小说月报》十七卷（1926 年）的封面画为例：第一号封面画是阿格桑德罗等作的《拉奥孔》，第二号封面画是古希腊著名雕塑《投盘者》（今译《掷铁饼者》），第三号封面画是意大利米开朗基罗的《慈悲》等，第四号封面画是意大利新古典主义雕塑家安东尼奥·卡诺瓦的人物塑像，第五号封面画是古罗马雕塑《战败之斗剑者》，第六号封面画是古希腊雕塑《酒神之童》，第七号封面画是《委娜丝像》，第八号封面画是俄罗斯雕塑家保罗（彼得罗维奇）·特罗别兹的《孩与狗》（又译《朋友》），第九号封面画是意大利佛罗伦萨乌菲兹美术馆珍藏的"人物塑像"，第十号封面画是德国古斯塔夫·伊贝莱恩的雕塑《男孩脚上的刺》，第十一号封面画是《鹅女》（哥廷根牧鹅女铜像），第十二号封面画是罗丹的雕像《思想者》。至于与"介绍世界文学"相对应，而刊登精美的"插图"，以及名家的"肖像""雕塑"和"世界名画"就更多了。以《小说月报》十七卷第一号为例，刊登的世界名家的"肖像""雕塑""世界名画""名著插图"就有将近二十幅。虽说这些"肖像""雕塑"以及"名画"和"插图"使《小说月报》显得"图文并茂"，能有效地调动读者的阅读兴趣，有益于"世界文学"在我国的传播，但的确也存有创造社批评的"只注重媒婆（翻译），不注重产子（创作）"的倾向。检阅郑振铎主编的《小说月报》，还会发现"作者"大多是"老面孔"，非但每期都有"同名"作者的作品，甚至同一期上会连登好几篇作品，如《小说月报》第十七卷第一号就发表了朱湘的散文《打弹子》，诗评《评徐君〈志摩的诗〉》，新诗《歌》、《秋夜》、《歌》，以及译诗《赌牌》和《恳求》（英国黎理著）。"长篇"和"专著"的连载也显得过多，占的篇幅较大。郑振铎想把《小说月报》办成文学研究会的"代理的机关刊物"，于是"老面孔"和"连载"的现象也就在所难免了。

叶圣陶则更看重新文学，也更注重作家之间的团结和对新人的扶植与培养。为了挽救新文学的"衰颓"，叶圣陶着眼于创作，接手后立即筹划将《小说月报》1927 年第 7 月号列为的"创作专号"，并在6 月号的编后记《最后半页》预告了"近来"收到的"可观的创作"，其中有鲁彦的《黄金》、胡也频的《牧场上》、刘一梦的《斗》、何燕的《葡萄》、赵景深的《栀子花球》、高歌的《春天的消息》、君亮的《幸福真谛》、子恺的《闲居》、佩弦的《荷塘月色》①、瞿菊农的《海塘上》。
后面有一段针对"左"的论调的话，是这么说的：

> 在作家头上加上"什么进"的字样来称呼，我们觉得无聊而
> 且不切实。我们以为，这个时候，作家们还是在同一的地位，大
> 家需要不断的修炼——修炼思想，修炼性情，修炼技术，以期将
> 来的丰美的收获。说"什么进""什么进"只是狂妄与傲慢。
>
> 希望同在修炼中的作家们，常常惠寄你们的得意近作。为报
> 答你们的好意，也许不久再出第二个"创作号"。

这话当然是有感而发的。大革命失败后，新文学阵营的当务之
急是重整并扩大创作队伍，可是一些自命"先进""前进"的"革命
作家"，却把矛头指向以鲁迅为代表的新文学先驱者，要"清算""老
脸文学家"的"落伍"和"浅薄"。叶圣陶在激励作家们要敢于写的
同时，真诚地希望文艺界团结起来。众所周知，叶圣陶是一位"谦
谦君子"，用"无聊而且不切实"这样严厉的话语来批评某些"革命
作家"，可以看出他内心的忧虑。在叶圣陶看来，在当时白色恐怖的
高压下，"作家们还是在同一的地位"，应该互相切磋，共同提高，
自封为"先进"，斥别人"落伍"，只会削弱自身的力量，妨碍新文
学运动的发展。

1927 年 7 月 10 日出版的"创作专号"（第 18 卷 7 号），"没有论文，

---

① 《荷塘月色》文后注"1927 年 7 月"，而《小说月报》6 月号的"预告"中则说已经"收
到"了。可见，由于"四·一二"的冲击，5 月号和 6 月号的《小说月报》均未能按时出版，
这也是《小说月报》自 4 月号起就由叶圣陶主编的一个旁证。

没有译品"，这在《小说月报》是"前无其例"的①。以前的《小说月报》内容驳杂，实际上是一种综合性的文学杂志，作者群基本上是文学研究会的成员。叶圣陶为了打破新文坛"刹那间的空虚"，大力提倡创作，奖掖新秀，仅在"创作专号"上崭露头角的就有胡也频、徐元度、刘一梦、何燕、高歌、梁州、刘枝等十余人，他们都是头一次在《小说月报》上发表作品。

"创作专号"展示了新文学队伍后继有人的可喜局面。叶圣陶在编后记《最后一页》中说："编者决不是一架天平。天平能把东西称量得一丝一毫没有差错，而编者岂其伦呢。但编者对于惠示的许多文篇，除了不能解悟及质料同技术很次的，也曾勉力减轻于习染、癖好等种种障蔽，只求它完成或者近于完成就行。所以这一本里所收容各篇，态度同情调几乎各色各样，殊不同趋。好在《小说月报》本来是个'杂志'……希望作者们更益修炼，更益精进，《小说月报》在这里等刊载你们尤见光辉的名篇……只要大家努力，不肯懈怠，好收成总在后头。"这番感人肺腑的话，道出了一个编辑出版家的博大的胸怀以及繁荣新文学创作的急切的期待。在"编后记"的开头，叶圣陶扫了一下胡适。他说：

　　颇有人这样说，生活的本身就是诗，就是艺术。现在这时代到底是个什么时代，有胡适先生同几位外国朋友各发表意见，尚无定论，但总之是个不寻常的时代，当无疑义。在这个不寻常的时代生活，恐怕更其是诗的，艺术的吧。如果把它写下来，岂不

① 《小说月报》第 18 卷 6 号《最后半页》。

是非常之好的东西。然而这类东西还很少见。读者已渴望好久了。因此在这里向作者们要求：提起你的笔，来写这不寻常的时代里的生活！

1927年春，胡适在纽约作了题为"我们这个时代应该叫什么时代"的演讲，说中国正在走向"近代化"。"四一二"后，胡适又在东京发表谈话，"同情"蒋介石的"清党反共"。叶圣陶点出胡适关于"时代"的"意见""尚无定论"，要大家警惕，不要轻信，同时肯定现在这个时代"是个不寻常的时代"，号召作家们写这个"不寻常的时代的生活"。因为"创作专号"中还没有直接反映大革命失败前后的时代风云的作品，可能使编者叶圣陶等得不耐烦了，他不得不这样直白地说出了自己的意图，号召作家们写阶级斗争的血与火，写人民大众的生与死，促使人们震惊起来，感奋起来，走向新的生活道路。

"写这个不寻常的时代的生活"，跟鲁迅当时的观点是一致的。鲁迅在1927年12月7日为黎锦明小说《尘影》写的《题辞》中说："在我自己，觉得中国现在是一个进向大时代的时代。但这所谓大，并不一定指可以由此得生，也可以由此得死。"又说："现在的文艺，是往往给人不舒服的，没有法子。要不然，只好使自己逃出文艺，或者从文艺推出人生。"叶圣陶号召作家"写这个不寻常的时代的生活"，显然不是为了给人"舒服"，而是要"从文艺推出人生"，其目的显然不是"由此得死"，而是"一定指可以由此得生"，因而热诚地敦促作家转向对于社会题材的开拓，使新文学成为新兴阶级"最高政治斗争的一翼"。

三、寻找"尤见光辉的名篇"

1927 年 8 月下旬，沈雁冰从牯岭回到上海，蛰居在景云里 11 号半。这"十一号半"是叶圣陶帮他租下的。1927 年 5 月叶圣陶从上海西区斜桥天祥里搬到景云里 11 号。景云里位于租界与华界的交界处，当时还比较僻静。他就帮沈雁冰把隔壁的 11 号半租了下来，两家就成了贴邻。沈雁冰当时遭国民党反动派通缉，潜回上海之后，"足不出门，整整十个月。"叶圣陶几乎每天晚上都过去看他，转送朋友们的信件，传达文艺界的信息，商量《小说月报》的编辑事务。沈雁冰苦闷寂寞，常常给叶圣陶讲大革命中的经历和见闻。叶圣陶感到他所讲的只要写成文字，不正是他梦寐以求的好稿子吗？于是鼓励他写下来。沈雁冰也有写小说的愿望，叶圣陶的鼓动促使他把愿望化成了现实。他花了两周时间写成了《幻灭》的前半部分，随便写了个笔名"矛盾"，就拿给叶圣陶看。叶圣陶读了欣喜异常，第二天就急匆匆来找沈雁冰，说"写得好，《小说月报》正缺这样的稿件，就准备登在九月份的杂志上，今天就发稿"。沈雁冰吃惊道："小说还没有写完呢！"叶圣陶却说"不妨事，九月号登一半，十月号再登后一半"，又解释道："九月号再有十天就要出版，等你写完是来不及的。"考虑到沈雁冰的安全，叶圣陶劝他改一改笔名，在"矛"上加个草头，"茅"姓甚多，可以避免国民党方面的注意。

叶圣陶急不可待地为《幻灭》的问世作宣传，在即将付印的《小说月报》第 18 卷 8 号的《最后一页》中，添了一段文字略述《幻灭》的大旨："下期的创作有茅盾君的中篇小说《幻灭》，主人翁是一个神经质的女子，她在现在这不寻常的时代里，要求个安身立命之所，因而留下种种可以感动的痕迹。"这样，《幻灭》就以"茅盾"的笔名发表于《小说月报》9月号的头条位置上，从交稿到出版只有十天。叶圣陶后来在《略谈雁冰兄的文学工作》[1]中说:《幻灭》的前半部登载出来后，"引起了读者界的普遍注意，大家要打听这位'茅盾'究竟是谁。徐志摩先生曾经问我，'《幻灭》是你的东西吧？'我摇摇头，'我哪里写得出这样的东西'。他不再问究竟是谁了，我想他一定厌我不肯坦白告诉他。"

1927年10月10日出版的《小说月报》第18卷10号分量更重了。这一期，除了刊登《幻灭》的后半部，还发表了叶圣陶自己写的《夜》，这是抗议"四一二"大屠杀的第一个短篇，还有王鲁彦的短篇《一个危险的人物》，反映白色恐怖已经遍布了全国城乡。这一期《小说月报》在社会上引起了强烈的反响。朱自清读了这三篇小说随即写了书评，欣喜地说这三篇虽然"都不曾触着这时代的中心，它们写的只是侧面；但在我，已觉得是一件值得注意的新开展了"，这三篇都是"以这时代的生活为题材"的小说，"无论它们的工拙如何，可以看出一种新趋势"。[2]

正是《幻灭》、《夜》、《一个危险的人物》这些"写大时代的文艺"，给"空虚"而"沉郁"的文坛注入了新的活力，给苦闷彷徨中的青年以抚慰和召唤。于是，在《小说月报》上发表的"以时代生活为题材"的作品越来越多。就小说而言，茅盾继《幻灭》之后，发表了中篇《动

---

[1]　《华西晚报》1945年6月23日，收入《叶圣陶集》第9卷。

[2]　白晖（朱自清）：《近来的几篇小说》，《清华周刊》第29卷第2、5、8号，1928年2月17日、3月11日、4月1日。

摇》、《追求》，以及短篇《自杀》、《一个女性》。叶圣陶继《夜》之后发表了《某城纪事》，揭露封建势力的残渣余孽混进了国民党，与反动派狼狈为奸，绞杀革命。此外，罗黑芷的《烦躁》，抨击了"大革命"中的"左倾幼稚病"；志行的《一个青年》，描写了国民党右派逐步走向反动，终于背叛革命，发动"清党"的全部过程；姚方仁的《胡子阿五》、黎者亮的《往哪里去呢》，揭露了封建军阀和反动政府的残酷；林守庄的《烟纹》、徐元度的《唱》，抒泄了青年的愤激和苦闷；许杰的《到家》、日生的《弱者》、彭家煌的《奔丧》，也从不同的侧面，再现了那个"不寻常的时代的生活"。叶圣陶在为茅盾小说作的广告辞中说："《幻灭》只是从侧面远远地描写现代革命"，而《动摇》"已深切的触着了"现代革命的"本身"。《追求》是"大变动时代"中青年们的写照，他们"一方面幻灭苦闷""一方面仍有奋进的热望"。《幻灭》、《动摇》、《追求》"可以无愧地说"是"写大时代的文艺"。"分开看时，三篇各自独立；合并起来，又脉络贯通——亦惟一并看，更能窥见大时代的姿态。"这些热烈的话语固然是对茅盾的褒奖，也为"写这个不寻常的时代的生活"作了诠释。

戏剧、新诗也不乏"写这个不寻常的时代"的佳作。景廉的话剧《归后》讴歌了革命者"过家门而不入"、不折不挠的斗争精神，展示了革命光明的前景。

许多革命青年"写大时代"的文学作品在《小说月报》上发表，这对于时代产生的影响是难以估量的，而对于作者本人带来的欣悦和鼓舞却不难想象。1927年夏天，年仅二十二岁的戴望舒写了诗作《雨巷》，抒发了他在大革命失败后的彷徨和惆怅。这首诗描写的背景是梅雨时节的江南，抒情主人公"我"在一条寂寥而悠长的雨巷独自徘徊，希望逢着一个像他一样，"结着愁怨""一个丁香一样"的"姑娘"。这种极具象征意义的"彷徨"和"彳亍"，不仅带来了韵律上的抑扬顿挫，也带来了既清新而又有点朦胧的气息。杜衡在《〈望舒草〉序》①中说：这首诗"写成后差不多有年，在圣陶先生代理编辑《小说月报》的时候，望舒才忽然想把它寄出去。圣陶先生一看到这首诗就有信来，称许他替新诗底音节开了一个新的纪元。……然而我们自己几个比较接近的朋友却并不对这首《雨巷》有什么特殊的意见，等到知道圣陶先生特别赏识这一篇之后，似乎才发现了一些以前所未曾发现的好处来"。叶圣陶还让戴望舒把手头的诗作都交给他。这样，《雨巷》在《小说月报》第 19 卷 8 号发表时，不是一首，而是一个诗组，题为《诗六首》。叶圣陶的赞许使戴望舒赢得了"雨巷诗人"的称号。《雨巷》像一曲抒情的乐章，回荡着抑郁而伤感的旋律：

> 撑着油纸伞，独自
> 彷徨在悠长、悠长
> 又寂寥的雨巷，
> 我希望逢着
> 一个丁香一样的
> 结着愁怨的姑娘。
>
> 她是有
> 丁香一样的颜色，

---

① 戴望舒：《望舒草》，现代书局 1933 年版。

丁香一样的芬芳，

丁香一样的忧愁，

在雨中哀怨，

哀怨又彷徨；

她彷徨在这寂寥的雨巷，

撑着油纸伞

像我一样，

像我一样地

默默彳亍着，

冷漠、凄清，又惆怅。

她静默地走近，

走近，又投出

太息一般的眼光

她飘过

像梦一般地，

像梦一般地凄婉迷茫。

像梦中飘过

一枝丁香地，

我身旁飘过这女郎；

她静默地远了，远了，

到了颓圮的篱墙，

走尽这雨巷。

在雨的哀曲里，
消了她的颜色，
散了她的芬芳，
消散了，甚至她的
太息般的眼光，
她丁香般的惆怅。

撑着油纸伞，独自
彷徨在悠长，悠长
又寂寥的雨巷，
我希望飘过
一个丁香一样的
结着愁怨的姑娘。

　　悠长而寂寥的"雨巷"，象征着"四一二"之后那个阴暗寂寞的时代。革命失败了，同伴们流落到各地。诗人借用抒情主人公"我"独自在"雨巷"中彳亍和惆怅的意象，深沉地抒写了迫切寻找同伴的心情，并且执着地相信一定会找到同伴，同伴也在像他一样地在寻找着他；尽管一时还遇不到，但还要寻找下去。叶圣陶体味到诗人这种寻寻觅觅的心境所蕴藉的情感，也有同样的心情，因而对《雨巷》特别推崇。

四、兼容并蓄　广结文缘

　　1980 年，《文学评论》第 4 期发表了一篇批评戴望舒诗歌的论文，说《雨巷》在"内容上并无可取之处"，而叶圣陶"只着眼于形式和技巧的欣赏，因而作了过分的奖掖"。叶圣陶不无感慨。众所周知，到了"1928 年夏秋之季，我国新诗已经呈现了疲蔽和枯涩的迹象"。《雨巷》以其特有的"诗"的"新的形式"、"诗"的"音乐的效果"，以及"诗"的"绘画的效果"给冷清的诗坛带来了一股新鲜的生气，生动地说明了"新的形式能表达旧的形式所不能表达的，这是新的形式得生存且发展的最坚强的凭证"。[①] 叶圣陶说《雨巷》是有内容的，还说在那个不寻常的年代，怎么好在给一位青年朋友的信中谈"思想"呢？[②] 诚然，作为一位出色的编辑出版家，叶圣陶是看重艺术的。他钦敬沈从文捕捉事象的特有风韵，赞赏沈从文笔下湘西的动人风情，以及色调繁复的人生景观，在他主编《小说月报》期间发表了沈从文《我的邻》、《在私塾》、《或人的太太》、《柏子》、《雨后》、《诱拒》、《第一次作男人的那个人》等七个短篇。叶圣陶觉得废名的小说与契诃夫的风格相似，就拉来《小五放牛》和《桃园》刊登在《小说月报》上。作为一个编辑，对见解不同、风格各异的作品应该兼收并蓄，胸怀狭隘，目光如豆，势必造成刊物的贫乏、单调、板滞。1928年，叶圣陶谈到《小说月报》应作出"新颖的贡献"时说："这努力有两个方面：第一，求能有时间性与趣味性的作品；第二，求能有较

---

　　① 胡展（叶圣陶）：《新诗零话》，《开明》第 2 卷 4 号"诗歌批评号"。
　　② 叶圣陶 1980 年冬与作者的一次谈话——作者注。

深切新颖的研究。""为了求达第一点","除随时征访有时代性的其他稿件",特请有"特长"的作家,将他们"所想所感尽量的披露出来"①。

　　既看重创作,又关注理论;既提倡写重大题材,又"随时征访有时代性的其他稿件";既力图全面反映"这个不寻常的时代",又尊重"个性",把作家们的"所想所感尽量的披露出来",这就是叶圣陶的编辑理念,从而形成了《小说月报》特有的丰富性。以爱情诗为例,叶圣陶选用的都是内容清新健康、形式活泼、不拘一格的"情诗"。诗中的感情或奔放或忧郁,都来自纯洁的心灵;诗风或凝重或纤丽,都缘自精心的结撰,决无粗糙的痕迹。由于篇幅的局限,这里只能引录鹤西的两首短诗,请看《泛泛》②:

　　　　你像山那样高,那样静,那样深,

　　　　　我每次向你喊一声"爱",

　　　　　"爱!"你就给我一个照例的回音,

　　　　等我不喊了,你也就寂无微声。

　　　　像澄湖那样柔,那样静,那样清,

　　　　　我每将小石投入湖中,

　　　　　你就给我几圈泛泛的笑纹,

　　　　等我不投了,你也就镜一般平。

　　短短的八行诗,把姑娘的柔美、娴静与深沉写得极为细腻。再请

---

① 《〈小说月报〉第 20 卷内容预告》,《小说月报》第 19 卷 12 号,1928 年 12 月 10 日。
② 《小说月报》第 19 卷 4 号,1928 年 4 月 10 日。

看《我们等到冬天看》①：

> 你说你底爱像那条小川，
> 虽然小，永远这样地泛滥，
> 　但是这还是夏天
> 　我们等到冬天看。

> 你说你底爱像一脉温泉，
> 长流着，永远一样地温暖，
> 　但是这还是夏天，
> 　我们等到冬天看。

诗人讴歌爱情的浪漫和温馨，是对"爱"的赞美，也是"爱"的誓言，流光溢彩，回味不尽。鹤西大概是写"情诗"的好手，仅在《小说月报》第 19 卷发表的"情诗"就有《不要来在这样的冬夜呵我爱》、《泛泛》、《Serenade》、《琵琶引》（4 月号）、《一个牧童的故事》（6 月号）、《我们等到冬天看》、《我底眠歌》、《她底眠歌》（7 月号）、《幽灵》和《最后》（10 月号），可见《小说月报》内容非常丰富。

俞平伯在 1927 年 9 月 28 日写成的《谈中国小说》② 中说：

> 无论那种学术都是生活之反映。请问如此混乱穷困残忍的社会，反映在文艺中岂有不成乱草似的荒芜？以如此不安定的心灵

---

① 《小说月报》第 19 卷 7 号，1928 年 7 月 10 日。
② 《小说月报》第 19 卷 2 号。

所制成的文艺，如何能不草率而浅薄？若要怪我们不及古人或鬼子聪明，岂不把我们冤苦了？我们与其自责，不如咒诅我们的时代，我相信这决非怯懦。

俞平伯说得没错。当年的作品艺术上粗糙得多，"公式化""口号化"多。在那"混乱"的年代，叶圣陶把《小说月报》办得如此有声有色，是很不容易的。他以文会友，广交朋友，既热情地恳请鲁迅、陈望道、郁达夫、胡愈之、俞平伯、朱自清、郭绍虞、丰子恺、许地山、庐隐、夏丏尊、郑心南、潘家洵、周建人、周作人等名家为《小说月报》撰稿；又重视不相识的作者的来稿，总像沙里淘金一样地从来稿中选取好的稿件，甚至热心地指导作者进行修改。丁玲的处女作《梦珂》、代表作《莎菲女士的日记》，以及短篇《暑假中》、《阿毛姑娘》、《一个男人与一个女人》，都是经过叶圣陶指点作了修改后，分五期刊登在《小说月报》的头条。小说描写了"近代女子"的感伤、苦闷，以及她们在社会变革的激流里经历的磨难和堕落，以其特有的细腻和率直，把近代女性的意识形态表现得淋漓尽致，因而轰动文坛，"大家都不免为她（丁玲）的天才所震惊了。"[1] 从此，丁玲成了一位引人注目的女作家。丁玲回忆叶圣陶指点她修改自己的小说的往事说：要不是叶圣陶发表她的小说，"我也许就不走（文学）这条路。"[2]

巴金在 1927 年至 1928 年旅居法国巴黎期间，写了第一部长篇小说《灭亡》。1928 年 8 月，他将书稿寄给当时在开明书店营业部工作的朋友索非，"托他代印几百册"。叶圣陶在索非那里看到这部稿子，

---

① 毅真：《丁玲女士》，《妇女杂志》第 16 卷 7 期，1930 年 7 月 1 日。
② 叶至善：《〈六幺令〉书后》，《人民日报·大地》，1979 年 6 月 6 日。

就拿去在《小说月报》发表。他在为《灭亡》写的《内容预告》中说："这是一位青年作家的处女作；写一个蕴蓄著伟大精神的少年的活动与灭亡……后半部写得尤为紧张。"说巴金"将来当更有受到热烈的评赞的机会。"是叶圣陶的慧眼，使巴金和丁玲一样幸运，初出茅庐就一鸣惊人。巴金曾多次很感激地说过："倘使叶圣陶不曾发现我的作品，我可能不会走上文学的道路，做不了作家；也很有可能我早已在贫困中死亡。……编辑的成绩不在于发表名人的作品，而在于发现新的作家，推荐新的作品。我感激叶圣老，因为他给我指出了一条宽广的路，他始终是一位不声不响的向导。"①

叶圣陶提携、扶植、培养年轻作家的事例还有很多。他"不声不响"地为青年作家当"向导"，"不声不响"培植文学新人，开启了文学研究会提拔新作家的时代。

五、开创我国现代作家研究风气之先

茅盾在回忆录中说：1927年9月中旬写完《幻灭》，正要构思《动摇》，"圣陶却又来约我写评论文章了。他说，《小说月报》缺这方面的稿件，而我正是'此中老手'。他建议我写鲁迅论。我同意了。"但第一篇写出来的却是《王鲁彦论》。茅盾在《王鲁彦论》的开头说："谢谢我的朋友郢（圣陶）先生，替我搜集了最近几年来国内新文坛的收获，已经是很丰富的一堆了。"就在这一堆很丰富的材料中，茅盾"仿

---

① 巴金：《致〈十月〉》，《十月》1981年第6期。

佛看见各位作家不同的面貌",看见各位作家"带着人生苦斗的伤痕的心",看到他们"努力要创造"点缀"这枯寂灰色的人生"的"新"和"美",也看到了"我们中间"的"希望"和滋长着的"蓓蕾","不禁踌躇满志地油然起了快感",怀着"兴奋"的心情挥笔写下一篇篇"评论文章",在《小说月报》上开我国现代作家研究风气之先。

茅盾先写《王鲁彦论》是"避难就易"。因为在当时,评论界对王鲁彦的作品的意见比较一致。而对鲁迅的作品,"评论界往往有截然相反的意见,必须深思熟虑,使自己的论点站得住。所以第二篇我才写了《鲁迅论》"。可在 1927 年 11 月号的《小说月报》上首先登出来的却仍然是《鲁迅论》。叶圣陶认为鲁迅是新文学的旗帜,研究新文学作家还是用鲁迅"打头炮"比较好,"而且那时鲁迅刚从香港来到上海,也有欢迎他的意思。"许广平在《景云深处是吾家》① 一文中说:"鲁迅在广东遭遇一九二七年的'清党'之后,在悲愤与仇恨交集的心情下来到上海。怀着对叛变革命的新军阀的警惕和蔑视,心里是走着瞧,原没有定居下来的念头。"叶圣陶请茅盾撰写并执意首先发表《鲁迅论》,仅此一点,就能看到他对鲁迅的关心和敬仰。

1927 年 10 月 8 日,鲁迅迁入景云里,住弄内二十三号,与叶圣陶是前后邻居,得到叶圣陶的"照应"(许广平《景云深处是吾家》)。10 月 14 日晚上,叶圣陶陪黎锦明拜访鲁迅,黎锦明请鲁迅为他的小说《尘影》作序,叶圣陶则请鲁迅提供照片和签名,连同茅盾的《鲁迅论》一并在《小说月报》第 18 卷 11 号发表。《小说月报》过去刊登过照片和签名,都是外国的著名作家。刊登中国作家的照片和手

---

① 《鲁迅回忆录》第一集,上海文艺出版社 1978 年版。

迹，鲁迅是第一人，也是仅有的一人。这时的鲁迅正陷入一个既危险又悲哀的境地。国民党反动派视之为"赤化暴徒"，一位青年行李中夹带了本《彷徨》，被反动派查出，即以此为罪，将他枪毙①。而在某些"革命作家"的心目中，鲁迅则是"敌人""封建余孽""反动势力""该死的'老头子'"。《鲁迅论》称颂鲁迅"是青年最好的导师"，说鲁迅虽然"没有呼喊无产阶级最革命的口号"，但是我们却看到他有"一颗质朴的心，热而且跳的心。"叶圣陶用重磅道林纸印制鲁迅像和签名。在当时，《小说月报》这样"一味吹捧"鲁迅，显然要担风险的。

六、真诚地与"革命文学家"认同

1927年，叶圣陶年方三十三岁，精力充沛，思想和艺术臻至成熟，对敌斗争的方式方法也灵活多样。《小说月报》的封面本来是固定的，通常几年才换一次，而在1927年5月至12月的8个月间，叶圣陶每期都变换《小说月报》的封面，以人物画为主，使其尽可能通俗化，大众化一些，以顺应"环境"，在"夹缝"中求生存。到了1928年，鉴于革命力量有所发展，叶圣陶就把《小说月报》的封面固定下来，以宣传内容为主，用较大的幅面刊登"要目"。"要目"上端，仅占封面五分之一的长条版画春意盎然。画面上，三只白鹿依傍着两位身着长裙的姑娘在绿茸茸的草地上边走边嬉，四只春燕绕着姑娘们呢喃低回。走在前面的姑娘俯身轻轻地为鹿抚挠，后面的姑娘悄

---

① 潘汉年：《信笔写来·鲁迅也是赤化暴徒之流吧》，《幻州》第2卷第2期，1927年10月16日。

然张开双臂逗引迎面飞来的双燕，处处给人以"春来了"的感兴。叶圣陶主编《小说月报》的一年零九个月中（1927 年 4 月至 1928 年 12 月[①]），工作之余创作了短篇小说《夜》、《赤着的脚》、《冥世别》、《某城纪事》、《李太太的头发》、长诗《忆》，以及长篇小说《倪焕之》等一批"写大时代的文艺"。反动文人早在叶圣陶主编《苏州评论》和《光明》半月刊时，就指责他"赤化"，领受"卢布"。而革命文艺阵营内部却说叶圣陶生活在"资本家的腋下"（洪为法语），是"市侩派的小说家之代表"，把他那些"写人生"的新文学作品划定为应该打倒的"小资产阶级的学士和老爷们的文学"（蒋光慈语）。冯乃超在 1928 年 1 月 15 日在《文化批判》创刊号发表的《艺术与社会生活》中说：

> 从主张提倡自然主义的一批——文学研究会的团体中，可以抽出叶圣陶。他是一个静观人生的作家，他只描写个人（当然是寂寞的教养的一个知识阶级）和守旧的封建社会，他一方面和新兴的资产阶级的社会有着"隔膜"。他是中华民国一个最典型的厌世家，他的笔尖只涂抹灰色"幻灭的悲哀"。他反映着负担没落的命运的社会。别一方面他的倾向又证明文学研究会标榜着自然主义的口号的误谬，这是非革命的倾向。

钱杏邨在 1928 年 9 月写的《叶绍钧的创作的考察》[②]中称叶圣陶"只把握得住社会黑暗的现象"，"忽略了潜在的与黑暗抗斗的力，生命的

---

① 参阅商金林撰著：《叶圣陶年谱长编》第 1 卷，人民教育出版社 2004 年版，第 399—400 页。

② 钱杏邨：《文艺批评集》，上海神州国光社 1930 年版。

力，只是消极的黑暗的暴露与咒诅，没有积极的抗斗与冲决"，进而把《夜》和《某城纪事》也作为"考察"的对象，批评叶圣陶"不曾表现到狂风暴雨的今日的具有伟大的力的青年"。叶圣陶辛辛苦苦创作，辛辛苦苦主编《小说月报》和《小说月报》丛刊，却招来了"革命文学家"的"批判"和"清算"。朱自清站出来为叶圣陶申辩，在《我所见的叶圣陶》①一文中说："圣陶是不会厌世的，我知道。"叶圣陶则一笑了之。为了表露心境，他特意将1927至1928年的短篇汇编成《未厌集》出版，在《题记》中说：

> 厌，足也。作小说虽不定是什么甚胜甚盛的事，也总得像个样儿。自家一篇一篇地作，作罢重复看过，往往不像个样儿。因此未能厌足。愿意以后多多修炼，万一有使自家尝到厌足的喜悦的时候吧。又，厌，厌憎也。有人说我是厌世家，自家检察，似乎尚未厌世。不欲去自杀，这个世如何能厌？自家是作如是想的。几篇小说集拢来付刊，就用"未厌"二字题之。

"四一二"之后，悲观幻灭的情绪弥漫一时，有些青年甚至走上了自杀的路。"不欲去自杀"，这铿锵有力的话语，极其鲜明而坚定地表明了叶圣陶在那个"不寻常的时代"里，决不自示其弱，奋勇前进，不为威武所屈，不为挫折所阻，不折不挠，奋斗到底的决心，同时也否定了青年人"厌世自杀"的行为，批评了他们因大革命失败的愤激而骤生的捐弃尘世而去、不再回首人生的消极和绝望。在"艺术"上

---

① 朱自清：《你我》，商务印书馆1936年版。

永不满足，在"思想"上永不满足，"以后"要不断地"多多修炼"，力争"尝味到厌足的喜悦"，这就是叶圣陶在"革命文学论争"中唯一的表白，字里行间洋溢着积极进取的人生态度。

在我国现代文学史上，遭到"革命文学家"批判过的人，有的往往针锋相对，讽刺、挖苦"革命作家"和"革命文学"。周作人就曾说过"革命文学"是"文士们""摇瘦拳头"（《永日集·〈大黑狼的故事〉序》）。叶圣陶与"革命作家"的心是相通的。钱杏邨和夏衍曾经说过，叶圣陶主编《小说月报》期间，"在经济上不断给拮据之中的一些党内作家以照顾"，他们自己也受惠不少。这在叶圣陶日记中也有记叙。叶圣陶1977年6月20日日记中记有：

> 吴泰昌来，言其岳父钱杏邨已于前日病故。余与钱相识在代替振铎编《小说月报》之时，亦五十年矣。彼时钱为投稿者。常送来一稿，希望从早取得稿费。同来者有杨邨人，其文学集团曰太阳社。太阳社中又有蒋光慈。

当时，《小说月报》规定文章登出之后再付稿费，而钱杏邨、蒋光慈、夏衍他们都是交了稿就领稿费，而有些稿子稿费已领，后来并不见得刊用。这些党员作家大多无固定收入，叶圣陶的特殊照顾解决了他们在生活中的实际困难，这还在其次。叶圣陶在发表他们的文章时，都充分地尊重他们，对他们文章中激愤的段落都不作删改，下面就举钱杏邨的两个例子。叶圣陶在他主编的二十来期《小说月报》上，刊登了钱杏邨八篇评论国外作家和作品的论文，这八篇论文均堪称蕴蓄着"愤懑与抗斗精神"的"革命文学"。在《俄罗斯文学漫评》①中，钱杏邨谈到阿志巴绥夫的《朝影》，他极力推崇阿志巴绥夫笔下的巴莎。当他写到这位"可爱的革命青年"牺牲时，情不自禁地说：

> 可怜的巴莎死了，然而他永远活在人民的心里，在全俄罗斯的心里活着。……我们中国的巴莎呢？啊！我们中国的巴莎呢？中国现在需要的正是这样果敢的，超个人主义的革命家，我现在想起巴莎，我又不得不为中国的巴莎招魂了。归来哟，巴莎，归来哟，中国魂！

新俄作家塞门诺夫的长篇小说《饥饿》描写国内战争时期尽管饥饿，却"不能够使工人——尤其是青年——中的健全分子不忠心地去拥护革命，去继续斗争，一直到更好的时期到来"。钱杏邨在为《饥饿》写的书评中赞美了"代表不为饥饿所折服的人民的意志"的菲姑娘，批评了菲姑娘的父亲——一个"因着饥饿的关系，使心理上发生变态，变成极端的自私自利的老人"。在论述菲姑娘"不因饥饿而颓丧其志趣"时，钱杏邨引用了菲姑娘看到的"对于革命的欢颂抑制了饥饿的痛苦"的场景：

> 我们走到街上，天色很光明，工人和红军打着旗子排队走：唱着《国际歌》，并且因为他们唱歌的缘故，天色更显得清明，太阳更觉着温暖。所有的人面容都很快活，很健壮，就连爸爸也

---

① 《小说月报》第 19 卷 1 号，1928 年 1 月 10 日。

挺起他的凹进的干瘦的胸脯，他沿着边路走，在他的宽大的鼻子里，也哼哼出这《国际歌》的调子，并且我忽然觉得我也合唱起来了，我们好像没有一个是曾挨过饿的。[①]

在那"革命犯禁""红色犯禁"的白色恐怖下，叶圣陶不怕"犯禁"[②]，把这些煽动性很强、政治色彩很浓、思想很峻急的文章连篇累牍地刊登在《小说月报》上，可见他并不像钱杏邨、蒋光慈、冯乃超所说的那么"落伍"。广阔的襟怀，分明的爱憎，使叶圣陶淡化了你你我我、恩恩怨怨，执着地坚信他与"太阳社"和"创造社"作家们"还是在同一的地位"，竭尽所能，相互助援，冒着风险真诚地与他们革命文艺的主张"认同"。

在那"黑云压城城欲摧"的岁月，《小说月报》一枝独秀，给"荒歉的年头"的文坛赢得了差强人意的丰收。1931 年 12 月 19 日，鲁迅将他翻译的法捷耶夫的小说《毁灭》赠与叶圣陶，并惠书云："聊印数书，以贻同气，可谓'相濡以沫'，殊可哀也。"叶圣陶一直敬仰鲁迅，鲁迅也很爱护叶圣陶，然而，他们真正成为"相濡以沫"的"同气"，则正是在叶圣陶主编《小说月报》的那个"不寻常的时代"。

---

① 钱杏邨：《饥饿》，《小说月报》第 19 卷 9 号，1928 年 9 月 10 日。
② 1927 年后，国民党政权非但不准谈革命，就连"颈围红带"也会招来"杀戮"之灾。详见称愚《红色犯禁》和秦未帝《论杀》，《幻州》半月刊第 2 卷 7、8 期，1928 年 1 月 2 日、1928 年 1 月 16 日。

第八章

《妇女杂志》更新史

一、另辟蹊径　推陈出新

《妇女杂志》是月刊，创办于 1915 年 1 月，由商务印书馆出版，每年一卷。该志为十六开本，封面石印彩色图画，印刷精美。设有论说、学艺、家政、名著、小说、译海、文苑、杂俎等栏目，提倡发展女子教育，向妇女介绍自然科学、生理卫生等方面的新知识，冀妇女自立，"谋妇女解放"，在当时的妇女界有一定的影响。但"因人而异"，由于主编思想取向不同，也就造成了《妇女杂志》不同的面貌和风格。

《妇女杂志》第一至第六卷的主编是王蕴

章，第二卷添加了一个挂名主编胡彬夏。王蕴章，字莼农，号西神，别号西神残客等，清光绪壬寅科副榜举人，江苏无锡人，鸳鸯蝴蝶派主要作家之一。胡彬夏亦为无锡人，早年留学日本，后以优异成绩成为我国首批四位赴美留学女性之一，在美国学习七年后于1914年回国，担任好几所大学的教职，1916年当上《妇女杂志》的挂名主编。从1915年到1920年的六年间，《妇女杂志》宣扬得最多的还是"女子无才便是德"，"与其多识几个字，不如多绣几朵花"，与"妇女解放"的新思潮格格不入，因而被有识之士斥为"反动"。罗家伦在《今日中国之杂志界》①一文中批评《妇女杂志》道："专说些叫女子当男子奴隶的话，真是人类的罪人。"

1921年初，象征着五四一代"新青年"的章锡琛取代了王蕴章的主编位置。《妇女杂志》自七卷第一号起改由章锡琛主编。一年之后，周建人正式成为《妇女杂志》的另一位编辑，《妇女杂志》第八卷第二号（1922年2月1日）的"编辑馀录"里特别提到："素来承读者欢迎的周建人先生，已经聘请来社，担任社务。"章锡琛、周建人联手，从而使这份杂志在导向和观念上得到全面改观。《妇女杂志》大胆革新，发表大量新文学作品，宣传新思想新道德。章锡琛自己写了很多文章，提倡妇女解放和婚姻自由，猛烈抨击"三从四德"，与新文化运动的英勇旗手鲁迅唱和呼应。鲁迅曾应约在《妇女杂志》发了小说《鸭的喜剧》（《妇女杂志》第八卷第十二号）、《幸福的家庭》（《妇女杂志》第十卷第三号）、杂文《娜拉走后怎样》（《妇女杂志》第十卷第八号），以及译文《一篇很短的传奇》（《妇女杂志》第八卷第二号）

---

① 《新潮》第1卷第4号，1919年4月1日。

和《小鸡的悲剧》（《妇女杂志》第八卷第九号）。有了鲁迅的加盟，《妇女杂志》的影响越来越大，章锡琛和周建人团结了一批进步作家，向传统的封建堡垒发起勇猛冲击。在他们的主持下，《妇女杂志》推出一个又一个专号，如《离婚问题专号》、《产儿制限专号》，《妇女运动专号》、《家庭革新专号》和《新性道德专号》等，这在当年杂志界是罕见的，因而也不可避免地触动了一些"正人君子"的敏感神经。

1925 年 1 月，章锡琛在《妇女杂志》第十一卷第一号《新性道德专号》发表了《新性道德是什么》，周建人发表了《性道德的科学标准》，这两篇论文受到一些道貌岸然的伪君子和假道学先生的围攻，指责章锡琛、周建人提倡新的性道德是主张"纵欲"。1925 年 12 月，章锡琛被商务当局借故辞退，周建人也被调去主编《自然界》杂志。《妇女杂志》自 1926 年 1 月开始，改由杜就田主编。章锡琛在《漫谈商务印书馆》一文中介绍说：

> 杜就田是杜亚泉编辑博物、理化等教科书的助手，在商务已二十多年，王云五任所长后，认为这些人已经过时，应该淘汰，因为亚泉与菊老（张元济，号菊生）有多年交情，他又是亚泉的堂弟，只把他调去理化部，去干推广科等事务工作，换过不少部门，都不适应。他头脑不太清楚，文理也欠通顺，接连发表几篇短文，闹了不少笑话。①

杜就田执掌《妇女杂志》，就使得《妇女杂志》又回到 1921 年前

---

① 《商务印书馆九十年——我和商务印书馆》，商务印书馆 1987 年版，第 117 页。

讲"妇德""妇容"及如何"操持家政""娱乐子女"的老路上去了。面对来自社会各界的批评，商务当局不得不有所表示。《妇女杂志》自十六卷七号（1930 年 7 月 1 日）起由叶圣陶主编，编至十七卷三号（1931 年 3 月 1 日）止，共 9 期。

如何给《妇女杂志》重新定位以适应时代和读者的需要，主编过《诗》月刊、《文学周报》、《公理日报》、《苏州评论》和《小说月报》的叶圣陶，当然能够驾轻就熟。他接手主编的第一期，即《妇女杂志》自十六卷七号从封面画到卷首画，从内容到题花，都洋溢着一股清新而鲜活的朝气，令人耳目一新。现将《妇女杂志》自十六卷七号的目录抄录于下：

《妇女杂志》第十六卷第七号（1930 年 7 月 1 日出版）

休憩（油画）　　　　　　　　　　　　　　G. Russell 作

蝴蝶（摄影）　　　　　　　　　G. A. Roslethwnite 作

笑颜（摄影）　　　　　　　Miss Caroline Anderson 作

妇女问题底经纬　　　　　　　　　　　　　　陈望道

几位当代中国女小说家　　　　　　　　　　　毅　真

《文凭》（小说）

　　　　　［俄］V. I. Nemivoviteh-Dantchenko 作　沈　余

先史时代与希腊埃及罗马的美术　　　　　　　钱君匋

苏联对于学龄前儿童的教养　　　　　　　　　李　谊

伫望（译诗）　　　　　　　　　　　　　　　孟　言

日本劳动妇女的现状　　　　　　　　　　　　谢宏徒

慈善　　　　　　　　　　　　　　　　　　　费　宴

倍倍尔的《妇人与社会主义》 章锡琛

妇女谈薮

妇女问题之难讲 喆

印度最近之禁止童婚的立法 喆

英美的女书记员 喆

美国人的五一节——儿童节 喆

母亲与小儿的饮食 君 立

衣服之起原 微 知

七夕考 黄 石

荷马之教（译诗） 孟 言

京班戏（小说） 李毅诒

风（译诗） 孟 言

日本童话三篇

老人和小鬼 徐调孚

断舌雀 徐调孚

松山镜 徐调孚

应征文选录

恨不得飞回去教母亲识字 醒 吾

桃花女的传说与民间的婚俗 黄 石

日本的一般社会和妇女生活（日本通信） 贺昌群

（下略）

    叶圣陶另辟蹊径，他主编的《妇女杂志》视野开阔，内容丰富，陈望道、沈余（茅盾）、钱君匋、李谊（杨贤江）、孟言（叶圣陶）、

抗战前的叶圣陶

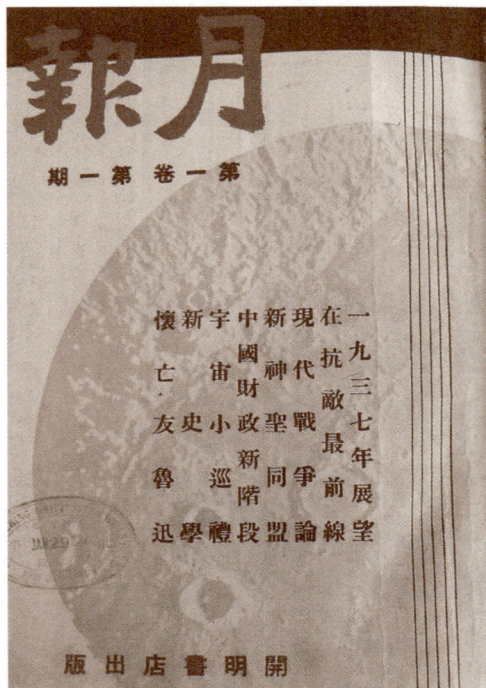

《月报》创刊号，1937年1月15日出版

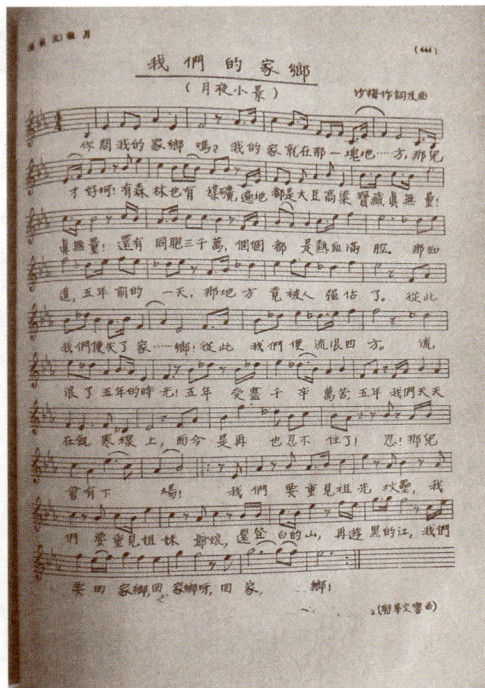

《月报》第1卷2号（1937年2月15日出版）刊登叶圣陶抄写的歌曲

《国文杂志》创刊号，1942年8月1日出版

《中学生》复刊后第 78 期，
1944 年 2 月 5 日出版

《中学生》复刊后第 93 期
（1945 年 11 月 5 日）封面木刻《晨
曦》，刘铁华作

《笔阵》第 3 期封面

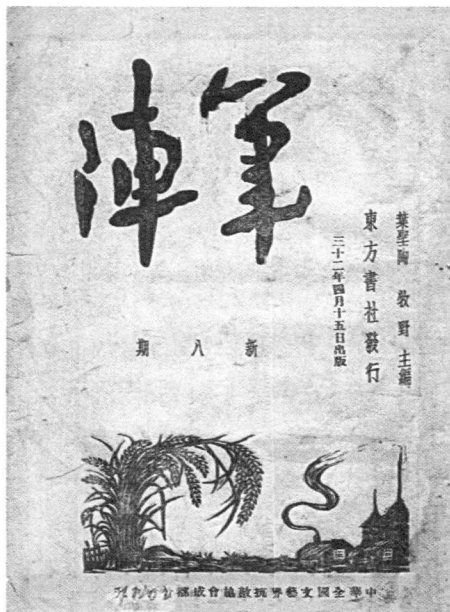

《笔阵》第 8 期封面

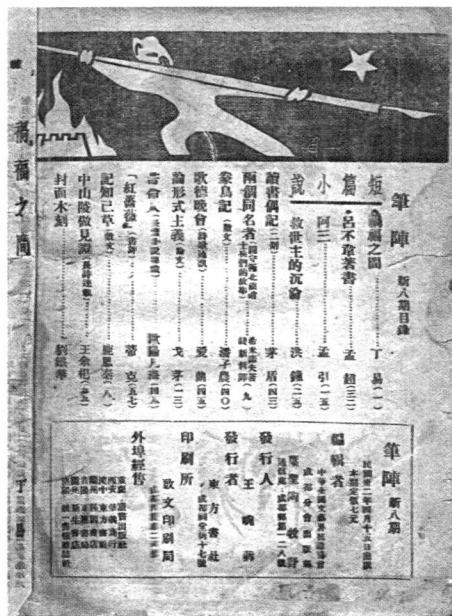

《笔阵》第 8 期目录

叶圣陶与文协同人一起主编的《中国作家》

1946年11月16日，大地书屋在上海金门饭店为沈雁冰访苏饯行时所摄。从左至右：郭沫若、洪深、沈雁冰、叶圣陶、蒋寿同（大地书屋老板）

大地藏
无尽
勤劳资
有生
念哉斯
意厚
努力事
春耕

叶圣陶为 1947 年新年做的贺卡（木刻《牛犋变工》，胡一川作）

谢宏徒（谢六逸）、章锡琛、徐调孚、贺昌群都是学识广博，知名度很高的"名家"。这之后，为《妇女杂志》撰稿的还有夏丏尊、巴金、李伟森、丰子恺、庐隐、罗洪、李健吾、金仲华、杨东莼、樊仲云、傅东华、周建人、叶浅予、李石岑、林仲达、陈伯吹等，从而使平庸陈腐的《妇女杂志》焕然一新。

二、引领潮流　贴近生活

为了更好地了解叶圣陶主编的《妇女杂志》，我们不妨再看两期目录，一是《妇女杂志》第十六卷第八号，二是《妇女杂志》第十七卷第三号，这两期更具代表性。

《妇女杂志》第十六卷第八号是叶圣陶主编的第二期，与匆促上任赶编的第一期（《妇女杂志》第十六卷第七号）相比，显得更为从容，也更能彰显他的编辑理念。《妇女杂志》第十七卷第三号是叶圣陶主编的最后一期，带有某种"总结"和"交班"的色彩。作为主编，他会尽可能把他组来的最有分量的稿件刊登出来，因而这一期也就成了他的"压轴戏"，值得细看。先看《妇女杂志》第十六卷第八号的部分目录。

《妇女杂志》第十六卷第八号（1930 年 8 月 1 日出版）

泉边（油画）　　　　　　　　　　　　　　P．Boclard 作

世界妇女奴隶现状　　　　　　　　　　　　金仲华

文凭（小说）

此外还有小说《性爱与痛苦》（谢宏徒）、《瑛妹》等文艺作品，以及《十八年份上海市遭拐妇女统计表》、《汉口各界工人性别及总数比较表》等一组"应征文"。

这一期的《妇女杂志》，内容涉及"婚姻"、"家庭"、"性爱"、"文艺"、"美术"、"宗教"、"卫生"、"服式"、"电器"等方方面面，既贴近"妇女"的日常生活，又显得很"高雅"和"前卫"；既立于"本土"，

又放眼世界；既有值得可读的极为重要的著作和译作，也有轻松的
"征文"和"补白"；既有严谨而宏大的理论，又不乏知识和趣味，甚
至还有"统计表"、"比较表"、"调查表"，用"数字"和"事实"来说话。
图文并茂，雅俗共赏，真实可信，成了《妇女杂志》最鲜明的特色。
再看叶圣陶主编的最后一期《妇女杂志》第十七卷第三号的部分目录：

《妇女杂志》第一七卷第三号（1931 年 3 月 1 日出版）

图画

姹紫嫣红（三色版） 莲轩摄

游景四幅（影写版） 莲轩摄

产业合理化与妇女问题 杨东莼

男女对于政治的趋向比较 华 君

我国女子取得财产继承权的经过 刘朗泉

亚丽安娜（小说） 巴 金

本志"妇女与文学专号"征文

居尔门夫人的《妇女与经济》 金仲华

本志下期要目预告

苏俄的农村故事（三则） W．Duranty 作 李伟森

妇女谈薮

德国政治上的妇女 仲 华

美国妇女参政的一年 仲 华

女科学家潘宁登 仲 华

妇女记者 谢宏徒

英国工党议员提议女仆组织工会 仲 华

心病（长篇小说）		李健吾
雷衰·锡耳	维埃俄国 V. Brussof 作	沈　余
女俗丛谈（三则）		黄　石
家庭电化的常识		微　知
娩产的生理和处置法		程翰章
医事卫生顾问		程翰章

此外还有"自己描写"和"春天"两个"征文当选"专栏。《妇女杂志》第十七卷第三号与叶圣陶主编的前八期的品位和风格是一致的。要说有什么变化，那就是品位越来越高，与时代和生活贴得更紧。《妇女杂志》的作者群中，每期都有"新面孔"。以第十七卷第三号为例，"新面孔"中既有"名家"，如知名作家巴金和"左联五烈士"之一的李伟森，也有不为人知的"无名作者"，如王春翠、爱真、王蔓华、谦谦、平凡等，他们都是第一次在《妇女杂志》发表作品，叶圣陶对于"新人"的提携一向是不遗余力的。当然，评价一份杂志，仅从"作家群""栏目设计""编辑艺术"这几方面来评述是不够的，关键是要看作品。仍以《妇女杂志》第十七卷第三号为例，《产业合理化与妇女问题》、《男女对于政治的趋向比较》、《我国女子取得财产继承权的经过》、《居尔门夫人的〈妇女与经济〉》、《苏俄的农村故事》，以及"妇女谈薮"栏中的五篇文章都很"新"。人们常说"有了好的题目文章就成功了一半"，这话不假。但作为一本"综合性"的大型刊物，不可能都靠"题目"来吸引读者的眼球，关键得看"另一半"，就是要有"新思想""新内容"以及表现和阐释这些"新思想""新内容"的文字、技巧和手法。《妇女杂志》可以说是"思想"与"艺术"并重，"思

想"与"艺术"交融，所刊登的文章和"图画"都值得好好阅读和欣赏。

1931 年 1 月 1 日出版的《妇女杂志》第十七卷第一号"作了父亲"专栏，刊登了昌群（贺昌群）、止敬（茅盾）、郢生（叶圣陶）、谢宏徒（谢六逸）、子恺（丰子恺）、东华（傅东华）、李谊（杨贤江）、雪渔（章雪舟）、夏丏尊、调孚（徐调孚）写的一组"随笔"，共十篇。这十篇"随笔"各具特色，说"篇篇锦绣，字字珠玑"都不为过。先请看谢宏徒（谢六逸）写到的"作了父亲"的幸福和喜悦：

宝宝到了第七个月时，真是可爱，她的面貌的轮渐渐清晰起来了。细长而弯的眉毛，漆黑的眼珠，修而柔的眼毛，还有鼻子，像她的母亲，嘴的轮廓，肤色，笑涡像父亲。志贺直哉氏在《到网走去》一篇小说里，说孩子能将不同的父母的相貌，融合为一，觉得惊奇，在我也有同感。到了第十三个月，因为奶妈的奶不足，我们便替她离了乳，到了今天，她的年岁是整整的三十七个月了。这其间，她会开口叫妈妈，叫阿爸，她会讲许多话，会唱几首歌，我写这篇短文时，她是在我的身旁聒噪了。宝宝的笑声啼声就是我们的"神"，我们的宗教。她的睡颜，她的唇，颊，头发，小手，使我们感到这是"智慧"的神。她有许多玩具，满满的装在小竹箱里。我们的家距淞沪火车路线很近，她看惯了火车的奔驰，听惯了火车的笛声，火车变成了她的崇拜物。在我的观察，她以为火车是最神奇的东西，为什么跑得这么快，为什么头上有两只大眼睛，为什么会发怒似的叫号。她崇拜火车，爱慕火车。崇拜爱慕的结果，把我的书从书架上搬下来，选出厚而且巨的，如大字典之类做火车头，其他的小型的书当车身，苹果两个权做火车眼睛。在许多玩具之中，她顶喜欢的是"车"的一类，她有了三轮的脚踏车，小汽车，装糖果的小电车，日本人做的人力车的模型，独轮车的模型。除了玩具，她最喜欢模仿父亲看书或看报。书报是她的爱人，尤其是东京《读卖新闻》附刊的漫画。她一个人睡在藤椅上，成一个"大"字形，两手举起报纸，嘴里叽哩咕噜，不知念些什么，看去她是十分的欢喜。在最近，她每天对母亲唠叨着说，"毛毛长长大大（杜杜）了，好去读书了。"她有了幼稚园读本，有了儿童画报，有了不砰石板和石笔，这些东西安放的位置，偶然被女佣移动一个，她就大声地叫喊。宝宝又爱散步，在秋天，总是每天两次，由我牵着小手到公园去，天寒了，午饭后，领着在林木道旁闲踱着：她的嘴里温着歌，路上散着黄色的落叶，月光从树梢筛在地上，一个大黑影和一个小黑影一高一低的彳亍着，于是我觉得这里也有"人生"。宝宝自己有她的歌，在二十五个月以后，便自作自唱起来。她的歌，我多记在日记里。如："乌乌乌乌火车，叮当叮当当电车。"……

谢六逸（1898—1945）生于贵阳，早年留学日本，1922 年 3 月毕业于早稻田大学政治经济科，获学士学位，回国后在上海商务印书馆"实用字典部"当编辑，后来到上海暨南大学、上海大学、复旦大学任教。抗战爆发后随复旦大学入川，在重庆北碚复旦大学任教近二个学期后回贵阳到大夏大学，1945 年 8 月 8 日在贫病交迫中与世长辞，年仅四十七岁。仅从这篇《作了父亲》，就能看出谢六逸是一位爱儿女、善于教育儿女的父亲，是一位纯粹的作家和学者，一个和善的人，他把儿女比诸"天使"。

延续"爱"这一主题的是如何教育子女？以及教育子女的方法和对子女的希望。止敬（茅盾）给自己的文章另安了一个题目《当我们有了小孩时》，用的是与同人商量的口吻，真诚地探讨"我们现在如何做父亲"。文章强调"家庭制度尚未废除""旧生活正在崩溃"，作为父亲，绝不要"以旧生活所凝结的意识形态加于后一代人"，"阻碍了他们的自由发展"，郑重提出"儿女应该让他们走自己的路！"结尾是这么说的：

> 在现代作了父亲的我们，大概最好是取"保管的态度"：我时常这么想。为社会，为将来的社会，"保管"着暂时放在我名下负责保管的一员幼小者，只是如此而已。因为是保管，所以消极的防护是必要的，但积极的"训政"，不是圣人的我们还是敬谢不敏罢。慎莫由我们的手里造成我们自己和后一代的"父与子"的斗争罢。儿女应该让他们走自己的路！普天下现在还不失为新思想的父母应该时时不忘记这句话。把儿女造成了自己的影子，无异使他们在将来的社会里不适于生存，而且把几乎是障碍物一样的东西扔给将来的社会，贤父母们，现在还不失为新思想者的贤父母们，觉得怎样？

叶圣陶的《作了父亲》可划分为四个段落。开头一个段落说要是没有儿女，"也许会感到非常寂寞，非常惆怅吧"。突出父母应该爱自己的儿女。第二个段落说：做了父母，即使不是教育专家，也得担负起教育儿女的责任来。第三个段落说到学校教育不尽如人意，即便连小学也进不了的，也要他们"挺直身躯立定脚跟做人"，"希望他们胜似我"，有强壮的身体，"有明澈的心灵"。最后说到"职业"，不希望儿女承继他的职业，干"笔墨的事"，"戴上文化或教育的高帽子"，而是"从事物质生产"，"能够像工人农人一样，拿出一件供人家切实应用的东西来"。这"切实应用的东西"，即便不是"布匹米麦之类"，也应该是"一些齿轮或螺丝钉"。

至于教育儿女的方法，丰子恺说得最多的是要以"儿女为中心"，"这小燕子似的一群儿女"，"他们在我心中占有与神明、星辰、艺术同等的地位"。夏丏尊则是"听其自然"，"一直取着听其自然的主义"，"校课成绩，听其自然，职业，听其自然，婚姻，也听其自然。""听其自然"，不是"不爱儿女"，而是不"干涉"，鼓励他们"自己努力"，自己去争取好的"命运"，在精神和肉体两方面都健全地养育起来，做一个"自由人"，做一个"勇者"。七十多年过去了，今天读来仍然感到很亲切。

三、因"锐进"而遭"谤"

夏丏尊在《作了父亲》一文的开头写道："《妇女杂志》的记者想约几个朋友来写些做了父亲以后的话，又因为我在朋友中年龄较大，被认为老牌的父亲，要求得格外恳切，以为一定非写不可。"所谓"老牌的父亲"，说的是这时的夏丏尊已经当了"爷爷"。他本不想写这篇随笔的，"《妇女杂志》的记者"，"要求得格外恳切"，使得他"一定非写不可"。这里所说的"记者"，就是《妇女杂志》的主编叶圣陶。

当年主编"约稿",可没有我们今天这么便捷,可以打电话,发邮件,写微信,而是只能登门约请或写信恳求。赵景深《叶圣陶》一文中说到 1930 年七八月间,叶圣陶先后多次给他写信,请他为《妇女杂志》写一篇《现代世界女文学家概述》。第一封信中说:"兄于世界文学所知较多,此题当然胜任。只须举其尤者,略言其生平、旨趣、风格、作品大要……"第二封信中说:"承兄撰稿,感何可言。文章只须平常谈话那样轻松随便,笔下常带感情,尤宜于妇志之读者。十月底之约,想不至过期。"① 第三封信中说:"承兄撰文,已列入预算,恐兄多偶忘,特再函催。约期将届,如尚未开手,可磨墨伸纸矣。"② 话说得这么恳切,可在《妇女杂志》上并没有找到赵景深写的这篇文章。旧中国作家们漂泊不定,为生活所累,身不由己,这也加大了约稿的难度,编好一份杂志着实不易。

说起当主编的"难处",最头疼的还是"老板"明里暗里的"干涉"。商务当局对叶圣陶是否有过"指手划脚"?看看这些"征文广告"或许能找到答案:

《本志十七卷四号征文〈当我们有了小孩子的时候〉〈女教师的话〉》,《妇女杂志》第十六卷七号(1930 年 7 月 1 日);

《本志十七卷五号征文〈我的学校生活〉〈我的配偶〉》,《妇女杂志》第十六卷九号(1930 年 9 月 1 日);

《本志十七卷六号征文〈出了中等学校〉〈女工的情况〉》,《妇

---

① 赵景深:《文坛忆旧》,上海北新书局 1948 年版。
② 《中国现代文艺资料丛刊》第六辑,1981 年 4 月。

女杂志》第十六卷十号（1930 年 10 月 1 日）；

《本志十七卷七号征文〈书我所认识的新女子者〉〈暑假的生活〉》,《妇女杂志》第十六卷十一号（1930 年 11 月 1 日）；

《本志十七卷八号征文〈关于投考学校〉〈我所希望的生活〉》,《妇女杂志》第十六卷十二号（1930 年 12 月 1 日）；

《本志十七卷九号征文〈秋令随笔〉〈小家庭生活的经验〉》,《妇女杂志》第十七卷一号（1931 年 1 月 1 日）。

这些"征文广告"全部出自叶圣陶之手，写得既通达又很精彩，这里抄录四则：

我的配偶

《妇女杂志》第十六卷第九号（1930 年 9 月 1 日）

沉溺在情爱里的，只觉自家的配偶无处不好，尽可以搬一大车形容词句来赞美。不睦的配偶正相反，只觉所有骂人的恶语，都该加到对方的身上去。我们写下这一个题目，却并不希望作稿诸君处于以上两种情形的任何一方。"配偶"是相处得最密切的人，于其长处短处，心情意识，以及其它种种，知道得最周详。就将这些作为材料而着手写，决非竟无意义的闲文字。

出了中等学校

《妇女杂志》第十六卷第十号（1930 年 10 月 1 日）

现居中等学校的女同学，当毕业期快到眼前来的时候，心意中必然萦绕着"出路问题"。毕业以后将怎样？不妨把各自打算一番的结果记录下来。还有已经出了中等学校的，现状怎样，经由的出路是哪一条，事实与预计能不能一致，以及其它，这些都是人家乐于闻知的。正可以在这一个题目之下，写出列叙生之痕迹的真实文字。

女工的情况

《妇女杂志》第十六卷第十号（1930 年 10 月 1 日）

这里所说的"女工"，不限于工厂女工，凡用劳动来图谋生活的妇女都在内。女工能自己动笔，把生活情况报告出来，那是最珍贵的材料，我们希望有得到这等材料的光荣。自身并非女工，但熟知某个女工的情况，以为颇有报告于众的价值的，不吝笔墨，作稿惠赐，我们也非常欢迎。

小家庭生活的经验

《妇女杂志》第十七卷第一号（1931 年 1 月 1 日）

小家庭，有人视为温柔甜美的窠巢，有人视为发展群性的障壁。对它的观念虽然不同，但是它带着必然性存立在现代社会里，而且有好多的人正在过着小家庭的生活，却是事实。

"满意"或"不满意"，那是太简单的表白。正在过小家庭生活的人未必只是这两语可说吧。该有细密精要的意思，从生活中体会出来，蕴藏在他们的胸中。现在我们所要求的，就是请他们把这些意思写下来。……

　　杂志有个出版周期，尤其是像《妇女杂志》这样的大型月刊，必须及早筹划，提前组稿，主编手头至少要储备二期的稿件，才能从容应付。从《妇女杂志》的征文广告看，叶圣陶把组稿的时间提前半年多，在1931年年初，就发出"秋令随笔"的征文广告，让作者有从容的思考，读者有可盼的预期。而从这一系列"征文广告"看，叶圣陶似乎没有"请辞"的迹象。为了加大文艺作品的篇幅，更好地吸引读者，叶圣陶特地把李健吾长篇小说《心病》拉过来，从《妇女杂志》第十七卷第二号起，开始连载。可就在1931年2月1日出版的《妇女杂志》第十七卷二号上，叶圣陶郑重地刊登了《叶圣陶启事》，正式辞去商务印书馆职务，改任开明书店编辑。《妇女杂志》改由杨润余主编。

　　叶圣陶的"请辞"让人感到颇为突然。他在《略叙》中说："因为开明老朋友多，共同作事，兴趣好些。"[1] 而更深层的原因则是商务当局觉得《妇女杂志》过于锐进和开放，叶圣陶的编辑思想与商务当局的守旧立场相拧。《妇女杂志》第十七卷第一号头条是朱璟（茅盾）《问题是原封不动地搁着》。朱璟在文章中郑重指出：中国的"革命"并没有给妇女带来任何"实惠"，女子尽管也有"继承遗产权这法令"，各项职业都广开"女禁"，"妇女权利""妇女解放"的口号也很流行，然而除了极少数女性成了"交际社会中所不可或缺的名媛"之外，"全中国有百分之九十九的妇女尚在封建势力的压迫下，则妇女问题还是丝毫没有解决"。进而从"妇女问题"论及"中国革命"，称中国革命任重道远，"大部分的中国，今尚在封建势力之下"。再请看《妇女杂

---

① 　叶绍钧等著：《文艺写作经验谈》，重庆天地出版社1943年版。

志》第十七卷第二号前五篇作品：

1. 陶希圣《新旧商品与新旧妇女》
2. 刘朗泉:《婚姻法中妇女的地位》
3. 青主:《半月子的回忆》（小说）
4. 金仲华:《霭理斯的〈男与女〉》
5. 仲华:《男女艺术冲动的比较》（英国霭理斯）

陶希圣的《新旧商品与新旧妇女》称，时至今日，妇女仍是"商品"。刘朗泉的《婚姻法中妇女的地位》称在"婚姻法"中"男女并未平等"。霭理斯（1859—1939）是英国思想家、文艺批评家、性心理学家、西方现代性学的奠基人。金仲华的文章论及霭理斯《猥亵论》、《性的心理研究》、《爱的童年》等重要作作品，涉及"性""恋爱""道德""文明"等敏感的话题，且对霭理斯敬慕有加，从而遭来守旧派的围堵。尽管文章不是叶圣陶写的，但在守旧派看来叶圣陶才是真正的"罪魁祸首"，急不可待地要把他撤换下来。叶圣陶觉得与商务当局很难"共事"，干脆一走了之，离开商务，到开明书店任职。

第九章

花心血培植《中学生》杂志

一、"文章病院"与讨蒋檄文

1931 年 3 月，叶圣陶来到开明书店当协理，主编《中学生文艺》和《中学生》杂志。《中学生文艺》创刊于 1930 年冬天，每年出一册，1934 年改为半年刊，自 1935 年始改为季刊，专门刊登青年学生写的"文艺短论"、"小说"、"随笔"、"游记"、"诗歌"、"戏剧"和"读书笔记"，叶圣陶在为该杂志写的介绍辞中说："《中学生文艺》是中学生的好伴侣，是中学生的攻错石，是青年文艺的渊海，是青年心理的镜子。"《中学生》杂志创刊于 1930 年 1 月，最初由夏丏尊主编，他在《发刊辞》中说：

合数十万年龄悬殊趋向各异的男女青年于含混的"中学生"一名词之下，而除学校本身以外，未闻有人从旁关心于其近况与前途，一任其彷徨于纷叉的歧路，饥渴于寥廓的荒原，这不可谓非国内的一件怪事和憾事了。

我们是有感于此而奋起的。愿借本志对全国数十万的中学生诸君，有所贡献。本志的使命是：替中学生诸君补校课的不足；供给多方的趣味与知识；指导前途；解答疑问；且作便利的发表机关。

《中学生》杂志自始就像和煦的春风，熏沐着"年龄悬殊趋向各异"的"中学生"。1931 年 3 月号（总第 13 号）起，改由叶圣陶主编，唯一的助手就是他的夫人胡墨林。胡墨林（1893—1957）浙江杭州人，毕业于北京女子师范，曾在苏州女子高等小学、南通女子师范、甪直镇吴县第五高等小学任教。有她当助手，当然再好不过了。

叶圣陶在为《中学生》作的介绍辞中说：《中学生》"充满着进步的、活跃的精神"，是中学生"生活上的密友，课外的知识库"，是"为中学一切利益而努力的刊物"。他"每天看几十封来信"，从而能准确地"把握住青年人的情绪和需要"，使《中学生》"紧密地渗透在那个时代青年人的生活、知识与思想当中"。[①] 在谈到主编《中学生》的体会时，叶圣陶说：我只觉得自己是融和在青年的队伍里，"融和在青年的队伍里是我们的安慰，跟并世的青年心心相通是我们的欢快，所以我们不怕阻碍和困难，宁愿这个事业"。[②] 数以万计的学生家长把《中

---

① 王天一：《你所知道自己》，《中学生》1946 年 8 月号。
② 王思澍：《我也是〈中学生〉的老朋友》，《中学生》1946 年 5 月号。

学生》称为"子弟杂志",把主编《中学生》的夏丏尊和叶圣陶称为中学生的"保姆";青年学生把《中学生》称作"课余良伴",把夏丏尊和叶圣陶推崇为他们最敬佩的良师益友。叶圣陶以《中学生》为园地,给"数以万计的中学生"提供精美的精神食粮,又以《中学生》为课堂,指导青年学生"怎样学习,怎样做人,怎样了解时事,怎样认识我们民族的危机和将来努力的途径"[1],懂得如何去"爱",如何去"恨"。值得介绍的专栏有很多,这里先介绍"文章病院"。

《中学生》1932年2月号开设"文章病院"专栏,"把看到的病的文章一字一句的来下诊断治疗的工夫","把文病指示给初学作文的人,叫他们不要重蹈覆辙"[2],首批"收容"诊治的"病患者"是:《第一号病患者——辞源续编说例》,《第二号病患者——中国国民党第四届第一次中央执行委员会全体会议宣言》,《第三号病患者——江苏省立中等学校校长劝告全省中等学校学生复课书》。叶圣陶在《〈文章病院〉规约》中说:"本院只诊治病患者本身——文章,对于产生文章的作者绝不作任何评价,毫无人身攻击等卑劣意味。"1933年1月号《中学生》(总第31号)收容了第二批"病患者",即《第四号病患者——今后申报努力的工作》,叶圣陶在《编辑后记》中说:

去年本志二月号曾刊载"文章病院"一次,颇得到读者界的赞许。说,"国文教师因为学生的文卷太多,总不能像这样仔细批改;而学生的文字确需要这样仔细批改,使他们知其然又知其所以然;否则第一回错了,经先生改正,第二回还是错,大家白

---

① 觉民:《我和〈中学生〉》,《中学生》1946年1月号。

② 霜香:《文病枝谈》,《中学生》1947年1月号。

费心力。'文章病院'里所批改的文字诚然不是学生写的；但学生知道了人家的错误，又知道了这些错误应该怎样改正，到自己动手的时候，也就不会犯这些错误了。'文章病院'功德无量呀！"听到这样的赞许，我们一方面感到惭愧，一方面更欲奋勉。只因琐事较多，又恐引起误会（我们录人家的文字原不过取来作例，若被认为别有用心，岂不就引起误会了？）所以不曾续作。但是，读者来信要求续作的事实在太多了；我们对他们差不多负有一种责任，再不能贪图省事，顾虑旁的。于是，"文章病院"又在这一册里出现了。以后虽未必能每期都有，但决不致像去年那样间断到八期之久，这是可以预告的。

《编辑后记》重申了《〈文章病院〉规约》中只"诊治"文章的"病状"，纯属"写作技术"。1933 年 5 月号《中学生》（总第 35 号）收容的第三批"病患者"是《第五号病患者——初级中学国文教本编辑条例》和《第六号病患者——禁运军火案》。这六位"患者"中，叶圣陶"诊治"了三位，即《第一号病患者——辞源续编说例》、《第二号病患者——中国国民党第四届第一次中央执行委员会全体会议宣言》、《第四号病患者——今后申报努力的工作》。给"文章"治病，不可能不牵及"作者"。语言问题终究还是思想问题。在"诊治"国民党四届一次全会《宣言》时，叶圣陶抓住"病患者"欲盖弥彰、不能自圆其说的段落，寻根刨底，揭出"病"因。1931 年 12 月 23 日，国民党召开了中央四届一次全会，全会的《宣言》在谈到"党"的任务时说：

"一致对外"为本党与全国人民共同之呼声。大会认为尚有急需注意者。国内生产日渐衰落。因生产衰落而社会经济逐渐崩溃。因社会经济逐渐崩溃而失业日多。因失业多而赤匪之焰张，……

这段话显然是国民党反动政府"消极抗战"的辩护词，也是实行"军事围剿"和"文化围剿"的动员令。叶圣陶从写文章的常识讲起，从《宣言》前后不联贯的地方切入，揭露国民党反动派的用意。他在"诊治"时说：

这里"国内生产日渐衰落"一语非常突兀。要说"日渐衰落"，前面就不能不说出原因，下文说"逐渐衰落"，说"日多"，说"更益衰落"，前面都说出原因，便是明证。再设一个譬喻：遇见一个朋友，突然对他说道，"我的身体日渐衰弱"，朋友必将问道，"为什么呢？"这就因为没有说明身体日渐衰弱的原因。如果说明因为什么什么病，故身体日渐衰弱，朋友就明白了，不会再问了。生产衰落岂是无因的呢？就常识着想，这里大可说我国因帝国主义之侵略与连年不息之内战，而"生产日渐衰落"。……这样，至少在文字上是过得去了。

这显然是在启发读者深思：既然"帝国主义之侵略与连年不息之内战"是导致"国内生产日渐衰弱"的原因，《宣言》不讲"一致对外"，反倒强调"赤匪之焰张"是"急需注意者"，这样做居心何在？看起来，叶圣陶的确是在"剖析文章本身的毛病"，但击中的却是国民党反动派投降卖国的丑恶嘴脸。

1930 年代的上海，处在文化"围剿"与"反围剿"斗争的最前沿。和所有的进步人士一样，叶圣陶面对的是"流氓、侦探、走狗、刽子手"，敢于向国民党中央全会的《宣言》开刀，是要有胆识的。叶圣陶还在《中学生》1933 年 5 月号"卷头言"《五月》中，指名道姓地抨击蒋介石。文章在谈到"国耻"时说：

讲到"国耻"，最近两年来我们所经受的可谓"耻"到极顶。国土失去了四省！同胞被杀戮的不计其数！若与"五三""五七""五九""五卅"那些事件相比较，那些事件将见得轻微不足道。可是反而不见有将定一个日子，题上"国耻"字样的事情。这大概因为可指的日子太多了，除非统而言之曰"国耻年"，不然便没有办法的缘故吧。

最近秦皇岛又失陷了，据报纸记载，"我军安全退出"。这教人啼笑俱非的"安全退出"四个字，与张学良的矢志不抵抗，汤玉麟的存心放弃热河，中央政府的满口"整个计划""全盘计划"而终于没有什么计划，具有同等的激刺力。北平的古物是三批四批地搬到南边来了，教育当局命令北平各校把图书、仪器也搬走。大概敌军到什么地方，什么地方的"我军"就"安全退出"；这是真正的"整个计划！"至于古物、图书、仪器、"我军"之外的其他，那是不在"计划"之内的，被宰割，被毁灭，由他们去吧；这是"整个计划"的附则！

4 月 12 日，各报都载着军事委员长蒋介石在南昌对各将领的演说词，中间有这样的话："在匪未剿清之先，绝对不能言抗日，违者即予最严厉处罚。"而行政院长汪精卫氏最近到上海时的谈话，则谓"言战则有丧师失地之虞，言和则有丧权辱国之虞，言不和不战，两俱可虞。所以现时置身南京政府中人……无异投身火坑一样。"这都是坦白的话，痴心妄想地希望出兵收复失地的人可以取来参考的。

现在逢到五月里的几个纪念日，我们不禁起如下的感想。袁世凯和曹、陆、章之流受民众的诛罚固然不见苛刻，然相形之下，他们未免冤屈了。这是一层。所谓"国耻"者，到底纯由帝国主义给予我们的呢，还是帝国主义之外，尚有给予我们"国耻"者在？这在今天特别需要研讨。否则"多难兴邦"呀，"知耻近乎勇"呀，全是自骗自的梦呓；现在是"国耻"，将来将没有连得上"耻"字的国！这是又一层。

"给予我们'国耻'"的是国民党反动派。国民党反动派的罪孽，比卖国贼袁世凯、曹汝霖、陆宗舆、章宗祥之流还要深重得多。""现在是'国耻'，将来将没有连得'耻'字的国"，痛斥蒋介石卖国、丧国，倾诉的是作者对于民族前途和命运的忧思。

二、抨击"尊孔读经" 推崇"固有文化"

1934 年 2 月 19 日，国民党政府下令尊孔，规定（阴历）8 月 27 日为孔诞纪念日。"五四"新文化运动中，自吴虞提出"打倒孔家店"的口号后就交了倒运的孔老夫子，至此又复吉星高照，被抬上了祈求国泰民安和世界和平的神坛。读载道的经世名文，写载道的经世名文，禁授白话，采用文言，成了"党国"的政纲，写文言文，写旧体诗，呜呼噫嘻地随意曲解儒家学说，成了时尚。1933 年春，上海市中学毕业会考高中部国文科的题目是《礼义廉耻国之四维论》，赵遂之拔得头筹，请看他的"优秀试卷"：

礼义廉耻国之四维论

盖闻国之本在民，故观民风之媺恶，可觇国运之盛衰。昔者管子曰："礼义廉耻，国之四维；四维不张，国乃灭亡。"有旨哉！斯语也。盖治国者必先治民。民之相处也，不能无求，求而不得，则争端起矣；民之相处也，不能不交，交而不诚，则诈端起矣；民之相役也，不能无取，取而无节，则贪端起矣；民之相杂也，不能无别，别而不严，则无耻之端起矣。一国之民相争而不已，贪诈而无耻，则国且不国，其不底于灭亡者几希！故必有至人者出，制礼以止争，制义以化伪，劝之以廉，齐之以耻，然后国逎可兴焉。故曰："礼义廉耻，国之四维。"盖国之有此四维也：所以维民者也，所以维民使不争者也，所以维民使不诈者也，所以维民使不贪者也，所以维民使知耻者也。故国之有此四维也，若网之有纲，衣之有领，政治以之易行，风俗以之易化也。诗曰"泛泛扬舟，绋纚维之"，易曰"其亡其亡，系于苞桑"，言得其维者则昌，失其系者则亡也？呜乎！今之风俗日硗，四维废弛者久矣！有志者其亟起而图之。

这次"会考"，显然在是为"尊孔读经"推波助澜。"试卷"中所说的"交而不诚，则诈端起矣"（"义"）、"取而无节，则贪端起矣"

（"廉"）、"别而不严，则无耻之端起矣"（"耻"），完全违背了"本相"的"礼义廉耻"。叶圣陶当即写了《"礼义廉耻国之四维论"》[①]，从评论"试卷"切入，指出赵文只注重形式的整齐，声调的铿锵，只是鹦鹉学舌般地重复了社会上流行的一些浅薄空洞的论调而已，使人"仿佛觉得听了那些到处皆是的谭派须生戏"；进而指出这样"变相"的"八股"，"单只是在会考的时候'八股'一下还不要紧，倘若平日说话作文也是'八股'，甚至思想行为无不'八股'"，"我们实在有点觉得不寒而栗"！

众所周知，做八股文是"代圣贤立言"，是不准发表自己的意见的，正和优伶们袍笏登场一般。叶圣陶说赵文是"'变相'的八股"，一针见血地揭穿了"尊孔读经"的实质。赵遂之非但不接受批评，反倒写信骂叶圣陶是"狂妄人"，吹嘘自己"尝诵十三经，涉猎二十四史"，文章字字"必出于己"。最后恶毒地说："方今春寒料峭，先生固善于'不寒而栗'者，愿善自卫，勿使新文坛又弱一个！"[②]从赵的"试卷"和"通讯"可以看到，"尊孔读经"对于青年的毒害之深，看到1930年代"读经"和"文言"的风气之盛。像赵文之这类"'变相'的'八股'"，简直是"如雨后春笋似的萌芽起来"[③]。

面对来势汹汹的复古思潮，叶圣陶意识到"尊孔读经"就是"要把整个教育系统'读经化'"，其目的就是要给青年"以无形的桎梏"，窒息他们的思想和自觉，使他们驯若羔羊，蠢如鹿豕，"不至于出什

---

① 《中学生》1934年3月号。

② 《通讯》，《中学生》1934年4月号。

③ 胡钟达：《语体文之防御战——读〈礼义廉耻国之四维论〉以后》，《中学生》1934年5月号。

么乱子"，从而使统治者的"权势得以稳固，天下得以太平"①，于是
一一戳穿。他说"不担负研究古代文化的责任"的"中等学校学生"
不必"读经"，也不必"读古文"。那些还不知道"'经'为何物"，却
偏要教"中等学校学生"读经的政客、学者、教育家，是不惜"葬送"
青年来维护"封建势力的篱笆"。他说"古书是用古代的语言文字写
成的，不容易读懂"，"古书未经整理，涉及学术思想大都杂乱无章，
武断迷信，封建意识浓重，一般青年读者读了，非但得不到益处，还
可能中毒受害"，像那些"政客、学者、教育家"一样，"自己陷在没
落的退潮里，同时给前进的船加一点儿轻微的阻力罢了"。②

　　"复古"，当然离不开"文言"。1934 年，汪懋祖的"文言复兴"
论挑起了文言和白话的论战，形成了"大众语""文言文"和"旧白话文"
三个阵营。"大众语"主张纯白，"文言文"主张纯文，"旧白话文"
和当时流行的"语录体派"相唱和，主张"不文不白"③。叶圣陶是坚
定的"大众语派"，他说语言和文字应该统一，口头怎么说，笔头就
怎么写，提倡用语言来统一文字，写地地道道的白话文和新体诗，批
评"练习文言文可以使文章更美丽或有力"、作"典雅"的文言文是
引导学生向"高深"方面前进的模糊观念。当时，"旧瓶可以装新酒，
新瓶也可以装陈酒"的说法颇为流行。叶圣陶认为这些比喻是"不切
当"的。他在《关于读古文》④一文中说："酒和瓶是两种东西，而文
章的外形与内含却有连带关系。用白话做的文章固然可以有理论和思

---

① 丙丞（叶圣陶）：《"读经"》，《中学生》1933 年 9 月号。
② 《杂谈读书作文和大众语文字》，《申报·自由谈》1934 年 6 月 25 日。
③ 南山：《这一次文言和白话的论战》，《中学生》1933 年 9 月号。
④ 补之（叶圣陶）：《关于读古文》，《中学生》1933 年 12 月号。

想都很陈腐的，但用古文的格调写出来的文章决不能把现代的学术思想充分发挥。理由很简单：古人的语气不能表现代人的说话；而古书里的辞汇也不够做写现代文的运用。"在叶圣陶看来，在当时那个特定的时代，引导青年"写文言文"，"写旧体诗词"，其结果只会是诱使青年"离开了现实，忘记了自己，而去想古人的想头，说古人的话语，作古人的文章"①，慢慢地昏睡下去，成为"毫无生气"的"弱虫"②。这些观点，在今天看来不无偏激之处，但在当年都出自"愿中国青年都摆脱冷气"的期望。

二十世纪三十年代，与"尊孔读经""复兴文言"相对立的，是全盘否定"经"和"古文"的"左倾"思潮。叶圣陶既反对不加分析地把"经"捧为维系国运的"至宝"，也反对把儒家学说和"古籍"笼统贬斥为"坟墓""骷髅"的"左"倾虚无主义。他在《"读经"》一文中说："所谓'经'乃是古代的文化史料。在大学生及专门家，如果研究古代的文化，'经'是必要的对象的一部分。研究者对于研究的对象是取客观的态度的，既不奉为神圣，也不'斥为死物'，只还它个本来的面目。"他说中等学校学生不"读经"，不"读古文"，但也还有个了解和享受"固有文化"，接受"文化遗产"的问题。在谈及中学国文教学时，叶圣陶强调国文教材必须联系现实，使学生借国文的学习养成正确的人生观和世界观，深刻认识现实社会以及时代和历史的动向，同时也阐述了让学生了解和享受"固有文化"、接受"文化遗产"的"深远的意义"，真诚地希望教师"从文学史的见地选授历代的名作"，让学生通过认真阅读优秀的文学作品发展阅读能力，

---

① 《再读〈中学生的国文程度的讨论〉》刊《中学生》1935 年 4 月号"卷头言"。
② 《又开学了》，《中学生》1936 年 9 月号。

增进表达自己思想感情的能力，知道中国文学的源流和演变，并从中领会"先民的伟大高超的精神"，学习"历代的精美的表现方法"，"以产生我们的新血肉"。①

也正是出于要了解和享受"固有文化"，接受"文化遗产"的理念，叶圣陶和胡墨林编纂了《十三经索引》，点校了"明代传奇之总结集、汲古阁后之最善本《六十种曲》"，和开明同人筹划出版了《二十五史》和旨在"补各史表的重要著作总结集"的《二十五史补编》，对学术的研究和发展作出了重大的贡献。他在《〈十三经索引〉自序》中谈到编纂的过程的艰辛时说："历一年半而书成。寒夜一灯，指僵若失，夏炎罢扇，汗湿衣衫，顾皆为之弗倦。"这番话说出了他对于我国古代优秀文化执着的爱和严肃认真的学术品格。

三、崇尚传统美德 宣传"人粹"

1934 年 2 月，蒋介石在南昌行营发动了所谓"新生活运动"。这个运动，按照他在《新生活运动要义》里的解释是："国家民族之复兴不在武力之强大，而在国民知识道德之高超……提高国民知识道德，在于一般国民衣食住行能整齐、清洁、简单、朴素，过一种合乎礼义廉耻的新生活。"他还解释说"礼义廉耻者，就是规规矩矩的态度、正正当当的行为、清清白白的辨别、切切实实的觉悟"。联系当时"尊礼读经"的复古思潮，就不难看出，所谓"新生活运动"就是利用封

---

① 夏丏尊、叶圣陶：《〈文心〉（三十二）最后一课》，《中学生》1934 年 6 月号。

建的道德与文化来麻醉人民群众，按照封建的"礼义廉耻"，把人民群众驯化为政府的顺民和奴隶。在"新生活运动"的喧嚣声中，"新生活运动促进会""新生活运动劳动服务团"粉墨登场，打着"道德救国""人格救国"的幌子，鼓吹"道德"和"人格"，妄图把国人禁锢在"新生活"的怪圈里，沉寂下去。

叶圣陶以《中学生》为阵地，猛烈抨击"新生活运动"，但对"中国固有道德"，是非常推崇的。他总是追随时代发展的步伐，从服务民族、服务社会、服务民众的立场出发，不断地赋予"忠"、"孝"、"仁"、"爱"、"信义"、"和平"以新的标准和内涵，激励人们更加严肃地面对国土日蹙、主权日损的现实，自觉地担负起"反帝抗日"的责任和"振兴中华"的使命，不做"弱民"、"顺民"，"决不屈辱"，"为自己，为自己所属的群图生存和发展"，"一刻不也容缓"地进行"坚强的应战"①。他在《不成问题的读经问题》②中说我们现在仍然需要"忠"和"孝"，但"决不是《论语》所说的'臣事君以忠'的'忠'，《孝经》所说的'身体发肤，受之父母，不敢毁伤，孝之始也'的'孝'，而是对于国家和人民的忠诚和孝敬"。他还特别推崇儒家"仁者不忧，智者不惑，勇者不惧"，"好学近乎智，力行近乎仁，知耻近乎勇"的说教和美德，把"礼义廉耻"作为青年德业修养和优良习性的一项"理想"③。他真诚地告诫青年"少读中国书，多读外国书；少捧国粹，多捧'人粹'"④。叶圣陶在这里所说的"少读中国书"，主要是指"经"和"古文"。他

---

① 参见《前途》，《中学生》1932 年 4 月号"卷头言"，未署名，收入《叶圣陶集》第 12 卷。
② 参见《中学生》1937 年 5 月号"卷头言"，署名编者，收入《叶圣陶集》第 11 卷。
③ 参见《生活管理与生活指导》，《中学生》战时半月刊第 40 期，1941 年 2 月 5 日。
④ 参见《中学生》1937 年 6 月号《编辑后记》。

说"国学"、"国粹"、"国故"这些名词"不合理","太笼统",尤其是"国粹","以为我国固有的学问全是精粹,与别国不同","大有自尊和自夸的意味"①,但"先人之淑德嘉言,自当随时服膺",我国历史上"足以模楷者,为数甚多,皆可垂型作则,为后辈师也"。② 也正是出于要"多捧'人粹'"的理念,《中学生》杂志特地开辟了"每月人物"专栏,每期介绍两人,一是外国名家,一是中国"人粹"。以《中学生》杂志 1935 年 1 至 6 月号为例,介绍中国"人粹"的文章依次为《从李鸿章说到国难》(息予)、《明代畸人唐寅与徐渭》(张同光)、《颜习斋与李刚主》(王容)、《翁同龢》(宋云彬)、《屈原》(郭沫若)、《林则徐》(云彬)。分别介绍李鸿章"在万难中艰苦奋斗的精神",唐寅"明快的性格",徐渭的耿直、豁达,颜习斋和李刚主"热烈的用世之志","在日常行事中求学问,耻以空言立教",翁同龢在甲午战争时主张"对日用兵"、戊戌变法时"主张变法"、"跟着时代走"的"书生本色",屈原"宏伟端直而又娟婉"的"气魄";林则徐"不畏强御外"的伟美情操,激励青年服膺先人,珍惜年华,奋发有为,切不可消极苟安,悲观颓丧。叶圣陶自己也在《中学生》上先后发表了《书匡互生先生》③、《悼匡互生先生》④、《追怀李石岑》⑤、《学习鲁迅先生的真诚态度》⑥ 等一系列宣传"人粹"的文章。匡互生是五四运动中火烧赵家楼的英雄。叶圣陶在《悼匡互生先生》一文

---

① 《"国学"入门书籍》,《中学生》复刊号第 92 期,1945 年 10 月 1 日。
② 《不成问题的读经问题》,《中学生》第 75 号,1937 年 5 月 1 日。
③ 《中学生》1932 年 7 月号。
④ 《中学生》1933 年 4 月号。
⑤ 《中学生》1934 年 12 月号。
⑥ 《中学生》1934 年 12 月号。

中颂扬他"勇往直前的精神"和"刻苦耐苦的习惯"。在《书匡互生先生》一文的结尾说:"希望诸君看了献身于中等教育事业的匡先生的事迹,能够有所感动"。在《追怀李石岑》一文中,赞美李石岑"修己不懈,诲人不倦的精神"。叶圣陶钦敬鲁迅的"伟大"和"坚强",认为只要"人人有了他那样的精神",中华民族就会"真个得到解放"[①],号召青年"学习鲁迅先生所具有的对任何事情都十分真诚的态度",自觉地担负起"一份解放中国危难的责任",做民族解放的"斗士"。

四、赞美"穿'短打'之辈" 痛斥"学者"

1932 年 10 月,胡适分别在《独立评论》和《国闻周报》发表了《一个代表世界公论的报告》,对国联调查团关于中日问题的报告书,作了充分肯定。他说,报告中对于去年"九一八事变"和成立伪满州国的判断,"我们认为最公道","是丝毫没有疑义的"。报告中提出解决中日问题的十个条件,"如果承认日本在满州的条约上的利益,和承认满州的自治权,可以取消'满州国',可以使中国的主权与行政权重新行使于东三省,我认为这种条件是我们可以考虑的",对于"满州自治"一条,"我看不出有什么可以反对的理由",对于东三省解除武装问题,"我是赞成三省的解除武装的"。该文结尾说:

---

① 《鲁迅先生的精神》,《生活星期刊》第 22 号,1936 年 11 月 1 日。

如果这样严重的全世界公论的制裁力在这个绝大危机上还不能使一个狂醉了的民族清醒一点，那么我们这个国家，和整个文明世界，都得准备过十年的地狱生活。

与此同时，北平文教界江瀚、刘复、徐炳昶、马衡等三十多位"学者"，集会商讨，决定向南京政府上呈"明定北平为文化城"的意见书。意见书于 10 月上旬送交，江瀚领衔、刘复拟稿，要求将"北平的军事设备挪开"，用不设防来求得北平免遭日军的炮火。叶圣陶当即写了《"学者"》[①] 一文，予以抨击。针对胡适"报告"结尾的"地狱生活"论，叶圣陶斥责道："'我们这个国家'，劳苦民众不是早已在过地狱生活了么？何待'准备'？更何止'十年'？"针对"文化城"的论调，叶圣陶愤怒地说："依他们的逻辑，若把我国定为文化国，宣布我们连裁纸刀都销毁了，'尽其在我'岂不更到了家？这样，敌人会客气不作非分之想么？……我们知道东北数十万民众义勇军中没有一个'学者'！"接着，叶圣陶又在《"今天天气好啊！"》[②] 中，对"学者"的"媚日"和"圆滑"，进行挞伐。他在文章中说：

近来北平有许多学者主张定北平为文化城，撤除军备，免遭日本飞机大炮的蹂躏；但是在他们的意见书里，却只含胡地指称"敌人"，绝对不见"日本"二字。他们大概是这样想的：若在这"未雨绸缪"的意见书里交代明白，说为的是日本，未免太使日本难堪了。

---

① 《中学生》1932 年 11 月号"卷头言"。

② 《申报·自由谈》1932 年 12 月 1 日。

1936年4月12日，胡适在天津《大公报》发表题为《调整中日关系的先决条件——告日本国民》的"星期论文"，这篇论文和他以前发表的《敬告日本国民》（1935年10月3日）、《答室伏高信先生》（1935年11月30日），唱的是同一个调子。胡适认为"中日间积有仇恨，这不是东亚之福"，希望通过"调整日中关系"来"解除这种仇恨"，"调整的方式是双方让步"，中国将"东北三省永远放弃"。1936年5月10日，胡适又在《独立评论》第200期发表《关于〈调整中日关系的先决条件〉》，为自己放弃"东北三省"的谬论辩护。叶圣陶写了《胡适先生的幻想》[①]，对胡适这种"勇敢"的奴才式的"幻想"，迎头棒喝，指出"在万分严重的民族危机中，我们必须辟除这种可笑的错误的幻想，而切实地认定：要救亡图存，只有抵抗侵略。从狮子的口中夺食是不可能的，要把狮子制伏，我们才能免于狮子的吞噬！"

叶圣陶在批判胡适的同时，还在《读北平文化教育宣言》[②]中谈到"文化教育界"的两个弱点：一是"好为凭空之论"，"'中国''中国'不离于口，不绝于书，却往往忘了自己的'国籍'"；二是"好为妥协苟安之计"，"逆来顺受"，"缺乏心理上之守御力量"，使"野心者"铁蹄驰驱，"如入无人之境"，进而把革除这两个弱点提高到"我族前途生命之所系"的高度来阐释，希望"学者"能"深自悔之"，来一个"转变"，不忘"我族大众之要求"，"毋忘国耻"，"重实际而不取虚名"，"不惜牺牲"，作"最后之挣扎"。

---

① 《中学生》1936年5月号"卷头言"。
② 《申报》，1935年11月29日。

五、呼唤"赤热的真诚和明澈的理智"

1935 年秋，叶圣陶应苏州文艺青年的邀请在怡园举行一个座谈会。叶圣陶在会上说：近年来时势不同了，青年人都在追求进步，"他看见了小学校中每天有时事报告，国内和世界各地发生的新事情随时会汇集到小心灵里头。他看见了中学生功课虽忙，报纸杂志不可不读，常识方面，比较二十年前的中学生进步了。他看见了新书报很有销路。站在书店角落，好些人在那里贪馋地翻看陈列品，好些人专诚地跑来问'某某期刊到了没有？'他们之中，至少十分之六七是店员学徒。他们在店里为店规所拘束，不能够公然地看，只好把书藏在抽屉里或衣袋里，遇到相当机会，就偷偷地拿出来看这么一页两页"。"知道从前店员学徒只看小唱本或'哈哈笑'之类，至多也不过看看《岳传》、《三国志》之类，现在这突跃的进步并不是一个奇迹，乃是'时势教育迫着我们'每个人觉醒到不得不努力求知。……现在有些人还是停留在从前的模型里。然而，时势转变越急，他们终于要直跳起来，一齐赶上进步的路，这是可以断言的。"①

正是这种要满足"觉醒"的青年人"努力求知"的愿望，促使叶圣陶处处为青年着想。他和开明同人设立了"中学生劝学奖金"（奖金专作学费之用），以劝勉在校初、高中学生好好学习，还创办了"开明函授学校"，帮助广大失学青年通过函授完成中学学业。从 1930 年至 1937 年的八年间，叶圣陶以《中学生》杂志为园地，用优秀的文

① 白雪：《叶圣陶安居苏州》，《辛报》，1936 年 10 月 19 日第 2 版。

化哺育了一代青年。"为了替读者计划内容的充实，趣味的丰富"，叶圣陶"竭尽着全般的努力"，使《中学生》的"言论则务求能策励读者的奋勉精神；各科谈话则务求能指示读者以勉学方针；时事及科学则务求使读者与世界潮流接触；文艺及各种杂文则务求引起读者的兴味"①。青年学生都说"《中学生》是永远在进步的"，"始终保持着一种诚恳的毅力为我们青年努力"②，"不但年年在改进，而且期期在改进"③。《中学生》杂志先后开设过"中学生的出路"、"出了中学以后"、"致文学青年"、"我的中学时代"、"贡献今日的青年"、"革命者的青年时代"、"青年论坛"、"青年文艺"、"青年美术"、"地方印象记"、"学习指导"、"阅读指导"、"世界情报"（后改名为"内外情报"）、"时事瞭望台"、"每月讲台"、"每月人物"等专栏，以及"科学特辑"、"世界现势特辑"、"中国现世特辑"、"升学与就业特辑"、"读者特辑"、"文艺特辑"、"研究和体验特辑"、"非常时期教育特辑"、"青年与文艺特辑"、"华北与国防特辑"和"大学生写生特辑"，仅从这些专栏和特辑的名称，就可以看出《中学生》确实是青年的"知己"，处处给青年以"忠实的安慰和督促"。青年读者从中"学会了呼吸正义，诅咒黑暗"（陈原语）。黄炎培在给青年的题辞中说："现时青年对于读物的要求，一、实质上可以济知识饥荒，二、富于趣味。欲得实质与趣味兼美，莫如——《中学生》月刊、《新少年》半月刊，敬为绍介。"④

1936 年 1 月 28 日，上海《大美晚报·一·二八纪念专刊》在论

---

① 《一九三一年的〈中学生〉》，《中学生》第 10 号，1930 年 11 月 1 日。

② 陈晋：《读一九三四年的〈本志〉》，《中学生》1935 年 1 月号。

③ 忆秋：《一九三四年本志概观》，《中学生》1935 年 1 月号。

④ 《中学生文艺季刊》，第 3 卷 1 号，1937 年 3 月 31 日。

及国难日深的事实时说：

> "九·一八"以来有四年多时间，虽不怎么久，但所遭遇的
> 国耻已经打破中外古今历史的一切记录。有人估计这短短期间，
> 我国共丧失只以土地而论已有八百余万方里，比百年来满清共失
> 的土地还超过一百万方里，等于日、英、法、意、德、奥、匈、
> 比、荷、丹、瑞士十一国本国面积之和；换言之，也可以说是
> 等于四个法国，五个德国，六个日本，十个英国，六十个瑞士，
> 七十个荷兰，八十个比利时。这多够骇人听闻，照四年以来这样
> 的速度断送下去，再不了十年，全个中国便会送得干干净净。

也正是出自"救亡图存"的迫切的心情，叶圣陶在《中学生》发
表了一系列批判"国民性"的杂文。仅叶圣陶写的带有示范性的杂文
就有《"笼统病"》①、《关于青年的修养》②、《论非常时期的领袖》③、《到统
一之路》等十余篇。

《"笼统病"》批评"中国人"浑浑噩噩、糊里糊涂的心态。他说
"中国人一向都中了'笼统毒'，对于一切事物和现象，只是笼统地看，
笼统地想，从来不肯从合理的分析中求得明确的判断。……老是在玄
学里兜圈子"，结果造成思想上的惰性，对外来的学说和主义，"不是
囫囵吞枣地接受，便是不加思索地拒绝，很少有人肯加以正确的分
析和合理的判断"，进而指出"像这样不想把这近乎遗传的'笼统病'

---

① 《中学生》1936 年 2 月号"卷头言"。
② 《中学生》1937 年 1 月号"卷头言"。
③ 《中学生》1937 年 2 月号"卷头言"。

医治一下，那是永远不会有正确的认识和自觉的信心的"。劝勉青年"对于纷然四起的说教"不要盲从，一定要把"斟酌取舍之权"操在自己手里。

《关于青年的修养》着重批判"偶像"，指出反动派及其御用文人"鼓吹无条件地信仰偶像"，其目的就在于"养成青年盲目的、被动的服从性"，"造成一些供驱策的奴才"，竭诚地希望青年"能运用自己坚强的意志力量来克服不合理的欲望"，"着眼于国家"，保持"以社会为本位"的节操。

《论非常时期的领袖》揭露蒋介石集团的"独裁政治"和"暴力压迫"，指出不能"获得民众的信仰"，非但没有"做民族领袖"的资格，相反"必然要为群众所遗弃"。

《到统一之路》是叶圣陶为《中学生》1937 年 3 月号写的"卷头言"，文章着重诱引青年人思考什么才是真正的"统一之路"，希望大家警觉，不要被"文字游戏"所作弄，被含糊不清的所谓的"统一"的口号所遮蔽：

> 因为，我们都知道，有人说过中国是一个"文字之国"，许多字眼尽管如何说法，干下来的结果却又另是一个样子；假使我们只是盲目地守着这个"统一"的字眼，而不看它向那一个方向发展去，那最后的结果是怎么样，还是值得顾虑的。
>
> 在二十几年来的民国历史中，"统一"两个字不是没有人喊过的。袁世凯谈过"统一"，为的是要把中国统一起来，做他皇帝宝座的垫脚板；吴佩孚也谈过"统一"，他要用武力的统一来扩大他封建势力的统治。但这些统一运动结果都由荒唐的幻梦变

成破碎的噩梦，……当这些野心家利用统一的幌子，走了一段路程，要想"过路拆桥"时，他们立刻成为民众唾弃的独夫，断送了他们的政治生命了。

仅从这几篇杂文我们就不难看到叶圣陶当时的心情。无论是抨击反动当局鼓吹的"偶像""领袖论""统一论"，还是批评我们民族"软弱""文明""镇定"等"病害"，都是为了激励青年人"睁开眼睛"，认识"现今的世界"，振作、耐劳、坚忍、奋斗。他说只要青年们不悲观，能以"赤热的真诚和明澈的理智"与"各色各样的人"携手，"锲而不舍"地"爱国"和"救国"①，就一定会有光明的前景。他在《春假》②一文中希望青年学子利用"春假"，回到乡村去看看农村"破产"的现实，向民众宣传救亡的意义，结尾说了一段意味深长的话：

> 到乡村去，还有一点应当看看的。今年开头两个多月，天气特别寒冷，有几处地方，据老辈说，四十多年来没有这样严寒了。草木的芽迟迟不见萌发，耕种为主的农民叹着气，玩赏花木的"雅人"也叹着气，大家说，"春天不会来了！"但是，现在时交四月，草木的芽到底萌发了出来，绿色又遍满郊野了。这些从酷烈的寒冷中挣扎出来、解放出来的"新绿"特别值得看看，因为这可以鼓舞我们的热望，坚强我们的信念。

叶圣陶写的是"春假"，抒发的却是"忧患还须惜好春"的情怀，

---

① 《"爱国"和"救国"》，《中学生》1936 年 4 月号"卷头言"。
② 《中学生》1936 年 4 月号"卷头言"。

激励青年们与"酷烈的寒冷"搏斗，坚信"酷烈的寒冷"过后就是生气蓬勃的"好春"，"春天一定会到来"！也正是因为得到《中学生》的鼓励和提携，胡绳、吴全衡、彭子冈、徐盈等一批《中学生》的作者，后来都成了著名的学者和作家。无产阶级革命家、著名的马克思主义理论家胡绳曾经说过：全国解放以前，各个时期都有很多青年学生受过《中学生》的教益，《中学生》给了他们许多着着实实的有益的知识。那时《中学生》虽然不是直接鼓吹革命，宣传马克思主义，但是在促进青年思想进步，推动进步文化方面，确是起了积极的作用。在那艰苦的岁月里，叶圣陶和其他几位先生为培植这个杂志花了很多心血，他们的功绩是不可埋没的。①

---

① 胡绳：《我和〈中学生〉》，中国出版工作者协会编：《我与开明》，中国青年出版社1985年版，第43页。

第十章

挑灯校著忘昏昼

一、筹办《新少年》半月刊

　　1935 年 11 月 1 日出版的《中学生》杂志第五十九号，刊登了叶圣陶写的一则广告:《〈中学生〉的兄弟刊物〈新少年〉——一九三六年给全国少年带来一位忠实的新朋友》，郑重宣告为了纪念"开明书店创业十周年"，开明书店决定创办《新少年》半月刊，创刊号定于 1936 年 1 月 10 日出版。这则广告收入《叶圣陶集》第十八卷时改为《〈新少年〉发刊预告》，现抄录于下:

《新少年》发刊预告

一九三六年给全国少年

带来一位忠实的新朋友

本志是《中学生》杂志的兄弟刊物。

我们从口头、从书面，接到许多中学生读者报告说："《中学生》杂志上所登的材料还不够浅，我们只能看懂一半，希望你们把程度再降低些。"

可是我们的杂志叫做《中学生》，这《中学生》照学制系统所规定，包含着六个学级；所以我们只能把各学级所需要的材料平均分配于每一期的杂志中，而不使偏颇。要是我们真的把程度降低了，不也会有许多读者来责备我们所登载的材料太浅吗？这考虑，使我们觉得有另办一个程度较低的杂志的必要。现在出版的杂志，它们的读者不是儿童、小朋友，就是一般的知识阶级，其中适于高级小学及初中一二年级的少年们阅读的，却一种也没有。有这需要，有这环境，我们的《中学生》就自然而然派生出这个小弟弟《新少年》来了。

这则广告把《新少年》创刊的背景以及"读者对象"说得很清晰。《中学生》适宜于初中三年级、高中生乃至大学低年级的学生阅读，《新少年》"适于高级小学五六年级及初中一二年级的少年们阅读"。1935 年 12 月 1 日出版的《中学生》杂志第六十号刊登了《〈新少年〉创刊号内容一斑》，介绍《新少年》创刊号重要作品的"内容"，现抄录于下：

《〈新少年〉创刊号"内容一斑"（细目不及备载）》

文章展览　本栏所选的都是适合少年阅读的文章，读者读了选文，再看编者的讲话，好比跟着哥哥去看展览会，随时可以得到亲切的指引，也就随时可以得到新的了解与欣赏。本期所选的是朱自清的《背影》，由圣陶先生执笔写讲话。

科学与实验　学科学必须实验，本栏就是为引起读者发生拿试验管、螺丝钉或捕虫网的兴趣而特设的"鸟类标本制作法"，不但工具简单，而且切实易行。

少年阅报室　本室把每过去半月间国际及本国最重要的新闻用浅显的文字——在必要时并附简明的地图或图画——作一鸟瞰式叙述；对于每一件事，尽可能地指出它发生的根源、演变的趋向以及对社会的影响，使少年读者对于世界大势有清楚的认识。

科学世界　一条重要的科学消息，会影响到每一个人，这影响也许会比国际政局的演变，更为广大悠久。本栏搜集国内外重要的发明、发现、大建筑、大工业等的新闻，用浅近的文字来介绍于少年读者之前。

世界的动力（金仲华）　我们生活着的是怎样一个世界，这不是一个能够简单解答的问题。作者打算把地球比作一个大舞台，就人类活动的各方面加以趣味的叙述。其中有故事，有图画，看来决不枯燥，而能渐渐地引导读者对于我们的世界获得一个整个的认识。本文是开端第一篇，讲述地球里怎样包藏着种种潜能，为人类造成一个活动、发展的大舞台。

"看"的秘密（均正）　"看"有种种的秘密，有属于物理学的，有属于心理学，有属于生理学的，本文就是物理学的见地来解释"看"的秘密，文中附有实体照片三种，其中有两种是作者所手摄的，读者若是依照本文所说的方法（无需器械）去看，定会吃惊地见到那些照片好像突然悬空起来，和实物完全一样。

少年印刷工（茅盾） 这是写给十三四岁少年们读的小说，长约五六万字，在本刊上一年登完。主人公是一个十五岁的少年，并不愚笨，很懂甘苦，也不是没有志气。中途不幸失学，成了印刷所学徒，终于能够靠本领吃饭。作者借这少年人的就业故事提出了一些和中途失学的少年切身有关的问题：例如职业的选择，职业和知识欲的冲突，在业时的幻想和失望……等等。作者又借这少年人的职业生活量描写了现代的印刷技术。如何排版，如何铸图，如何印刷，凡此一切印刷常识都在主人公的生活斗争中关联了写出来。把现代机械所能做到的"奇绩"以代替神仙武侠的"奇绩"，把少年人的好奇、爱热闹的心理转一个方向，这也是作者企图达到的一个目标。

徘徊在歧路上的动物（克士） 地面上有着许许多多的生物。我们通常总把能够自由行动的生物叫做动物，把不能够自由行动的生物叫做植物。其实动植物的分别并不这样容易，作者告诉我们有许多微小的生物正徘徊在动植物歧路上，有些像动物，有些却像植物。

"月的话"（宋易） 安徒生童话中有一篇《月的话》，是借月亮的话来描写许多忧伤的故事的。本文作者借用了这个题目，让月亮讲述她自己的故事，一夜讲明年的两次月蚀，一夜讲最近报纸上发表过的月亮要崩碎的预言。

"**鸟言兽语**"（圣陶） 这是作者在写了《稻草人》和《古代英雄的石像》以后第一次发表的童话，藉麻雀和松鼠的游历故事，对于"文明"和"野蛮"的意义作深入的根究。

黄河之水天上来（丁晓先） 黄河水灾闹的好凶，有些地方当童子军的少年们，被派去为灾民募捐。为灾民募捐是一件好事，但是只知道有水灾要募捐，却不知道水灾是怎样情形，什么原因，究竟也不大妥当，这篇文章就供给了关于那一方面的知识。

击筑悲歌（云彬） 在畏缩退让的氛围中，荆轲刺秦王的故事该是一剂强心针吧。本文以短篇小说的体裁，截取荆轲临行时和朋友话别的两个场面。因为作者是学历史的，所以内容虽大半出之于想象，却不曾离开了历史的事实。

开天辟地（息予） 作者把我们人类过去的活动情形及其背景写成一串连续的故事，在这第一篇《开天辟地》故事中，先向少年读者介绍了琴斯氏的潮汐说，以说明地球的起源。

飞行记录机（均正） 这是一篇科学新闻特写，它告诉我们美国军事科学家怎样利用无线电来追踪空中飞机的位置。据说，这机器上有一幅大地图，地图背后是无数小电灯，飞机飞到那里，小电灯就会亮到那里，是航空上一种重要的安全设备。

小钞票历险记（子恺） 银圆收归国有，只有钞票还流落在民间。本文描写一张小钞票在这重大的转变期中回忆他过去的经历。他遭逢着种种的不幸，他看见了多样的人生。文中还附有作者手绘的漫画二十四幅，都富于诗趣，一定为少年们所喜爱。

　　这则《创刊号"内容一斑"》,至少能说明三点,一是《新少年》筹划已久,准备工作做得相当充分,创刊号在正式出版的前一个月就编排好了。二是列出了《新少年》重要的栏目,如文艺类的"文章展览"、科普知识类的"科学与实验"和"科学世界"、时事新闻类的"少年阅报室"等,让读者对《新少年》有个初步的认知。三是带有某种"导读"的性质,引导读者更好地阅读和欣赏。1936年1月10日,《新少年》半月刊创刊号出版,封底署社长:夏丏尊,编辑叶圣陶、丰子恺、顾均正、宋易。作为"首席"编辑,叶圣陶担当的是"总编"角色。他在为《新少年》半月刊出版写的另一则"广告辞"中说:"本刊主旨在教少年们'认识社会,欣赏文艺,了解自然。'所载文字除由编者撰述外,并特约国内著名学者撰稿。内容丰富新颖,文字浅显通俗。内有少年阅览室、文章展览、科学与实验、读报指导、新少年谈座栏,和许多趣味浓厚意义深刻的文艺作品等,都是新时代的少年们应有的智识,极适宜于高小五六年级和初中一二年级的学生阅读,堪称全国少年惟一的良友。"叶圣陶为创刊号写的《卷头言——新少年》,收入《叶圣陶集》第十八卷时改题名为《〈新少年〉发刊辞》,现抄录于下:

《〈新少年〉发刊辞》

　　新少年好像树枝上的嫩芽儿,虽然只是很细小的这么一粒,但是将来会抽出枝条,生出叶子,开出花朵,结出果子来。

　　新少年又好像一条活动的小溪流,虽然狭窄得很,也许一步就可以跨过,但是流将出去,会遇见滔滔不绝的河伯伯,也碰到汪洋无边的海公公。

嫩芽儿最怕的是生机不畅适，营养料吸收得不充足，太阳光难得见面，厉害的冷或是热突然地来侵袭，嫩芽儿的生机就不畅适了。不畅适的结果是枯萎，渐渐变成焦黑的一粒，再没有光荣的将来。

小溪流最怕的是流动不通顺。底下的泥沙慢慢堆积起来，旁边又给人放上了些乱砖石块，或者竟给拦着一道土坝，小溪流的流动就不通顺了。流动不通顺的结果是淤塞，渐渐变成停滞的脏水，再也别梦想什么河伯伯和海公公。

所以，新少年得随时随地努力，使自己成为一个生机畅适的嫩芽儿，使自己成为一条流动通顺的小溪流。现在，春天来了，新少年应该合起来唱：

我们要畅适地发展，把捉住光荣的将来。

我们要通顺地前进，归到那汪洋的大海。

"嫩芽儿最怕的是生机不畅适，营养料吸收得不充足，太阳光难得见面"，这简短的几句话导出了叶圣陶及编辑同人对于"新少年"教育现状和前景的忧虑。《新少年》第 1 卷 2 期《卷头言》也是叶圣陶写的，收入《叶圣陶集》第十八卷改题名为《怎样才是"新少年"？》，文中写道：

用一个"新"字加在"少年"上面，成为"新少年"。这个名称指示无其数的十多岁的人，可是并不包括尽所有的十多岁人，那些够不上称为"新少年"的，就得被挤到这个名称以外去。

读了书只知道死记，或者连死记的工夫也不肯下，一转身马上还给了教师：这样的人够不上称为"新少年"。明明有一双手，但是懒得劳动，不愿意去揩一张桌子，洗一件衣服，更不用制造一些用具，生产一些物品：这样的人够不上称为"新少年"。生长在一处地方，但是不明白那地方的各种真实情形，遭逢到一个时代，但是不明白那时代的各种真实意义，只是糊里糊涂，好像生活在梦里一般：这样的人够不上称为"新少年"。——说下去还可以说得很多，然而不必说了，单从上面的几句话，已经可以知道并非"新少年"的大概模样。

"新少年"是不死记书本的。书本固然是增进经验，取得知识的一种工具，但决不是唯一的工具。除了书本，还有实际的观察，亲见的历练，都可以增进经验，取得知识，使生活丰富起来。而且，两相比较，实际的观察和亲身的历练尤其重要。因为书本只是这些事项的记录，而实际的观察和亲身的历练才触着了这些事项的本身。人为要丰富生活，所以读书，生活是主，书本是宾。如果只管抱着书本，离开书本，就不肯用一点儿心思，费一点儿气力，那不是为生活而读书，却是为书本而读书了。"新少年"决不干这样的呆事情。

"新少年"是不怕劳动的。劳动是人类文化的总泉源。没有历代的人勤勤苦苦地劳动，就不会有今日这样的世界，就不会有我们这样的享受。世界的进步没有止境，享受的精美化和普遍化也还待继续努力，故而生在世上做一个人，就得贡献他的心思和气力，担任一部分的劳动。他自己的心思气力贡献出来，和别人的心思气力合在一起，创造成种种切实有用的事物。使目前的世界更进一步，使人类的享受更为精美而且普遍：这是各人肩膀上的责任，也是各人最高度的快乐。如果袖起手来什么都不做，专等别人去劳动，自己只想吃一点儿现成茶饭，那好像强盗去抢劫人家的东西一个样，是永远洗刷不清的羞耻行为。"新少年"决不干这种羞耻行为。

"新少年"是不会糊里糊涂过生活的。他不但读历史和地理，并且深切地了解历史和地理，在历史和地理交织的一点，他确定自己的生活态度。譬如，自己所属的国家是被压迫的中国，目前所遇的年代是世界战祸即将爆发的一九三六年，他知道在这交织的一点上，害怕和退缩只是趋向灭亡的路径，唯有昂头挺胸、向前奋斗，才会战胜黑暗，望见光明：这就是一种正当的生活态度。如果说，那是"大局"，我们年纪轻轻管不了。哪里知道世界上没有一个"大局"关系不到各个人的，你不去关心"大局"，"大局"会来牵你的头发，触着你的身体。"新少年"决不会说这种没出息的话。

《新少年》半月刊的出版，使我们很自然地联想起陈独秀主编的《新青年》。1916 年 9 月 1 日，陈独秀在《新青年》第二卷第一号发表的《新青年》一文中说："青年何为而云新青年乎？以别夫旧青年也。同一青年也，而新旧之别安在？自年龄言之，新旧青年固无以异；然生理上，心理上，新青年与旧青年，固有绝对之鸿沟，是不可不指陈其大别，以促吾青年之警觉。慎勿以年龄在青年时代，遂妄自以为取得青年之资格也。"叶圣陶和编辑同人创办《新少年》就是要使"高小五六年级和初中一二年级的学生"，真正取得"'新少年'之资格"，因而在"思想性""知识性""趣味性"以及文章的风格、图文的配置、叙事的方式等方面都从培养"新少年"这个基本点出发，让"少年们"爱看、爱读，看得有兴趣，读后有感悟，在"新"的知识和营养的滋养下，能"畅适地发展，把捉住光荣的将来"，能"通顺地前进，归到那汪洋的大海"。这里抄录《新少年》第二卷第一期的部分目录，"借一斑以窥全豹"，从中揣摩《新少年》的办刊理念和真实的品位。

《新少年》第二卷第一期目录（1936 年 7 月 10 日）

插图

法国的防毒幕（封面）高尔基逝世纪念日（封里）

犹太人和巴勒斯坦（卷首）人造雨的理想（卷首）

为学如登山（扉画）	子　恺
一个夏天的故事	丏　尊
犹太人	彬　然
敌人蹂躏东北民众的自白	王文川译
战与和（历史小品）	云　彬
伤寒（医学小品）	余在学
胡适的《差不多先生传》（文章展览）	圣　陶
地路保太小行星	宋　易

高尔基逝世纪念特辑

悼高尔基	徐调孚
高尔基的少年时代	田惜庵
自由思想者（小说）　高尔基著	执钟译

谈蛇	管维霖

少年印刷工（长篇小说）　　　　　　　　　　茅　盾

海边植物　　　　　　　　　　　　　　　　　陶秉珍

珍珠米（美术故事）　　　　　　　　　　　　丰子恺

碳的化合物（科学与实验）　　　　　　　　　顾均正

亚林匹克运动大会　　　　　　　　　　　　　器　重

人造雨　　　　　　　　　　　　伊林著　董纯才译

　　　　新少年座谈（略）

　　　　少年阅览室（略）

编者的话　　　　　　　　　　　　　　　　　编　者

补白

战争的幻觉　　　　　　　　　　　　　　　　　Ｋ

章太炎轶事　　　　　　　　　　　　　　　　　Ｋ

防毒幕　　　　　　　　　　　　　　　　　　编　者

　　内容涉及国内外的时事，以及战争、科学、历史、地理、文学、医学、体育、植物学等各个方面，真的是太"现实"也太"广博"了，而所有这些在"教科书"上都很难学到的。最值得注意的至少还有两点，一是《新少年》从创刊号开始就发表"少年"的作品，创刊号卷首就刊有柳如金、柳逢春和秋叶心制作的三帧贺年卡，丰子恺还在同期刊登的《贺年》一文中对这三帧"贺卡"作了评点，赞扬孩子们的天真和创意。《新少年》第二卷第一期"新少年座谈"专栏里的一组文章共六篇，都是"少年"的习作，这对广大"新少年"是一种无形的激励和鼓舞。二是国内著名学者撰写的文章都很亲切简洁，极具引导性和启发性，循循善诱，催人奋进。请看《新少年》第二卷第一期夏丏尊的《一个夏天的故事》：

一个夏天的故事

这是希腊苏格拉底的轶事：苏格拉底曾当过兵，参与过战争。有一回，战后和许多兵士在旷野中行走，天气很热，大家已渴得难耐了。忽然在路旁发见一条小溪，清冽的水潺潺地流着。许多兵士都纷纷到溪边用手搯水，畅饮称快，苏格拉底却立着不去饮水。别的兵士奇怪了，问他："为什么有这样的好水不饮？"他回答说："我正渴得难耐，想试试自己的克己的功夫究有多少，预备忍耐到不渴为止。"

一年四季中，炎夏最为人所畏惧。一般人都把夏季看做灾难，要设法解消它，避免它，至于有"消夏""避暑"的名称。俗语说"过夏好比过难"。夏季的苦难原是很多的，容易生病咧，烈日如焚咧，蚊蚤叮咬咧，汗流浃背咧，热闷难熬咧，……历举起来，说也说不尽。这种苦难如果照上面所举的故事说来，都可以作为锻炼修养的机会，而且都是最切实没有的机会。苏格拉底在西洋被称为千古的圣人，他的奋斗修养当然是无时无地懈怠的，这故事中所告诉我们的只是某一个夏天的事，而且只是关于渴的一件事。如果类推开去，应用是可以很广的。我们原不一定希望成圣人，把这样的精神学得一二分也就受用不尽了。

"怎样过暑假？"少年们作的这类题目的文章是我所常常见到的。文章里面大都"一、二、三、四"地分了项目，说着许多过暑假的预备，读书应该怎样，救国工作干些什么，修养该注意些什么，各人都定得井井有条。在我看来，这些大部分都不免是抽象的空言。最要紧的是"在事上磨炼"。苏格拉底的故事，是"在事上磨炼"的一个好例。这故事是我多年前偶然在某一本书上见到的，对我印象很深，每到夏天，更记忆起来。我有生以来未曾尝过往庐山、莫干山避暑的幸福，自丢了教鞭改入工商界以后，连过暑的权利也早已没有了。每当苦热难耐的时候，就把这故事忆了来消遣。这故事是我的清凉散，现在也来贡献给少年们。

苏格拉底是古希腊时期的思想家、哲学家和教育家，与柏拉图、亚里士多德并称"希腊三贤"。夏丏尊讲述苏格拉底"忍渴"的轶事，鼓励"少年们"要"在事上磨炼"，用实实在在的"行"来把自己"磨炼"为"新少年"。作为"总编"，叶圣陶不仅为《新少年》半月刊作总体的设计，还写了许多稿子，仅发表在"文章展览"专栏里的文章就有朱自清《背影》、茅盾《浴池速写》、徐志摩《我所知道的康桥》、苏雪林《收获》、郭沫若《痛》、夏丏尊《整理好了的箱子》、巴金《朋友》、丰子恺《现代建筑的美》、赵元任《科学名词跟科学观念》、邹韬奋《分头努力》、胡愈之《青年的憧憬》、胡适《差不多先生传》、老舍《北平的洋车夫》、夏衍《包身工》、俞庆棠《给上海学生请愿团的一封公信》、尤炳圻《杨柳风序》、蔡元培《杜威博士生日演说词》、沈从文《辰州途中》、徐盈《从荥阳到汜水》、鲁迅《看戏》、萧乾《邓山东》、刘延陵《水手》、周作人《小河》及丁西林《压迫》。这24篇评论结集为《文章例话》，由开明书店于1937年2月出版，被青少年誉为"阅读欣赏"的范文。

二、主编《月报》"文艺栏"

1937 年 1 月 15 日，综合性文摘型刊物《月报》创刊，内容分为政治栏、经济栏、社会栏、学术栏、文艺栏和参考资料栏，分别由胡愈之（政治）、孙怀仁（经济）、邵宗汉（社会）、胡仲持（学术）、叶圣陶（文艺栏和参考资料）担任主编。夏丏尊任社长。出至第七期因"八一三"战争停刊。《月报》第一卷第一期卷前语《这一月》中说：

> 《月报》的发刊，并不是偶然的。现在国内发行的日报、三日刊，周刊、旬刊、半月刊，季刊、年刊，虽然并不算多，也有一千种以上。如果再加上一个月刊，就整个文化事业来，不见得有什么大道理。我们并不想这样做。我们倒觉得现在期刊物的数量，就其在出版事业中间的比重来说，已经嫌太多。最近几年来定期刊物增加的比例，要比新书增加的比例大的。为的是杂志定价低廉，适合一般读者的购买力罢！但是大部的杂志，形式、内容都是千篇一律的，甚至执笔者，也都不过是这少数几个人。在这种情形之下，纸墨和排印工的浪费是不待说的。说到最后，依然是读者吃了亏。因为刊物的种类和数量太多了。每一种刊物都有值得一读的文章，但是也都有不值得一读的文章。如果把所有的刊物都读过，不用说平常人没有这么多的钱，就是时间也不许可。
>
> 为了要弥补这一个缺点，我们才想起，创办这么一个综合刊物：把国内外的一切意见，主张，创作，感想，新闻，报道，图

书，歌曲，地图，统计表等，都经过一番选择剪裁：搜集在一本
册子里。为的是每一个月发行一次，所以就简称《月报》，此外
自然更用不到再加上什么牌记了。

接着谈到出版界存在的"单调，紊乱和不平均发展"，"销路比较
大些的刊物，内容都苦于单调，意见和主张，往往是千篇一律"，"说
得好些，是有组织的文化，说得不好些，那就是新八股了"。至于"文
化界"的问题就更严重了，"在这里只有门户，阀阅宗派，却无所谓
'标准'"。为了扭转和矫正这个局面，开明书店决定出版《月报》，在
谈到《月报》的"愿望"时说：

> 我们立意要使《月报》变成一个文化的苗圃，作品的展览会，
> 定期刊物的样子间。这又好比是一个植物园，寒带，温带、热带
> 所出产的无数的奇花异草都在这里面栽植着，但尽是些精选的
> 品种，纯粹的标本，却不让一根杂草生长着。这样，对于矫正单
> 调、紊乱、不平均发展这三个倾向，应该多少有一些效果罢！

《月报》的出版是出版界和文化界的一件大事。中国报纸杂志的
发展，早就需要一本简明的杂志的综合和一份报纸的综合。在谨慎地
充分地选择文字，节省读者的宝贵的时间，并在极低贱的代价下，来
满足一般读者亟亟要求广泛的知识和信息的需要。《月报》的出版正
是迎合了这一需求，因而受到普遍的欢迎，读者都说《月报》给了他
们一本"杂志的杂志"和一份"报纸的报纸"，给了"一个知识的总汇"。
我们不妨先来看看《月报》第一卷第一期"政治栏"的目录。

《月报》第一卷第一期（1937年1月15日出版）

政治栏

政治情报

一九三七年的展望

（一）金仲华（二）江问渔（三）胡适（四）张东荪

（五）陈豹隐（六）钱俊瑞（七）顾颉刚

现代战争论	杨 杰
在抗敌最前线	
绥东地理上的重要性	张印堂
绥东北地形军事经济图	黄埔月刊
百灵庙战役之经过及其教训	长 江
论绥远战争	Vigilis
红格尔图的民众抗战	槐 枝
记彭毓斌师长	益世报
飞绥记	黄炎培
关于西安事变	中央社
一个外国报纸的意见	字林报
七年来之蒋张	曹 渤
西安事变目击谈	蒋方震
冯玉祥先生访问记	新民报
马占山将军访问记	宓 弘
漫画的一月	
日本之南进论与北进论	堀真琴
上广田首相书	永田毂

日本人民阵线的扩大	庐　吟
新神圣同盟的法西斯集团	向坂逸郎
法西斯集团的破绽	石滨知行
德日协约签订以后	列　山
论疯狗之类	屈　轶

英意协定与西班牙战争（略）

　　仅从胡愈之主编的《月报》的"政治栏"，我们就能看到《月报》至少有三大特点，一是视野开阔，取材范围极大；二是广纳百家，各种有代表性的观点和有价值的情报，尽量收揽；三是编辑有中心，同性质的文章放在一起；四是材料排列，在复杂中力求统一，全无一点杂凑的痕迹。《月报》不单是"杂志之杂志""报纸之报纸"，还是"精华之精华"。再看叶圣陶主编的《月报》第一卷第一期"文艺栏"：

《月报》第一卷第一期（1937 年 1 月 15 日出版）

文艺栏

文艺情报

（1936 年）十二月的文艺产物

（1936 年）十二月上海开演的优良电影

春（油画）	Pedlro Da Valoucia
林间（木刻）	Agnes Miler Porkar
一片土（小说）	芦　焚
集成四公（小说）	蒋牧良

国策（小说）		云　彬
伦敦	高尔基作	须旅译
伦敦博物院		佩　弦
雪夜（小说）		端木蕻良
沃尔睁		郭沫若
揉核桃的中国人	Cordes 作	凌霜译
怀亡友鲁迅		许寿裳
我怕		景　宋
自由魂（剧本）		夏　衍
《日出》批评		谢迪克
美国戏剧家奥尼尔		鞏思文
论中国诗的顿		朱光潜
谈韩文		知　堂
谈方姚文		知　堂
在新卡尔加斯基的草原上（民歌）		劳曼译
咱们（诗）	斯米尔伦斯基作	孙用译
狱中杂感（诗）		沈钧儒
村中夜话（诗）		丹　麦
上起刺刀来（歌曲）		施　谊
为什么英国人喜欢萧伯纳	艾温思作	毛如升译
高剑父的画		温源宁
音乐的危机	H·Eislers 作	草微译

就作品而言，都是上乘之作。"文艺情报"，分列甲、乙两部，甲

为"中国之部",乙为"世界之部"。"中国之部"内容包括"文艺团体及会议""图书及出版""文学界""文艺理论及文艺批评""戏剧及音乐""电影及歌咏""绘画及雕刻""通俗文学"等方方面面,搜罗精细,真可谓世界之大苍蝇之微,无所不容。以《月报》第一卷第七期(1937年7月15日出版)为例,"文艺情报"中的"文艺团体及会议"一项就列有:《高尔基纪念会》、《笔会大会》和《杂讯》等三个大类。现将《高尔基纪念会》的信息抄录于下:

(一)京中苏文化协会三日开理事会议,梁寒操代主席,通过刘延芳、姚蓬子等十二人为会员。十九日上午假新都大戏院举行高尔基逝世周年纪念大会,到千余人。首先由理事梁寒操致开会词,继请苏联驻华大使鲍格莫洛夫及中央党部代表费侠女士演说,旋由田汉报告高尔基史略。报告毕,先后由影星胡萍女士朗诵张西曼所译高氏之《海燕》,张沅旺唱挽歌,再由中国戏剧学会表演《母亲·序幕》。最后演苏联电影《沙皇铁蹄》,该片描写事实,高氏曾积极参加,故放映用以纪念。(二)中苏文化协会上海分会于十八日十七时三刻假上海大戏院举行高尔基逝世周年纪念会,邀请苏联大使鲍格莫洛夫、胡愈之等演说,由新生合唱队合唱高氏之《囚徒之歌》,业余歌咏团合唱纪念歌,并映《沙皇铁蹄》。(三)北平青年协会、作家协会、草原社等十余团体本定十八日举行高尔基逝世周年纪念会,因地址问题是日未克举行。经向各方接洽,于廿日下午假东大南校补行纪念仪式。到曹靖华、孙席珍及各文艺团体会员等三百余人,由孙席珍、曹靖华等相继演说,词毕由诗歌杂志社江篱诵读高氏《海燕》。

可见叶圣陶及编辑同人的编辑工作做得极为认真和细致。在主编《月报》"文艺栏"的过程中，叶圣陶虚心接纳"读者的意见"。《月报》第一卷第四期卷前语《这一月》中说：

> 文艺栏最感困难的，是作品的选择问题。选择好的作品，比选衣料的颜色都难，因为不论什么颜色，一定有人中意，也有人不中意。因此颇有一些读者们对于《月报》选载小说、杂文的标准，表示怀疑。在我们还没有想好较能满意的标准之前，现在索性不登作品，看看大多数读者的意见，到底怎样？又这一期，关于纪德和章太炎两人的文字，登在一起，是偶然的，却也并不完全是偶然的。

1937 年 4 月 15 日出版的《月报》第一卷第四期"文艺栏"虽说没有刊登"选载小说"，但世界著名油画、水彩、木刻和雕刻多达 12 幅，丰富了读者对于"文艺"的欣赏和享受。"论文学的美"、"纪德"、"章太炎"三个专栏的文章也特别精彩，现将这三个专栏的目录抄录于下：

论文学的美

文学的美	梁实秋
与梁实秋先生论《文学的美》	朱光潜
再论《文学的美》答朱光潜先生	梁实秋
文学与辩证唯物论	John Strachey
艺术与人生	周　扬

　　"关于纪德和章太炎两人的文字，登在一起，是偶然的，却也并不完全是偶然的。"卷前语《这一月》中说的这几句话值得玩味。纪德 1869 年 11 月 22 日生于巴黎。在二十世纪三十年代，他迅速成为共产主义者。1936 年 6 月 17 日，应苏联当局邀请，同几位青年作家访问苏联。归国后发表《访苏联归来》，猛烈批评苏联当局，并宣称怀疑共产主义。鲁迅的《二三事》，最早印入 1937 年 3 月 10 日在上海出版的《工作与学习丛刊》之一，编入《且介亭杂文末编》时题名为《关于太炎先生二三事》。章太炎（1869—1936）是清末民初思想家，史学家，小学大师，朴学大师，国学大师，民族、民主主义革命者。鲁迅热情洋溢地赞扬道："考其生平，以大勋章作扇坠，临总统府之门，大诟袁世凯的包藏祸心者，并世无第二人，七被追捕，三入牢狱，而革命之志，终不屈挠者，并世亦无第二人。"与此同时，鲁迅也指出，章太炎在辛亥革命以后，"既离民众，渐入颓唐"。《月报》把纪德和章太炎登在一起，明显是在阐释鲁迅坚持革命，反对倒退的立场。看似"偶然"的巧合中寄托着"并不完全是偶然的"良苦用心。作为"编辑出版家"的叶圣陶与一般"编辑"的区别就在这细微的地方，同时也是最深刻，最能让人警醒的地方。

　　与此相对应的是，叶圣陶尽量满足读者的需要，不断提升"文艺栏"的水准。当他和编辑同人"选好较能满意的"文艺作品后，就信心满满地选登出来，与读者共赏。且看《月报》第一卷第六期"文艺栏"的目录：

前线进行曲　　　　　　任钧作词　　周巍峙作曲

青年进行曲　　　　　　田汉作词　　星　海作曲

　　《月报》第一卷第六期卷前语《这一月》中说："由于许多读者要求的结果，从本期起，重行登载文艺作品。这一期所选的，有一篇小说，一篇长诗，两篇剧本，二首歌曲。我们自信选择地相当精严。但因此却占去了许多的篇幅，其余性质不同的文章，只好这一期暂缺。以后《月报》登载作品，打算仍旧抱定宁缺毋滥的原则。有十分出色的就选上去，没有就不选。此外本期文艺栏的选文，值得推荐的是《肤施的话剧与〈活报〉》一文。读者可以和文艺写真栏的插图参看，这些都是不可多得的材料呢。""宁缺毋滥"，是认真，也是自信。

　　《月报》的出版，的确在"出版界放出一朵灿烂的奇葩"，在不算十分厚的册子里，能把国内外一切意见、主张、创作、感想、新闻、报道、图画、歌曲、地图和统计表等，都搜集在内，给读者们提供"一个智识的乐园"。广大读者都怀着一腔热烈的新希望，希望《月报》越办越好，只因抗战的全面爆发，1937 年 7 月 15 日，《月报》推出第一卷第七期后就停刊了。叶圣陶主编的这七期"文艺栏"还有两个特色，一是汇集了一批"抗战题材"的木刻，仅在《月报》第一卷第四期刊登的木刻就有《举国共国殇（祭拜"绥战阵亡烈士"）》（张谔作）、《汽笛响了》（罗清桢作）、《中国之保卫》（新波作）、《救亡的歌声》（陈烟桥作）。二是刊登了一批"抗战"和"革命"题材的歌曲，如第一卷第一期《上起刺刀来》（施谊作词，周巍峙作曲），第一卷第二期《我们的家乡》（沙梅作词及曲），第一卷第三期的《春天里》（关露、贺绿汀作歌，贺绿汀作曲），第一卷第四期的《保卫玛德里》（麦新作歌，吕骥作曲），第一卷第六期的《前线进行曲》（任钧作词，周巍峙作曲）、《青年进行曲》（田汉作词，星海作曲），第一卷第七期的《高尔基纪念歌》（光未然作歌，冼星海制谱）等，现抄录四首歌词：

上起刺刀来（施谊作词）

上起刺刀来，弟兄们散开！这是我们的国土，我们不挂免战牌！这地方是我们的，我们在这儿住了几百代。这地方是我们的，不能，我们不能让出来！我们不要人家一寸土，可是我们不能让人家踏上我们的地界！我们愿守上边的命令，可是我们不能被敌人无缘无故来调开！君命有所不受，将在外；守土抗战，谁说我们不应该！碰着我们，我们就只有跟你干！告诉你：中国军人不尽是奴才！上起刺刀来，弟兄们散开！这是我们的国土，我们不挂免战牌！

前线进行曲（任钧作词）

前进！前进！冒着风雪前进！我们被欺凌得够了！我们被欺凌得够了！谁还能忍受?！除非他不是人！前进！前进！冒着炮火前进！我们决不孤单，后面有四万万抗敌的人民！前进！前进！跨过百灵庙，大庙，我们要继续朝着失地前进，我们决不孤单，后面有四万万抗敌的人民！

青年进行曲（田汉作词）

前进！中国的青年！挺战！中国的青年！中国恰像暴风雨的破船，我们要认识今日的危险，向一切力量争取胜利的明天！我们要以一当十,百以当千! 我们没有退后,只有向前! 向前! 兴国的责任落在我们的两肩,落在我们的两肩! 前进! 中国的青年! 挺战! 中国的青年! 青年! 青年!

高尔基纪念歌(光未然作歌)

你是伟大民族子孙,你是被压迫者的救星! 你是人间最大的痛苦,你来自深渊的低层! 啊——! 高尔基! 你是一把光辉的火炬,照耀着俄罗斯的前程;你是一股巨大的激流,冲毁了伏尔加的堤身! 啊——! 高尔基! 伟大的战士! 啊——! 高尔基! 真理的化身! 你匆匆地,匆匆地离开了我们! 你匆匆地,匆匆地离开了我们——!

我们,东方被压迫的民族,我们,痛苦卑贱的灵魂! 痛苦给我们最大的力量,我们燃烧着复仇的决心! 我们不做说谎的金翅鸟,我们要做自由翱翔的雄鹰! 我们不投降,还要立誓消灭那不肯投降的敌人! 啊——! 高尔基! 伟大的战士! 啊——! 高尔基! 真理的化身! 我们要用行动扩大群众的哭诉! 我们要用鲜血追悼你伟大的灵魂!

《前线进行曲》中的"跨过百灵庙",指的是 1936 年 11 月"百灵庙大捷"。《青年进行曲》是新华影业公司于 1937 年拍摄的电影《青年进行曲》的主题歌,这两首歌都突出抗战。《高尔基纪念歌》,是 1937 年 6 月 18 日高尔基周年祭纪念会上演唱的歌曲。高尔基的作品自 1907 年就开始介绍到中国。他的优秀文学作品是我国革命青年人不可分离的生活伴侣和导师。《月报》刊登这些歌曲,导向是很鲜明的。这些歌曲的词和曲均由叶圣陶手写后，用他的"手迹"制版的，既美观又亲切。青年人争先传唱，范用在《忘不了愈之先生忘不了〈月报〉》一文中说："我就是在《月报》的感召之下，迎接神圣抗战的揭幕，迎接大时代的到来（当时流行的用语）。这年冬天我奔武汉，走重庆，投入抗战的洪流。"①

三、甘作"无名的泥土"

宋云彬多次说到叶圣陶"那一丝不苟的作风，给开明同人做出了好的榜样"（《开明旧事》），徐盈说叶圣陶是"开明书店的奠基者"②，萧乾说"叶老（圣陶）是开明书店的灵魂"③。

作为"开明书店的灵魂"，叶圣陶对开明书店、对出版界、对我国的文化事业做出了重大的贡献。以二十世纪三十年代为例，"九一八"之后，为了使青年认清"世界的大势""中国边疆的现势"以及帝国主义的本质，开明书店前后出版了《中国近世史》（魏野畴著）、《五卅痛史》（陈叔谅编）、《济南惨案史》（李宗武编）、《上海中日战区图》（陈铎校注，葛烺编制）、《满州事变与各国对华政策》（日本田中丸一作，默之译）、《沪战纪实》（韦息予、王臻郊著）、《最近中日外交史略》（李季谷著）、《最近的日本》（李宗武编）、《帝国主义

---

① 费孝通、夏衍等著：《胡愈之印象记（增补本）》，中国友谊出版公司1996年版，第428页。

② 徐盈：《从我应试作文说起》，《我与开明》，中国青年出版社1985年版，第92页。

③ 萧乾：《向叶老致敬》，《我与开明》，中国青年出版社1985年版，第91页。

与文化》（伍尔夫著、宋桂煌译）等专著（译著）。叶圣陶说出这些书的目的，就是要"使那些'健忘的人'也知道'有外来的侵略'"①，使那些"有血气"的青年，"循诵此篇，跃然奋起"②。

我国现代文学史上一些重要的著作，除了茅盾的《蚀》三部曲、《虹》、《子夜》，还有朱自清的《背影》、巴金的"激流三部曲"第一部《家》、王统照的长篇《山雨》、丁玲的第一个短篇集《在黑暗中》、臧克家的处女诗集《烙印》、端木蕻良的《科尔沁旗草原》，都是经叶圣陶之手在开明书店出版的。开明书店还出版了高尔基、陀思妥耶夫斯基、契诃夫、托尔斯泰、班珂、果戈里、屠格涅夫、伊林、李师尔、王尔德、柯林、安徒生、巴比赛、都德、莫泊桑、左拉、正宗白鸟等外国作家的名著；出版了《苏俄文学理论》（冈泽秀虎著，陈望道译）、《欧洲近代文艺思潮论》（本间久雄著，沈端先译）、《欧洲文学发达史》（莃理契著，沈起予译）、《法国浪漫主义》（曾仲鸣著）、《中国文学概论讲话》（盐谷温著，孙俍工译）、《文学理论》（本间久雄著，章锡琛译）、《世界文学史话》（约翰·玛西著，胡仲持译）、《文艺心理学》（朱光潜著）等。这些著（译）作开拓了读者的视野，促进了文学理论在我国的传播，使新文学得到了滋养。叶圣陶主编《小说月报》期间约请茅盾撰写作家论，开我国现代作家研究风气之先。二十世纪三十年代，经由他的倡议，开明书店出版了《关于鲁迅及其著作》（台静农编）、《茅盾评传》（伏志英编）、《郭沫若评传》（李霖编）、《郁达夫评传》（素雅编）、《张资平评传》（史秉慧编），为我国现代文学研究作了铺路的工作。

---

① 《中学生》1933 年 9 月号《编辑后记》。
② 《〈沪战纪实〉广告辞》，《中学生》1933 年 4 月号。

1924 年 1 月，鲁迅在北京师范大学附属中学校友会发表的演讲《未有天才之前》中讲到："在要求天才的产生之前，应该先要求可以使天才生长的民众。——譬如想有乔木，想看好花，一定要有好土；没有土，便没有花木了；所以土实在较花木还重要。花木非有土不可。"①1933 年 8 月，鲁迅在《由聋而哑》中再次谈到作者和译者"甘为泥土"的重要。他说："用秕谷来养青年，是决不会壮大的，将来的成就，且要更渺小，那模样，可看尼采所描写的'末人'。……甘为泥土的作者和译者的奋斗，是已经到了万不可缓的时候了，这就是竭力运输些切实的精神的粮食，放在青年们的周围，一面将那些聋哑的制造者送回黑洞和朱门里去。"② 叶圣陶就是鲁迅所称颂的"甘为泥土"的作者、译者和编者，为繁荣新文学、发展我国的文化教育事业，叶圣陶甘作"无名的泥土"。鲁迅在《两地书·七一》中说："我的生命，碎割在给人改稿子，看稿子，编书，校字，陪坐这些事情上者，已经很不少。"③ 从某种意义上说，叶圣陶也是把"生命""碎割在给人改稿子，看稿子，编书，校字"这些事情上的。他在《〈十三经索引〉自序》中谈到编纂过程的艰辛时说："历一年半而书成。寒夜一灯，指僵若失，夏炎罢扇，汗湿衣衫，顾皆为之弗倦。"这番话也可用来形容他到开明书店后主编《中学生》、《新少年》和《月报》"文艺栏"，以及筹划和编辑出版各种书籍时的情景，挑灯校著忘昏昼，且心怀喜悦，乐此不疲。

---

① 《鲁迅全集》第 1 卷，人民文学出版社 2005 年版，第 174—175、177 页。
② 《鲁迅全集》第 5 卷，人民文学出版社 2005 年版，第 295 页。
③ 《鲁迅全集》第 11 卷，人民文学出版社 2005 年版，第 199 页。

第十一章

烽火漫天走巴蜀

一、主编成都《国文杂志》和 桂林《国文杂志》

1937 年"七·七"卢沟桥事变，揭开了中华民族抗日战争的序幕。8 月 13 日，日本帝国主义发动对上海的大规模进攻。开明书店的编译所、图书馆、印刷厂以及书纸仓库，全部被轰毁，资产损失达全部资产的百分之八十以上。叶圣陶和开明同人不忍心惨淡经营了十多年的事业就此拉倒，非竭力挣扎干下去不可，遂和经理章锡琛、范洗人以及开明书店汉口分店经理章雪舟议定在杭州会齐，取道吴兴、长兴、宣城先到芜湖，然后乘轮船到汉口，准备在汉口筹建编辑部。

不料尚未出发，苏州就频频告急。叶圣陶不得不于 9 月 21 日率老母和夫人胡墨林，以及至善、夏满子（夏丏尊的小女儿，至善的未婚妻）、至美、至诚离开苏州，经运河到杭州，暂时寄住在绍兴直乐泗胡墨林的亲戚家里。到绍兴后，叶圣陶把"家"交给胡墨林，约好 11 月 20 日在南昌会面，就匆匆折回杭州，和章锡琛、范洗人、章雪舟一同去了武汉。1937 年 12 月上旬，从上海运往汉口的印刷机械以及开明书店的书籍纸张，在镇江白莲泾附近遭劫。12 月 12 日，南京被围，武汉人心浮动，许多工商业开始撤离武汉，开明书店也只好放弃在汉口建立书业基地的计划。这时，苏州已经失陷。叶圣陶从报上看到家乡有人当了汉奸，成了所谓"维持会"中的傀儡，跺了跺脚说："这批人若不消灭净尽，我真耻为苏州人。"夏丏尊和王伯祥写信劝他返回上海，他在 12 月 24 日的回信中说："承嘱返沪，颇加考虑。沪如孤岛，凶焰绕之，生活既艰，妖氛尤炽。公等陷入，离去自难，更为投网，似可不必。以是因缘，遂违雅命。并欲离汉，亦由斯故。……近日所希，乃在赴渝。渝非善地，故自知之。然为我都，国命所托，于焉饿死，差可慰心。幸得苟全，尚可奋勤，择一途径，贡其微力。"宁肯"饿死"，也要率家入川。又说："出版之业，实未途穷。……设能入川，张一小肆，贩卖书册，间印数籍，夫妻子女，并为店伙，既以糊口，亦遣有涯。顾问之选，首有我甥①，李君诵邺，并可请益。此想实现，亦新趣也。"② 和许许多多文化人一样，叶圣陶对抗战的长期性和艰巨性认识不足，因而在八年离乱中受尽了难以想象的痛苦和折磨。

---

① 叶氏外甥，商务印书馆重庆分店经理刘仰之。
② 《叶圣陶集》第 24 卷，江苏教育出版社 2004 年版，第 110、112 页。

1938 年 1 月 9 日，叶圣陶到了重庆之后，才知道他想办书店的计划只是个"天真的想象"，在重庆巴蜀学校、重庆国立戏剧学校和北碚复旦大学教了十个月的书之后，于 1938 年 11 月 29 日来到乐山武汉大学执教。1940 年 7 月，应成都四川省教育厅长郭有守的邀请，到教育厅任教育科学馆专门委员，从事教学的规划和研究工作，编辑"国文教学丛书""中小学教师进修丛书"和"四川文物小丛书"，并担任《中等教育季刊》和《文史教学》杂志的责任编委，处理日常的编务工作。

1942 年 1 月，成都《国文杂志》创刊，叶圣陶担任主编。关于成都《国文杂志》创刊的缘起，叶至善在《父亲长长的一生》中是这么说的：

（冯）月樵先生真个办起了一家普益图书公司，（章）雪舟先生拉了几位开明老作者业余给他当编辑。他请我父亲当总编辑，我父亲没答应，回说在教育厅任了职好像不大方便。他立刻改口说要我母亲去帮忙，父亲答应让我母亲一个星期去两个半天，料理些编辑方面的杂务。

月樵先生对市面是极熟的，记得他对选题出过的三个主意，……（其三是）创办月刊《国文杂志》，说现如今的中学生国文程度实在太差，给他们一些必要的辅导是义不容辞的。说中学生的国文特别差，我父亲是一向不同意的；数理化生音体，跟国文相比，程度也好不到哪儿去。念了一辈子"子曰"没念通的人有多少位，两千多年来不曾做过统计，只孔乙己一个，因鲁迅先生给他作了篇外传，才得以流芳百世。没念通也不能怪孔乙己程度低，得从教育目的和教学方法等方面去找问题。办一种月刊谈谈这些问题，给学生们一些启发，多少有点儿好处。我父亲答应了下来，让我母亲出面当主编。一九四二年一月出创刊号，三十二开土纸本，才两万来字。四篇主要文章是父亲自己写的，除了《略谈学习国文》一篇，其余都署的笔名；杂志社的零星通知都不署名，还挑了两篇我们兄妹三个的习作，这是现成的。父亲当时就寄了若干本创刊号给桂林的朋友，约他们写稿。最先回信的是宋云彬先生，他大呼可惜，说他们正在打算出版《国文杂志》，已由文光书店出面申请登记。十六开本，约五十面；虽然也是土纸，可不像成都的那么糟。桂林的朋友们都主张不如把普益的停了，集中力量办好文光的。父亲只好找月樵先生商量。月樵先生很大方，说既然这样，《国文杂志》就维持到六月号告一段落，向读者公告移到桂林出版。父亲的这一出独角戏，直唱到了四月底边第六期发稿。文光的《国文杂志》八月创刊，人称"桂林版"；普益的就成了"成都版"。①

谈谈国文"教育目的和教学方法等方面"的问题，"给学生们一些启发"，这就是叶圣陶给成都《国文杂志》的定位。叶圣陶在"发刊词"《这个杂志》中说：

> 这个杂志没有什么奢望，只想在中学同学学习国文方面，稍

---

① 《叶至善集》第3卷，开明出版社2014年版，第159—161页。

稍有一点帮助罢了。看了这个杂志，未必就能学好国文。因为这里所说的，无非怎样阅读，怎样写作，等等关于方法的话，而能不能实践，实践是不是到家，还在读者自己。如果不能实践，或是实践没有到家，当然，国文还是学不好的。可是看了这个杂志，可以得到一些启示。平时自己有没注意到的，教师没有提示过的，在这里看到了，若能不让滑过，务必使它化为"我的经验"才歇；那么，一点一滴的累积，正是学好国文的切实基础。这个杂志所能帮助读者的，就在这一点。

话说得很实在。排在"发刊词"之后的是《略谈学习国文》，文章说："学习国文就是学习本国的语言文字。语言人人能说，文字在小学阶段已经学习了好几年，为什么到了中学阶段还要学习？这是因为平常说的语言往往是任意的，不免有粗疏的弊病；有这弊病，便算不得能够尽量运用语言；必须去掉粗疏的弊病，进到精粹的境界，才算能够尽量运用语言。文字和语言一样，内容有深浅的不同，形式有精粗的差别。小学阶段学习的只是些浅的和粗的罢了，如果即此为止，还算不得能够尽量运用文字，必须对于深的和精的也能对付，能驾驭，才算能够尽量运用文字。尽量运用语言文字并不是生活上一种奢侈的要求，实在是现代公民所必须具有的一种生活的能力。如果没有这种能力，就是现代公民生活上的缺陷；吃亏的不只是个人，同时也影响到社会。因此，中学阶段必须继续着小学阶段，学习本国的语言文字——学习国文。"成都《国文杂志》虽说只出了六期，却被学界认为是"高初中学生良好读物"。

桂林《国文杂志》1942 年 8 月 1 日在桂林创刊，由桂林文光书局出版。叶圣陶在《〈国文杂志〉发刊词》中说：现在的"国文教学"
用的还是"旧式教育"的方法。"旧式教育可以养成记诵很广博的'活
书橱'，可以养成学舌很巧妙的'人形鹦鹉'，可以养成或大或小的官
吏以及靠教读为生的'儒学生员'；可是不能养成善于运用国文这一
种工具来应付生活的普通公民。"在谈及办刊的宗旨时说："我们这个
杂志没有什么伟大的愿望，只想在国文学习方面，对青年们（在校的
和校外的）贡献一些助力。我们不是感叹家，不相信国文程度低落的
说法；可是，我们站定在语文学和文学的立场上，相信现在的国文教
学决不是个办法，从现在的国文教学训练出来的学生，国文程度实在
不足以应付生活，更不用说改进生活。我们愿意竭尽我们的知能，提
倡国文教学的改革，同时给青年们一些学习方法的实例。所谓学习方
法，无非是参考，分析，比较，演绎，归纳，涵泳，体味，整饬思想
语言，获得表达技能，这些个事项。这个杂志就依照这些事项来分门
分栏。我们的知能有限，未必就能实现我们的愿望；希望有心于教育
和国文教学的同志给我们指导，并且参加我们的工作，使我们的愿望
不至于落空。如果这样，不仅是我们的荣幸，实在是青年们的幸福。
对于青年的读者，我们希望凭着这个杂志的启发，自己能够'隅反'；
把这里所说的一些事项随时实践，应用在阅读和写作方面。"叶圣陶
在创刊号发表的文章还有：

《〈孔乙己〉中的一句话》（评论）；

《略谈韩愈〈答李翊书〉》（评论）；

《改文一篇——〈斥"消极"〉》（评论）；

《读元稹〈遣悲怀〉一首》（评论）；

《编者的话》。

《〈孔乙己〉中的一句话》评述的"一句话"是："孔乙己是这样的使人快活，可是没有他，别人也便这么过。"《略谈韩愈〈答李翊书〉》认为韩愈的《答李翊书》这类"论文"，中学生也未尝不可读，"只要能活读而不死读。所谓活读，就是辨明古人持论的范围，酌取其大意，而不拘泥于一言一句的迹象。辨明了范围，就知道古人持论的所以然，这是知识方面的事。酌取其大意，化为自己的习惯，就增长自己的写作能力，这是行为方面的事。如果在讲解和记诵以外不再作什么研讨，那就是死读。"《改文一篇——〈斥"消极"〉》，对文章逐字逐句地进行修改，并说明修改的原因。《读元稹〈遣悲怀〉一首》评述唐朝元稹追悼他的夫人韦氏作的七律三首中的一首，诗云："昔日戏言身后事，今朝都到眼前来。衣裳已施行看尽，针线犹存未忍开。尚想旧情怜婢仆，也曾因梦送钱财。诚知此恨人人有，贫贱夫妻百事哀。"认为这首诗的好处，"在乎境界真切"。最后说到这首七律"文字极朴素，对仗也随便"，"朴素和真切是同胞兄弟；为求真切起见，自无妨牺牲对仗的工整。"在引导读者欣赏这首七律的同时，也向读者指点写作的"要诀"。

《国文杂志》每卷六期，第三卷第五、六期合刊（1946 年 2 月 1 日）出版后停刊。《国文杂志》围绕"提高中学生的国文程度"展开了广泛而深入的研讨。在我国现代语文教育史上，自 1930 年代开始，"中学生国文程度低落"的哀叹声不绝于耳，进入 1940 年代，"抢救国文"的呼声此起彼伏，就连蒋介石也在 1942 年 9 月手令教育部通饬各校："现在中学国文程度低落，应令各中学校长切实注意，并设法提高；以后凡大学招生，如有国文不及格者，不准录取为要"①。叶圣陶及《国文杂志》同人不认同这种"低落"说，主张对语文教育进行全面的检讨。就"课程标准"而言，围绕着"1940 年部颁国文课程标准"展开讨论，并就 1942 年高考国文试卷《试以近代文明发展之事实，引证荀子"从天而颂之，孰与制天命而用之"之说》，以及 1943 年东南某大学国文试题《译曾国藩五箴中的有恒箴为白话》中出现的"误解"和"乱写"，对"国文程度"的"标准"和改革中学国文教学的路径提出观点和建议。② 就"中学国文的学习"而言，围绕着"精读"、"略读"、"作文"、"文章法则"和"口语练习"等五个应重点学习的方面广开言路。就"读书"而言，围绕着"读书不求甚解"（陶渊明）、"开卷有益"（唐太宗）、"读书变化气质"（宋儒）、"读书使人充实"（培根）等所谓的"读书心理学"进行解读和辨析，指出"读书"是"一种解释他人用文字写出的各种意念的过程"，"不仅包括识字和发言的机械反应，而且包含一切复杂的思考作用"，强调"生活经验和知识水准"，以及"丰富的词汇、敏锐的语感和相当足够的文法知识"对于"理解"的重要性。③ 就"作文"而言，指出"作文与说话本是同一源头的，所差者说话用声音，作文用文字而已；而且作文应该比说话更简洁。如果把自己没有懂或似懂非懂的词汇，搬到纸上来，胡乱堆砌一下，使人家看了莫名其妙，那就等于说了一大套语无伦次的话，谁都不懂。"强调"学习作文，应该跟学习讲演一样，

---

① 详见叶苍岑：《中学生国文程度低落的分析——三十二年十月十五日在国立汉民中学讲词》，《国文杂志》第 3 卷 1 期，1944 年 4 月 1 日。

② 罗根泽：《抢救国文》，《国文杂志》第 2 卷 1 期，1943 年 7 月 15 日；陈卓如：《从"抢救国文"说到国文教学》，《国文杂志》第 2 卷 3 期，1943 年 9 月 15 日。

③ 傅彬然：《读书的心理》，《国文杂志》创刊号，1942 年 8 月 1 日。

有层次，有条理，说出来人家都听得懂，明白他所说的是什么"①，以强调"思想"和"遣词造句"的重要。为了探究语文知识和学习方法，《国文杂志》开设了"语文杂谈"、"谬句选改"、"作文修改"、"文译白"、"白翻文"、"流行错别字"、"编辑者的话"等很有特色的专栏，朱自清、王了一、郭绍虞、老舍、丰子恺、余冠英、朱东润、吕叔湘、丁晓先、傅彬然、李广田等名家为这些专栏写了很多解析和示范性的佳作，与此相呼应的是《国文杂志》还开设了"习作展览"、"习作者的话"和"通信"专栏，发表青年学生和文学爱好者的"习作"，并回答他们在学习和写作中遇到的疑难问题。在"全民抗战"的那个"流亡的年代"，成都《国文杂志》和桂林《国文杂志》"想青年之所想"，在探寻"语文教学"和提高语文素养方面作出了开创性的贡献。

二、创建开明编译所成都办事处

"蜀道难，难于上青天。"抗战期间的"蜀道"，比"上青天"还要难。1942 年 5 月初，叶圣陶离开成都，乘卡车和汽车去桂林，途中走了"一个月又三天"。抵达桂林后，与章锡珊、傅彬然、宋云彬等开明书店在桂林的同人拟定了创建开明编译所成都办事处的规划。返回成都后，叶圣陶于 7 月中旬致书郭有守，辞去教育科学馆的职务，全身心地主持开明编译所成都办事处的工作。

首先是集中精力办好《中学生》杂志。《中学生》杂志于 1937 年

---

① 　编者：《答李平先生》，《国文杂志》第 2 卷 3 期，1943 年 9 月 15 日。

8月停刊，1939年5月在桂林复刊，为了适应战时的需要改为"战时半月刊"，后来又改为"战时月刊"。叶圣陶任社长，文稿大多由宋云彬、贾祖璋、傅彬然等人在桂林集齐，用航空寄给叶圣陶，叶圣陶审定后再寄回桂林排印。《复刊献辞》中说：

> 旧的炸毁了，新的建造起来了。一千一万个被战争毁灭了，十万个万万个都从瓦砾中重建起来。只怕信念不坚，不愁事业不成。《中学生》杂志是抱了这种坚定的信念在西南抗战根据地宣告复刊的。
>
> 在复刊之始，我们愿意和中学生诸君共相勖勉的——
>
> 第一是努力追求文化与智慧。用文化的智慧的光辉，消灭世界上野蛮与疯狂的侵略者。第二是民族利益超过一切。牺牲一切个人利益，时刻准备为救国救民而奋斗。第三是学习、工作、生活打成一片。生活是为工作，为工作而学习，而且从工作中学习。

成都办事处成立后，《中学生》杂志编辑部迁到成都，叶圣陶在成都把杂志编定后，用航空寄到桂林出版发行。

《中学生》复刊给广大青年送来了"文化与智慧"，也给开明书店带来了新的生机。1944年7月，桂林告急，开明书店在桂林的机构撤退到重庆，《中学生》杂志也迁到重庆出版。叶圣陶于8月15去重庆，与章锡珊、傅彬然等人接洽印刷机构，并访问作者，直到9月28日才回到成都。他在《蓉渝往返日记》的"小引"中说："我在重庆的那一个多月里，正碰上日本侵略者大举进犯湘桂，于是又有一批

'文化人'撤退到重庆来。所以那次在重庆，我与朋友的交往甚至比战前在上海的时候还频繁，彼此的心情也复杂得多。"①1945 年 5 月 29 日，叶圣陶再次来到重庆，与开明同人共商店务，留渝十六天，会客访友，每天的安排都很满，谈得最多的还是时局和出版界的前景。叶圣陶在 1944 年 12 月 22 日日记中写道：

> 书业营业范围益小，而制造工本益高，从今以后，殆将真入于困难之极境。我店一方与商务中华为伍，一方又为新出版业之一员，徘徊于两个阵营之间，其势更难自如。如何勉力支持，立于不败，非易事也。② .

"徘徊于两个阵营之间"，说的是开明书店的立场。用茅盾的话说是"间乎中间"，"稳健而不落伍，亦不肯不顾一切，冲锋陷阵"，"稳扎稳打"而不"赤膊上阵"③。叶圣陶在《题开明二十周年纪念碑》中说的"开明夙有风，思不出其位。朴实而无华，求进弗欲锐。唯愿文教敷，遑顾心力瘁。……堂堂开明人，俯仰两无愧"④，指的也是这个意思，有所为，有所不为。既然是书店，就要做书刊的买卖，讲究一点生意经。但重心在文化，以文化事业为宗旨，为国家、为民族、为文化，也为书店的生存，叶圣陶始终以极其谨严、极其郑重的态度选择文稿和书稿，《中学生》杂志从未发表过一篇不合时宜或格调低下

---

① 《叶圣陶集》第 20 卷，江苏教育出版社 2004 年版，第 453 页。
② 《叶圣陶集》第 20 卷，江苏教育出版社 2004 年版，第 343 页。
③ 《开明书店二十周年纪念讲演录》，《明社消息》第 17 期，1946 年 12 月 31 日。
④ 《叶圣陶集》第 17 卷，江苏教育出版社 2004 年版，第 294 页。

的文章，开明书店从未出版过一本不合时宜或格调低下的书，没有出过升学考试之类的复习资料，没有出过有严重错误思想倾向的书，没有出过一本武侠小说，这在当时的历史条件下实属难能可贵。抗战期间，国民党当局奉行"防民之口甚于防川"的政策，叶圣陶偏"左"的立场，引起了当局的注意，国民党中央宣传文化运动委员会副主任潘公展曾当面告诫他在《中学生》杂志上少谈"时事"，请看叶圣陶1945年8月3日的日记：

> 昨陈克成以书致雪舟，言潘公展在此，欲与余晤，因乘车访潘于中国旅行社招待所。据谈对于"中志"之意见，谓宜注意基本工具学科，少弄社会科学文字。又言渠不满审查制度，若编辑人员各自检点，即审查制可以废止。其言殊可笑，余不与辩，颔之而已。若非顾及开明之立场，则面斥之矣。①

叶圣陶没有"面斥"潘公展，回去之后则写了《三大原则与四大自由》、《发表的自由》等一系列文章予以抨击。他在《发表的自由》中说："发表一些意见，却被认为诐辞邪说。不肯摹仿八股腔调，不肯像喜鹊似的叫出些吉祥的声音，就被认为不依规矩，别有用心。好像为国为民只是少数人的专利，此外多数人根本不知道为国为民，所以也没有权利为国为民。其实哪里有这回事！"②

"惟愿文教敷，遑顾心力瘁。"叶圣陶主持"开明编译所成都办事处"工作的三年，是他"努力追求文化与智慧"的三年，他编辑

---

① 《叶圣陶集》第20卷，江苏教育出版社2004年版，第429页。
② 《叶圣陶集》第6卷，江苏教育出版社2004年版，第166页。

出版的著作中就有沈从文的《边城》、《湘行散记》、《湘西》、《长河》、《月下小景》、《从文自传》；冰心的《冰心著作集》（包括《冰心小说集》、《冰心散文集》、《冰心诗集》、《寄小读者》、《关于女人》以及译作《先知》（凯罗·纪伯伦著）；朱自清的《背影》、《伦敦杂记》、《经典常谈》；朱光潜的《给青年的十二封信》、《谈美》、《文艺心理学》、《我与文学及其他》；老舍的《蛤藻集》；朱东润的《中国文学批评史大纲》、《张居正大传》、《读诗四论》；吴晗的《明太祖》；缪钺《缪钺文论集》；李广田《诗的艺术》；黄炎培的《苞桑集》；马文珍的《北望集》；吴祖光的《少年游》；吕叔湘的《文言虚词》、《石榴树》（索洛延著，吕叔湘译）；傅庚生的《中国文学欣赏举隅》；叶石甫的《经子选注》；林庚白的《丽白楼自选诗》；薛贻源的《地理与战争》；王了一的《中国语法纲要》，等等，为文学和学术的发展与繁荣做出了重大贡献。朱东润在《中国文学批评史大纲》的《自序》中说：本书的出版得到叶圣陶先生的"赞助"[1]。贺昌群在"为开明书店出版文集"写的《跋》中说：

　　　　民国三十二年春，叶圣陶先生从成都来信，要我写一本书，许在开明书店出版，圣陶先生是我二十年来所敬爱的一个淡而不厌的好朋友，他对我的鼓励和帮助，是没齿不能忘的。他又是个重然诺的人，自然也肯轻易出口取得朋友的然诺。这一二十年中，每当他主编期刊杂志，要我写些文字，我虽笔下无论如何艰涩，总得迟早搜索枯肠，还报他的殷殷之意，这在我倒是很自然

---

[1]　朱东润：《中国文学批评史大纲》，开明书店1944年版，第6页。

的。他这回叫我写本书，却把我为难了。我除了从前偶因职务的关系，编辑了一两种书，或因贫困，翻译了一二种书外，从不曾自愿写过一本书。我想，真正以自己的心得写出一本书，必是很艰难的，所以这十多年来便偷懒写了些短篇文字。认真说，短篇文字又何尝容易。一个国家的学术，或一种学术的研究，其造诣之浅深，几乎全寄托在有价值的期刊杂志上的短篇文字，不过，我的短篇文字是一种偷懒的主意罢了。

我既不能写书，圣陶便鼓励我把平时论述汉唐两代文化的短稿作一结集，他的厚意，使我心感，但反而使我更为难了。……在今日"侏儒饱欲死，臣朔饥欲死"的情况下，既不能出征击杀倭奴，又不能为官为商自求肥美，只得藉此机会换些米薪之资，以苟延八口之家的时日，龚瑟人诗说："著书都为稻粱谋"，这便是此书出版的惟一的理由。至如《南雷文定》所言，"区区无用之空文，即能得千古之所不变者，已非始愿"，则我愧有未能。①

叶圣陶则念念不忘在他主编的期刊上发表过文章的朋友们，念念不忘在开明书店出版过书的朋友。他生前在谈到开明书店的成功的经验时说过：开明书店重情谊，善于与作者交朋友。不是出了书就把作者忘了，而是出了书就把作者"记住"，彼此成了朋友。作为"开明书店的灵魂"，叶圣陶当然做得最为突出。沈从文在1947年9月致周定一的信中说：

---

① 《贺昌群文集》第3卷，商务印书馆2003年版，第272—273页。

弟二十年来多数作品，也多半是徐志摩，叶圣陶，徐调孚，施蛰存诸先生主持杂志编辑时，用"鸡毛文书"方式逼出。①

这倒不是客气话。沈从文 20 世纪二三十年代的作品大多发表在徐志摩主编的《晨报副刊》、《新月》杂志、施蛰存主编的《现代》杂志和叶圣陶主编的《小说月报》上。徐志摩和施蛰存"逼"沈从文写稿的事，学界谈得不多，而对叶圣陶"逼"沈从文为《小说月报》写稿，笔者倒是做过一些研究的。不过与其说是"逼"，不如说是"读"。从某种意义上说，沈从文在《小说月报》上发表的作品是叶圣陶"读"出来的。

1921 年 1 月，《小说月报》革新，成了文学研究会的代理会刊后，因为刊登的都是文学研究会会员的作品，曾经受到文艺界的批评，就连沈从文也曾说过偏激的话，指责文学研究会"独占文坛"。1927 年 5 月，郑振铎赴欧游学，《小说月报》暂由叶圣陶代编（徐调孚协助）。1927 年 6 月，叶圣陶在来稿中读到沈从文的短篇《我的邻》，觉得这个短篇写得很有特色，就约请他多为《小说月报》写稿。到 1928 年底，经叶圣陶之手，沈从文在《小说月报》上发表了《我的邻》、《在私塾——一个老退伍兵的自述之一》、《或人的太太》、《柏子》、《雨后》、《诱诓》、《第一次作男人的那个人》等七个短篇，还发表了新诗《想——乡下的雪前雪后》。1929 年初，叶圣陶把《小说月报》交还给郑振铎主编（仍由徐调孚协助），1932 年"一·二八"后停刊。从 1929 年初到 1932 年"一·二八"的三年间，沈从文在《小说月报》

---

① 《致周定一先生》，《沈从文全集》第 17 卷，北岳文艺出版社 2002 年版，第 471 页。

发表的小说有《说故事人的故事》、《会明》、《菜园》、《夫妇》、《同志的烟斗故事》、《萧萧》、《血》、《楼居》、《丈夫》、《微波》、《逃的前一天》、《薄寒》、《山道中》、《医生》、《虎雏》等共十五篇。虽说这期间《小说月报》的主编是郑振铎，可沈从文的作品却仍来自叶圣陶和徐调孚的催促，这在沈从文给朋友们的信中可以看出来。

　　沈从文与施蛰存的友谊人所共知，而郑振铎与施蛰存则并不和睦。郑振铎曾经猛烈地抨击过施蛰存，让施蛰存感到不快，此事在给沈从文的信中亦有提及。沈从文 1934 年 12 月 25 日在给施蛰存的回信中劝他"莫太在小事上注意""不要太注意批评"，信中写道：

　　　　西谛我不常见到，见到时也不会说什么。我觉得他为人很好，只是许多事情热得过分，便乱了一些罢了。①

　　当时郑振铎和沈从文都在北京。假如郑振铎在 1929 至 1932 年的三年间经常约请沈从文给《小说月报》写稿，或者沈从文这期间在《小说月报》发表的十五篇小说都曾经过郑振铎的手，是不会"不常见到"，更不会"见到时也不会说什么"的。而叶圣陶把《小说月报》交还给郑振铎之后，仍一直给郑振铎帮忙，沈从文的小说仍然是他和徐调孚"用'鸡毛文书'方式逼出"来的。沈从文在《小说月报》发表的小说多达 22 篇，他早中期的代表作《柏子》、《会明》、《菜园》、《夫妇》、《萧萧》、《丈夫》、《虎雏》都刊登在《小说月报》上。李同愈在《沈从文的短篇小说》②一文中说：

---

① 《新废邮存底·五》，《沈从文文集》第 12 卷，花城出版社 1984 年版，第 18 页。
② 《新中华》第 3 卷 7 期，1935 年 4 月 10 日。

以甲辰的笔名开始，从北京寄到上海的《小说月报》发表了小说以后，沈从文的短篇才引起了大多数读者的注意。许多学习写作的年轻人也不知不觉地模仿起他的调子来，我就是其中一个。

固然，沈从文的成功成名要归结于他的朝气和才华，以及"端起来就不放下"的执着，但《小说月报》的提携功不可没。叶圣陶特别看重沈从文的小说，不仅经常向朋友们推荐介绍，还循循善诱地引导孩子们欣赏阅读沈从文的作品。

那是1936年1月，叶圣陶主编的《新少年》杂志创刊，该刊开设了"文章展览"专栏，每期选登一篇"现代人"的文章，在每篇文章之后加上评析，有的是指出这篇文章的好处，有的是说明这类文章的作法，有的是就全篇说的，有的只是说到其中的一部分。叶圣陶认为"能写文章算不得什么可以夸耀的事儿，不能写文章却是一件缺陷，这种缺陷跟瞎了眼睛聋了耳朵差不多，在生活上有相当大的不利影响。"① 因而希望孩子们通过看"文章展览"，养成阅读和写作的习惯。"文章展览"一共"展览"了二十四篇，后来结集为《文章例话》，1937年2月由开明书店初版，到1949年曾经再版十次左右，在读者中产生了广泛的影响，其中就有沈从文的《辰州途中》。

《辰州途中》，是从《湘行散记》中的《一九三四年一月十八》节选出来的，原文有二十七个自然段，4600字左右，叶圣陶节选了其中的六段，即原文第三至第八个自然段，大致1400字。叶圣陶认为

①　叶圣陶：《〈文章例话〉序》。

这六个自然段可以独立成篇，是一篇非常出色的旅行记，就给另起了一个题目——《辰州途中》，在后面写了将近 2000 字的讲解，刊登在 1936 年 8 月 25 日出版的《新少年》第 2 卷 4 期上。将《辰州途中》与《一九三四年一月十八》作一番比较，就可以看出叶圣陶的节选特别精当，非但没有影响到内容上的完整性，反而使文章更加凝练、辰河的风物更加鲜明、内容更加突出，沈从文写旅行记的手法和技巧也更加清晰。叶圣陶称沈从文这篇旅行记的写法"是把自己印象最深的事物记下来，宛如摄一套活动影片，与此无关的简直丢开不写"；很欣赏沈从文描摹"滩水险急"、纤手老头儿"对于生存还那么努力执着"以及"那小山水村如画如诗印象"的手法和语言，一一点出这篇旅行记的"佳胜"和"意味"之所在，最后归纳说："原来旅行者连篇累牍写在旅行记中的，往往只是当地人以为不值一谈的，甚至是从来没有关心过的事物。这不全由于'当局者迷'，也由于旅行者的眼光和心胸超过了一般人的缘故。"他的这些讲解处处给人以豁然开朗之感。

记得一位老作家在谈到《辰州途中》时说过："没想到好文章也可以删，而且删得这么好！"从这个意义上说，作为作家、教育家与编辑出版家的叶圣陶"读"作品时是有他特有的"眼光和心胸"的。也正是出于对叶圣陶的敬重，沈从文爱把他的作品交给叶圣陶由开明书店出版，且看叶圣陶为《春灯集》、《黑凤集》、《边城》、《湘行散记》、《湘西》、《长河》、《月下小景》、《从文自传》等八部作品写的六则广告[①]，虽说是 20 世纪三四十年代写的，经过六七十年的过滤和沉淀，今天读来依然感到非常亲切，对沈从文研究仍然富有指导意义，

---

① 编入《叶氏父子图书广告集》，上海三联书店 1988 年版，后又编入《叶圣陶集》第 18 卷。

现抄录于下：

《春灯集》、《黑凤》

作者被称为美妙的故事家。小说当然得有故事，可是作者以体验为骨干，以哲理为脉络，揉和了现实跟梦境，运用了独具风格的语言文字，才使他的故事成了"美妙"的故事。我国现代文艺向多方面发展，作者代表了其中的一方面，而且达到了最高峰。读者要鉴赏现代文艺，作者的作品自不容忽略。作者现将所有短篇小说重加修订，交由本店分册印行。先出《春灯集》、《黑凤》两集。《春灯集》中，收集《春》、《灯》、《八骏图》、《若墨医生》、《第四》、《如蕤》共六篇。《黑凤集》中，收集《三个女性》、《贤贤》、《静》、《主妇》、《贵生》、《白日》、《三三》共七篇。

《边城》

这是一个中篇，写川湘边境一个山城里祖父跟孙女儿的故事。祖父是撑渡船的，对于孙女儿爱护周至，可是老年人的心情常常为青年人所误解，因而孙女儿的婚姻问题得不到美满的解决。故事既缠绵曲折，作者写人物心性，山水风景，又素有特长，这篇小说就成为朴实美妙的叙事诗。作者善于创造高妙的意境，见得到而且达得出，读者几乎都有这样的印象，读了这本书这种印象必将更见深刻。

《湘行散记》、《湘西》

作者是湘省人，对湘省的认识真确而深刻。他写各方面的问题，虽则似乎极琐细平凡，但是在一个有心人看来却极有意义，值得深思。《湘西》一名《沅水流域识小录》，是写湘西沅水流域的杂记。《湘行散记》则是记他在一九三八年回乡时旅途中的见闻。作者文笔的美妙是一致公认的，这两本书当然也不会例外。

《长　河》

作者在抗战前，回去过一次湘西，写了一本小说《边城》，一本游记《湘行散记》。抗战发生后，又回去过一次，又写了一本游记《湘西》和这本小说《长河》。他用辰河流域一个小小的水码头作背景，熟悉的人事作题材，来写这地方一些平凡的人物生活上的常和变，以及因此而生的哀和乐。忠忠实实地分析了痛苦的现实，但又特意加上了一点牧歌的谐趣，这样似乎取得巧事上的调和。作者用了他庄严认真的态度，写出他一腔沉痛的感慨。爱读他的作品的必将先睹为快。

《月下小景》

本书收有故事九篇，除第一篇《月下小景》外，本事全部出自《法苑珠林》所引诸经。佛经故事常常有极其动人的情节。现在沈先生选了其中尤其精彩的若干篇，加以改造，重新处理，使死去了的故事变成活的，使简略的故事变成完全的。因此，这些故事都带有一种清新而独特的风趣。

《从文自传》

作者是新文艺运动开创时的健将。他自小就一面读书，一面又读着一本大书——"社会"。他从当兵，当军队里的文书，当税收机关的税务员，一直做到文学家。本书就写他怎样读"会"这本大书。

在我国现代作家中，叶圣陶素以"认真"和"严谨"著称，办事中正通达，说话留有余地。像"美妙的故事家""代表了其中的一方面""达到了最高峰"之类的赞誉，没有十成把握是不会轻易说的。广告辞写得这么精美，这么高瞻远瞩，这么智慧，说明叶圣陶对沈从文的作品品味得深，"读"得相当认真。

三、复刊文协成都分会会刊《笔阵》

中华全国文艺界抗敌协会成都分会成立于 1939 年 1 月中旬，由居住在成都的作家李劼人、陈翔鹤、罗念生以及抗战后回到成都的川籍作家沙汀、周文、何其芳和由外地移居成都的作家萧军、陈白尘、叶丁易等四十多位作家组成，受到国民党当局的压制，活动一度被迫停顿。1941 年 11 月 3 日，徐礼辉在《华西日报》发表的《成都文艺界现状》中说："最近成都的文艺界，如深秋一样，显得败坏凋零了。人把它比沙漠的。不管怎样，总是在走下坡路，好像愈走愈窄，阮籍途穷之概。"成都文协"像经了秋霜样，凝固了，除了两月前请得叶圣陶，朱自清在青年会公开讲演了两次外，并没有什么行动"，成都文协机关杂志《笔阵》"直到最近还是遥遥无期"。

1942 年 3 月 1 日，在文协成都分会会员大会上，叶圣陶、李劼

人、陶雄、牧野、陈翔鹤、王余杞、王冰洋当选为第四届理事。3 月
7 日，新理事在四五六餐馆召开理事会，决定复刊会刊《笔阵》，由
叶圣陶和牧野主编。叶圣陶是日日记写道：

> （晨）入城，至月樵所谈半时。途遇王冰洋，……遂与王同
> 至四五六餐馆，既而会者渐集，皆文协会员，凡十人。李劫人、
> 陈翔鹤、厉歌天，王余杞、陶雄、苏子涵，更有数人，不记其姓
> 名。推定李、陶为总务部理事，余与厉为出版部理事，陈为研究
> 部理事。将按月出版杂志《笔阵》，此志前已出版，唯内容不甚
> 佳，脱期亦厉害，今后拟整顿之。①

《笔阵》"内容不甚佳，脱期亦厉害"，1941 年 5 月 1 日出版了"新
二期"后就搁置下来。1942 年 3 月 7 日新理事会决定复刊《笔阵》，
叶圣陶立即着手筹备。1942 年 3 月 14 日日记写道：

> （钱）宾四方从崇义桥来，邀共吃饭，饭后吃茶，谈甚畅。
> 宾四颇忧我国文化之绝灭，近常作文论之，今日所谈，亦多此
> 类。二时为别，余遂访厉歌天于肺病疗养院。其地甚清静，场中
> 皆苹果树，已有花苞。与厉君就露天坐，谈文协出版杂志事，又
> 谈其所作小说一篇，君颇能信余之评议。四点半为别，到家已六
> 时矣。

---

① 《叶圣陶集》第 19 卷，江苏教育出版社 2004 年版，第 446 页。

厉歌天就是牧野。这之后，叶圣陶日记中多次记到看"《笔阵》之来稿"的事。8月7日记："厉歌天送来《笔阵》来稿一大包，拟用者未决定者均在内"，今日"逐篇看过"。8月21日记：厉歌天来访，"共同商定《笔阵》新五号目录。又杂谈作小说"。8月27日记："又看《笔阵》之投稿，分头作书，将可用者交厉歌天，不可用者交吕朝相加封退回。"10月5日记："编定《笔阵》一期。"10月16日记："看《笔阵》投稿，积存已多，及晚始看毕。"11月20日记："又看《笔阵》投稿六七件。"12月14日记："至东方书社，晤王畹香，座谈。《笔阵》改由渠出版，已历三期，每期所费六七千元，而收不到账款。虽非由余向渠接洽，亦感抱歉。"①1943年3月14日记："寄雁冰之稿与牧野，交《笔阵》者也。"类似的记载在日记中还有，就不一一抄录了。

叶圣陶主编《笔阵》自新三期开始，到新八期止，另有《笔阵》新篇第一号"翻译专辑"（1944年5月5日出版）。现将《笔阵》第三期至第八期目录抄录于下

《笔阵》新三期目录

1942年6月1日出版

今天创作底道路（论文）	郭沫若
人的历史（论文）	孟　引
刀环梦（小说）	陈翔鹤
赠丽娜	歌　德作　　SY译

---

① 《叶圣陶集》第20卷，江苏教育出版社2004年版，第97页。

《笔阵》新四期目录

《笔阵》新五期目录

1942 年 10 月 15 日出版

麻子（小说）　　　　　　　　　　　　　　　　陶　雄

苦命人（小说）　　　　　　　　　　　　　　欧阳凡海

雨天诗简（诗论）　　　　　　　　　　　　　　戈　茅

柏蒂花园（小说）　　　　戊扬·古久列作　　　李葳译

快乐王子（小说）　　　　　　王尔德作　　　　巴金译

国风篇（诗）　　　　　　　　　　　　　　　王亚平

听见收获物（诗）　　　　　　奥登作　邹绿芷译

平津路不通（长诗连载二）　　　　　　　　王余杞

南朝金粉（历史独幕剧）　　　　　　　　　　SY

左边的月亮（剧·续）　　　　　　　　　　弥　沙译

九九茶会小记　　　　　　　　　　　　　　总务部

《笔阵》新六期目录

1942 年 11 月 15 日出版

夏夜（小说）　　　　　　　　　　　　　　　碧　野

雨天杂写之四——桂林通讯　　　　　　　　　茅　盾

爱情（小说）　　　　　匈牙利森诃作　　　马　耳译

南朝金粉（历史独幕剧·续）　　　　　　　　SY

茫野诗草续篇（诗）　　　　　　　　　　　　戈　茅

老园丁和他的女儿（诗）　　　　　　　　　王亚平

透明的土地（诗）　　　　　　　　　　　　邹荻帆

路（诗）　　　　　　　　　　　　　　　　史　放

惊蛰（诗）		蔡月牧
我做过一次奇异的看守（诗）	惠特曼作	姚　奔译
谁教育了我（随笔）		SC
苦命人（长篇连载一）		欧阳凡海
左边的月亮（剧·续）		弥　沙译
文艺简讯		编　者

《笔阵》新七期目录

1943 年 1 月 15 日出版

《诗论》管窥（文学随笔）		茅　盾
论《儿女英雄传》（书评）		苏子涵
女人的王国（小说）		司马文森
囤积老祖（小说）		荆有麟
关于书的传说（小说）		谭　原
病（小说）		李春舫
死亡国（诗）	［意］EnricoNencioni 作	卢剑波译
生死之流（诗）	［意］EnricoNencioni 作	卢剑波译
左边的月亮（剧·续）		弥　沙译
苦命人（长篇连载二）		欧阳凡海
茅盾先生来信		茅　盾

《笔阵》新八期目录

1943 年 4 月 15 日出版

祸福之间（小说）	丁　易

吕不韦著书（小说）　　　　　　　　　　　　　　孟　超

阿三（小说）　　　　　　　　　　　　　　　　　孟　引

救世主的沉沦（小说）　　　　　　　　　　　　　洪　钟

读书偶记（二则）　　　　　　　　　　　　　　　茅　盾

两个同名者（小说）　　　希米诺夫著　　钱新哲译

鹙鸟记（散文）　　　　　　　　　　　　　　　　潘子农

歌德晚会（诗歌通讯）　　　　　　　　　　　　　爱　兰

论形式主义（论文）　　　　　　　　　　　　　　戈　茅

苦命人（长篇连载之二）　　　　　　　　　　　欧阳凡海

《红蔷薇》（书评）　　　　　　　　　　　　　　蒂　克

记知己草（散文）　　　　　　　　　　　　　　　鹿思秦

中山陵做见证（长诗连载之三）　　　　　　　　　王余杞

封面木刻　　　　　　　　　　　　　　　　　　　刘铁华

作为文协成都分会的领军人物，叶圣陶对《笔阵》格外用心。《笔阵》新三期用郭沫若的《今天创作的道路》打头，明显的是在召唤"抗战文艺"。郭沫若曾经说过《今天创作的道路》，"这篇文章是我满意的，我希望很多人都有机会看见"。文章从批评当年创造社提出的从"本内心的要求"进行创作的文学主张说起，指出文学创作必须坚持"美恶的标准"，站在"批判的立场以观照人生，批判人生，领导人生"，"应该赶自己所最能接近、最能知道的东西写"。"现实，最迫切地，要求着文艺必须作为反纳粹、反法西，反对一切暴力侵略者的武器而发挥它的作用。在中国而言，则是抗战第一，胜利第一。凡是足以支持抗战而争取胜利的事项，都是无上的文学题材"，当前最迫

切的是写"与抗战有关的作品",为抗战发挥文艺应有的作用。郭沫若《芍药（小品四章）》中的"第四章"是《母爱》,全文如下:

母　爱

这幅悲惨的画面,我是永远也不会忘记的。

是三年前的"五三"那一晚,敌机大轰炸,烧死了不少的人。

第二天清早我从观音岩上坡,看见两位防护团员扛着一架成了焦炭的女人尸首。

但过细看,那才不只一个人,而是母子三人焦结在一道的。

胸前抱着的是一个还在吃奶的婴儿,腹前蜷伏着的又是一个,怕有三岁光景吧。

母子三人都成了骸炭,完全焦结在一道。

但这只是骸炭吗?

1942 年 4 月 30 日晨

"三年前的'五三'那一晚",指的是 1939 年 5 月 3 日至 4 日,日寇空军轰炸重庆。5 月 3 日中午 1 时许,日机分两批各 18 架侵入重庆上空,沿长江北岸呼啸轰炸。人口稠密、工商业繁荣的市区,顿时陷入冲天烈焰、滚滚浓烟之中,大量无辜的平民在炸弹和烟火中丧生。5 月 4 日,日机 27 架再度轰炸重庆,使重庆中区成为一片火海,整个市区精华毁于一旦。死伤六千余人,遍地死尸枕藉。郭沫若《母爱》中"母子三人都成了骸炭",就是这场大轰炸惨不忍睹的景象中的一幕。《今天创作的道路》最初发表于 1942 年 3 月桂林《创作月刊》第一卷第一期,叶圣陶看到后觉得这篇论文太重要了,就在《笔阵》

的头条位置转载，而《芍药（小品四章）》则是叶圣陶约请郭沫若专门为《笔阵》写的，为的是与《今天创作的道路》相呼应。

茅盾的《雨天杂写之匹——桂林通讯》也是叶圣陶约来的。虽说是"杂写"，但重点很突出，主要是批评"大后方"流行的"神仙剑侠色情的文学"，批评桂林文化市场"鸡零狗碎，酒囊饭桶"，畅销书"都是剪刀浆糊"，内容"庞杂芜秽"，抄袭拼凑，使知名作家的作品和典籍"遭受凌迟极刑"。老舍的《小报告一则（创作经验谈）》，介绍他在"抗战以后"写的"四本半剧本"，《残雾》、《国家至上》（与宋之的合写的，算"半本"）、《张自忠》、《面子问题》和《大地龙蛇》，借以强调创作要"有裨于抗战"。仅从郭沫若、茅盾和老舍的作品，我们就能看到《笔阵》的导向，对"抗战文艺"的倡导不遗余力。除了和牧野一起主编《笔阵》，叶圣陶还和文协成都分会的理事们一起组织"编辑委员会"，主编"文艺创作丛书"、"文艺翻译丛书"，给一度"像经了秋霜样"的成都文艺界带来勃勃生机。

四、抨击国民党政府的"送审制度"

1945 年 9 月 7 日，重庆《东方杂志》、《新中华》月刊、《民宪》半月刊、《宪政》月刊、《民主世界》、《国讯》半月刊、《中学生》杂志、《现代妇女》杂志联合发表声明，抨击国民党政府的"送审制度"，拒绝送审，并出版《联合增刊》，提倡民主和出版自由。

众所周知，抗战期间，国民党当局打着抗战的幌子，以加强"审查"为名，扼杀进步舆论，围剿进步书刊，文化出版界多次呼吁，要求取消审查制度，均告无效，这一次是奋起抵制，联合拒检，与当局进行针锋相对的抗争。叶圣陶当时虽然不在重庆，可由他主编在重庆出版的《中学生》杂志也是"拒检声明"的发起者之一。而在这之前，叶圣陶在《"胜利日"随笔》中就已经郑重提出：战争结束了，"图书杂志审查制度应该立刻取消了。要彻底的无条件的取消，再不要什么尺度与标准"，"如果还有什么尺度与标准"，"那就是加给他们的精神上的迫害"，侵犯"四大自由的第一项'发表的自由'"①。为了与重庆的"拒检"相呼应，叶圣陶在成都召集会议，联络成都报社、通讯社和杂志社一起"拒检"。9月8日日记中说：

> 晨间《华西晚报》之黎澍君来，邀余至《华西晚报》馆集会。缘昨日此间报馆得讯，重庆《东方杂志》、《新中华》、《宪政》及我《中志》等八种杂志，决自即日起不送审查，以为对于审查制度之抗议，八种杂志并拟发行联合增刊，取名《民主与团结》云云。因此此间报馆、通讯社、杂志社拟响应此行动，遂有今日之会。余于此事，昨曾于信中与彬然详谈。审查制度之必须取消，已无可争辩，既然政府不取消，我人自动取消之，最为干脆。且当此时会，提出此主张亦最为适宜。曾告彬然我店必当参加，今知业已参加，为之欣慰。
>
> 到会者十余人，计报纸两家，通讯社数家，杂志社十余家。余为主席，议定致书重庆之八杂志，表示以行动为响应。又议以舆论界立场发宣言，提出其要求，由余起草。十二时后散会。白

---

① 《叶圣陶集》第6卷，江苏教育出版社2004年版，第163页。

尘邀至其寓午餐，特为设酒。①

叶圣陶起草的这份宣言，即成都十七个文化新闻团体《致重庆杂志界的一封公开信》②。9 月 9 日日记记：

> 晨起作昨日所决议言论界对于言论自由之主张，全文凡二千言，将由成都各报社、通讯社、杂志社以己意签名，然后发布。要点在取消事前之登记持许，事后之检查与传递时之扣留。并言政府协助言论界之复员须求其公平，并严惩降敌附逆之文人，保障文人之人身自由，文化事业不得由一部分人独占云云。③

《致重庆杂志界的一封公开信》揭出"审查制度"的危害，是"严重地践踏了中国人民的言论自由，损害了中国文化新闻界的尊严和信誉"，进而提出了"言论自由必须是完整的"这一理念，信中写到：

> 言论自由必须是完整的，决不能是残缺不全或仅为一党一派所享有的特权。……从今天起（9 月 8 日），我们和你们一样，将是言论自由的报纸，将是言论自由的通讯社，将是言论自由的杂志。我们将和你们以及全国要求言论自由的报纸、通讯社和杂志团结起来，共同举起言论自由的大旗，宣告检查制度的死亡！

---

① 《叶圣陶集》第 20 卷，江苏教育出版社 2004 年版，第 445—446 页。
② 详见《言论自由的大旗——成都十七文化团体致重庆杂志界的一封公开信》，《天风周报》第 17 期，1945 年 9 月 18 日。
③ 《叶圣陶集》第 20 卷，江苏教育出版社 2004 年版，第 446 页。

宣告一切压迫言论自由的法令与制度的死亡！对于这个必须死亡
的制度的任何挣扎，我们都将以联合一致的力量予以无情的反
抗。必使该死亡的及早死亡，该到来的真正言论自由的新时代才
会及早到来。让我们握手，让我们向着民主中国的光明前途勇敢
迈进！

这封"公开信"的发表，敲响了成都"检查制度死亡的钟声"。
与此同时，叶圣陶又写了《我们永不要图书杂志审查制度》，与《致
重庆杂志界的一封公开信》紧密呼应。《我们永不要图书杂志审查制度》
宣称："我们不要这个制度，并不因为我的言论曾经被禁被删，你的
思想言论曾经被禁被删，他的思想言论曾经被禁被删。即使我的你的
他的思想言论都没有被禁被删，将来也永不会被禁被删，我们还是
不要这个制度。制度存在，总有我你他以外的人受着精神上的迫害，
我们与他人精神上是共通的，他人受到迫害也就是我们受到迫害。"①
说理透辟，沁人心脾。9 月 17 日，叶圣陶出席成都各杂志社之集会，
决定仿照重庆《联合增刊》的做法，出版《自由言论》增刊。是日日
记写到：

> 作文，将以与重庆各杂志之《联合增刊》。此《联合增刊》
> 为各杂志争取民主之表示，彬然来信嘱为文字，此不可却也。至
> 于午后，馀一尾巴未完成。……
> 三时，至《新中国报》编辑部，参加各报各杂志社之集会。

---

① 《叶圣陶集》第 6 卷，江苏教育出版社 2004 年版，第 169 页。

决定组织一联谊会，并如重庆样，亦出一联合增刊，取名曰《自由言论》，最近期内即出版。①

"自由言论"，锋芒所指是国民党政权的专权和专制。9 月 19 日日记写道："作《自由言论》之发刊辞，甚短，仅八百言。"② 国民党政府迫于压力，不得不在 9 月 22 日举行的中常会上作出让步：从 9 月 1 日起撤销对新闻和图书杂志的审查。轰轰烈烈的"拒检运动"大获全胜。张西洛在回忆文章中说，叶圣陶所主持的开明书店和《中学生》杂志"拒不送审，照常发稿、出版、发行。由于叶老威望甚高，我们成都的几家进步报刊有了叶老的大无畏的榜样，也拒绝送审。就这样，我们在叶老的领导下，取得了争取出版自由斗争的胜利。"③ 叶圣陶被誉为"手举言论自由大旗走在前头"的"勇者"，是"拒检斗士"。

---

① 《叶圣陶集》第 20 卷，江苏教育出版社 2004 年版，第 449 页。
② 《叶圣陶集》第 20 卷，江苏教育出版社 2004 年版，第 449 页。
③ 张西洛：《哲人已萎典范永存——沉痛悼念叶圣陶先生》，《人民政协报》1988 年 3 月 15 日。

第十二章

复员后在上海的繁忙岁月

一、担任开明总编辑和文协总务部主任

1945 年 8 月 10 日，日本宣布投降，抗战胜利了。叶圣陶在当天的日记中写道："自问心绪，殊无多兴奋，日本虽败，而我国非即胜利。庶政皆不上轨道，从政者无求治之诚心，百端待理，而无求以应之，去长治久安，民生康乐，为期固甚远也。"他把这场胜利称之为"惨胜"，想到国家和民族的未来，心情反倒格外沉重，念及阔别八年留在上海的各位亲友，恨不能一步跨到上海，但"回家"的路一片迷茫，最终选定乘木船闯三峡，时为 1946 年 1 月 11 日（农历乙酉年十二月初九）。

　　1937 年 1 月 6 日，叶圣陶一家从宜昌乘民主轮入川，到他一家乘木船走出"川境"这一天，"居川"共八年零五天。叶圣陶将他扶老携幼，乘木船从重庆到汉口，再换乘小汽船到上海的这段日记取名为《东归江行日记》。他在日记的前言中说："飞机、轮船、汽车都没有我们的份，心头又急于东归，只好放大胆子冒一冒翻船和遭劫的危险。"①

　　知识分子纷纷东归，当时重庆的报纸上常有报道，标题很吓人，如《作家去冒险，东下买木船》，说的就是像叶圣陶这样买不起飞机票、轮船票的作家；《作家你往何处去，上海滩头乞丐多》，为回到故乡而生活无落的作家担忧。叶圣陶"急于东归"，置生死于度外，一家三代七个人，上有年过八旬的老母，下有刚满两岁的长孙三午，木船过"礁石与岸平行，激起水波甚急"的"铁门槛"，过"水势至急，波浪激荡"的兴隆滩，过"水流汹涌""中蠢巨石"的空舲峡等"鬼门关"，惊心动魄。途中还经历了"漏水""损舵""折棹""撞船""触礁""搁浅"以及"驾长逃逸"等种种意想不到的磨难。好在"吉人自有天相"，终于在 1946 年 2 月 9 日回到上海。

　　叶圣陶到上海后，就被文协理事会推选为中华全国文协总务部主任，接替应美国国务院的邀请赴美讲学的老舍，主持文协的日常工作。叶圣陶跟文艺界、学术界、教育界、出版界的人士的交往更密切了，他更加坚定地站到了"反内战、争民主"运动的最前沿。1946 年 4 月 23 日，开明书店总编辑夏丏尊逝世后，叶圣陶担任总编辑，主持开明编辑部的工作。从 1946 年至 1949 年的三年间，叶圣陶接触

---

　　①　《叶圣陶集》第 21 卷，江苏教育出版社 2004 年版，第 35 页。

的人最多，开的会最多，做的事也最多。

叶圣陶担任开明总编辑，做的第一件大事就是选编教材。为了突破民国政府教育部对教科书的管制和封锁，他和郭绍虞、徐调孚、周予同、覃必陶以及朱自清、吕叔湘等一批语文教育家一起通力合作，突击选编《开明新编国文读本（甲种）》《开明新编国文读本（乙种）》《开明新编高级国文读本》和《开明文言读本》等四部全新的初高中语文教材。从叶圣陶日记中可以看到，自1946年5月9日起，直至1949年年初秘密离开上海"北上"为止，"商讨选文""作国文课之提要""作注释""校排样""修改所用教材""补选国文教材"的记载在日记中随处可见，从中可以看出叶圣陶及其同人搜寻之苦，用力之勤，研讨之深。叶圣陶称这几部教材是"准教本"。当时由国民政府教育部主持选编的教科书是"国定本"，在法理上必须"限用"，而像《开明新编国文读本》这样的"准教本"，只能作为"参考"和"自修"的编外读物。但因其体例和课文都很新颖，注释简洁精练，提示极具启发性，非常适合教师教学和学生自学，许多学校自行采用，名义上是用作"参考"和"自修"的"准教本"，却在教科书应该"自由选择采用"的呼声中，取代了被教育部钦定的"国定本"，被誉为二十世纪最富生命力的语文读物经典。

二、继续刊行《国文月刊》

国立西南联合大学师范学院主编的《国文月刊》，创刊于1940年6月16日，由开明书店股份有限公司驻桂林办事处出版，在桂林、成都、重庆、昆明、贵阳、衡阳、金华等地发行。"印刷费"由西南联大出,"稿费"则由开明书店支付。

创刊号版权页署:编辑委员浦江清(主编)、朱自清、罗庸、魏建功、余冠英、郑奠。《国文月刊》1940年10月16日出版的第3期,版权页署:编辑委员余冠英(主编)、朱自清、罗庸、浦江清、彭仲铎、郑奠。《国文月刊》1942年3月16日出版的第12期,版权页署:编辑委员余冠英(主编)、朱自清、罗庸、江力、彭仲铎、萧涤非、张清常。《国文月刊》1945年4月出版的第34期,版权页署:编辑委员余冠英(主编)、罗庸、罗常培、朱自清、罗庸、王力、浦江清、彭仲铎、萧涤非、张清常、李广田。《国文月刊》1945年9月出版的第38期,版权页署:编辑委员余冠英(主编)、罗庸、罗常培、朱自清、王力、浦江清、彭仲铎、沈从文、萧涤非、张清常、李广田。有这么多名家担任编委,可见其质量不俗。西南联大师范学院院长黄钰生在《回忆联大师范学院及其附校》[1]一文中说:《国文月刊》"一开始就受到欢迎,在国文教学方面起了积极作用。"《国文月刊》创刊号的《卷首语》中说:

> 本刊的宗旨是促进国文教学以及补充青年学子自修国文的材料。根据这一个宗旨,我们的刊物,完全在语文教育的立场上,性质与专门的国学杂志及普通的文艺刊物有别。所以本刊不想登载高深的学术研究论文,却欢迎国学专家为本刊写些深入浅出的文章,介绍中国语言文字及文学上的基本知识给青年读者。本刊

---

[1] 《筸吹弦诵情弥切——国立西南联合大学五十周年纪念文集》,中国文史出版社1988年版。

虽然不能登载文艺创作，却可选登学生的作文成绩及教师的范作，同时也欢迎作家为本刊写些指示写作各体文学方向的文章。照我们现在拟定的计划，本刊要登载的文章可分数类。一是通论，凡讨论国文教学的各种问题的文章以及根据教学经验发表改进中学国文及大学基本国文的方案的文字皆可入此栏，作为教事同人交换意见的园地，同时可备办教育者的参考。二是专著，凡关于文学史、文学批评、语言学、文字学、音韵学、修辞学、文法学等等的不太专门的短篇论文或札记，本刊想多多登载。三是诗文选读，包括古文学作品及现代文学作品两项，均附以详细的注释或解说，备学子自修研究。四是写作谬误示例，专指摘学生作文内的误字谬句，略同以前别的杂志上有过的"文章病院"一栏。以上四类定为本刊主要的文字，此外还可以加上学生习作选录，书报介绍，答问，通讯等等。但为篇幅的关系，每期不一定能具备各栏的文字。

据社会上一般人的意见，认为现在青年学子的国文程度的低落实为国家的隐忧。……我们办这刊物，抱有提高青年学子的国文程度的宏愿，至于能收多大的实效是不可知的。还祈望教育界同人，不吝指教，以匡不逮。尤盼望中学国文教师及大学基本国文教师赞同本刊的宗旨给予援力，拨教授的余暇，惠赐大作。这是我们最感谢的。

抗战胜利后，由北大、清华、南开组建的国立西南联合大学开始复原，《国文月刊》也面临"去向"问题。叶圣陶于9月初写信给朱自清，问及《国文月刊》的打算。朱自清在9月9日的回信中说：

余冠英君打算将《国文月刊》编到四十期为止，以后或停，或由私人接办。罗膺中君问弟意见，弟与余君和师院当局商量，仍继续编下去。但还未通知罗君。这儿复员大约总得等滇越路通，或者要到明年夏天。到那时再谈私人接办问题。弟意《国文月刊》停了很可惜。弘人办或可勉强浦江清兄编，就怕稿子困难。兄有何高见，望告。[①]

因为知道叶圣陶有过《国文月刊》可由开明书店接着往下出，由开明书店"续办"的念想，朱自清将写好的这封信发出后，立即找罗膺庸商量。膺中即罗庸，字膺中，我国著名古典文学研究专家和国学家，时任北大文科研究所导师兼西南联合大学中文系主任。朱自清在9月11日给叶圣陶的信中说：

今早发信后，即访罗膺中君，谈《国文月刊》事，殊不得要领。照弟解释，罗君似不赞成店方用《国文月刊》名义，即不赞成续办。其理由似均不真切，原因何在，弟亦莫测。惟上周兄主店方续办信到后，弟因恐余君（余冠英）四十期稿即发出，"暂时停刊"声明已拟定，故将尊信先寄余君。此种办法在手续上殆略有不合，而余君前日晤罗君，并未将兄信及弟信示罗君。因此或引起罗君不快，亦未可知。为今之计，似可由店方具一正式函致联大师院《国文月刊》社由罗君转（须用当日订合同之称呼，不知是如此否？乞查）。声明愿用"月刊"名义续办，并声明如

同意，四十期中之声明似应重拟。此信径寄联大罗膺中君。书明由罗君转（挂号或快信），兄可另致一私函与罗君，说明店方之意愿。一方面弟即函余君将兄前信交罗君阅看，并由弟函知罗君，此事已请店方与《国文月刊》社接洽。罗君当可迅速复信，同意与否则全无把握。如渠不同意，或作游移之语，则此事即只有一途：由店办"国文月报"，另起炉灶。忆店中曾办小型刊物名为国文什么，如用该名亦可，固不必月报也。江清、了一二君俱不反对用"月刊"名义，但事情仍须由罗君决定。如办新的"国文月报"或用其他名义，弟愿作特约撰稿人，浦、王二君亦可代商。弟近年不问行政，手续不免疏忽。此事办得拖泥带水，对开明尤其对月刊甚觉遗憾也。……①

由于罗庸的"不得要领"，朱自清主张改为"私人所办"，叶圣陶表示赞同。他在 10 月 2 日日记中写道："致佩弦一书，谈《国文月刊》事。佩弦与其同事拟以此刊改为私人所办，余店赞成之，仍愿为之出版。"② 可随后朱自清又改换了口气，主张"停刊"，大概是受了某种挤兑，这在他的日记中也看得出来：11 月 10 日日记记："膺中来信建议开明最好采用《国文月报》刊名。"③。11 月 11 日记"访膺中商谈《国文月刊》事。彼言辞虽未明确，但其意在反对余之意见。彼已接到圣陶信。"④11 月 13 日记："下午膺中来表示对《国文月刊》问题的意见。"⑤

---

① 《朱自清全集》第 11 卷，江苏教育出版社 1997 年版，第 102—103 页。
② 《叶圣陶集》第 20 卷，江苏教育出版社 2004 年版，第 458 页。
③ 《朱自清全集》第 10 卷，江苏教育出版社 1997 年版，第 374 页。
④ 《朱自清全集》第 10 卷，江苏教育出版社 1997 年版，第 374 页。
⑤ 《朱自清全集》第 10 卷，江苏教育出版社 1997 年版，第 375 页。

罗庸要开明书店另起炉灶，另办一份《国文月报》。眼看一份声誉极好的学术刊物就要消失，叶圣陶说什么也不能答应。1945 年 10 月 30 日日记中写道："写信致佩弦，谈《国文月刊》由我店接办事。佩弦昨来信，言拟停办此月刊。我店似不宜任其停止，拟请绍虞主持，继续刊行。又作详书致调孚，请上海诸君怂恿绍虞任之。①叶圣陶一方面坚持《国文月刊》由开明书店"接办"，不让《国文月刊》的"传统"白白地消失，另一方面又热心扶植行将"结束"的《国文月刊》。虽说不是《国文月刊》的编委，但《国文月刊》由开明书店股份有限公司驻桂林办事处出版，湘桂大撤退后又改在重庆出版，有些稿子是经他审阅或修饰过后才发排的，这在叶圣陶日记中也有记载：

1945 年 11 月 18 日　写信八通，皆为接洽接办《国文月刊》及为月刊拉稿之事。……六时到文光书店，梦生、允安作东，舫余与云彬、彬然、瑞卿、惠民。席间谈《国文杂志》，仍继续出版。九时归。②

1945 年 11 月 19 日　为《国文月刊》校改原稿竟日。余冠英寄来之原稿，未加校读之功，排版时常生困难，故为校之。此是第四十期，盖余君所编之末一期矣，此后将由我店编辑，当较修整。③

1945 年 11 月 21 日　续校《国文月刊》原稿，毕。④

① 《叶圣陶集》第 20 卷，江苏教育出版社 2004 年版，第 459 页。
② 《叶圣陶集》第 20 卷，江苏教育出版社 2004 年版，第 477 页。
③ 《叶圣陶集》第 20 卷，江苏教育出版社 2004 年版，第 477 页。
④ 《叶圣陶集》第 20 卷，江苏教育出版社 2004 年版，第 478 页。

因为对《国文月刊》有过"襄赞"，叶圣陶总觉得停办了太可惜，于是力劝开明同人接过来。是叶圣陶的执着和朱自清的从中协调，这才使罗庸不得不让步，同意《国文月刊》"暂由"开明书店"续办"。叶圣陶这么执着，彰显的是一位教育家的热忱和编辑出版家的睿智。在叶圣陶看来，"语文"教育当然要与时俱进，因地制宜，不断创新，但创新需要在原有的基础上拓展，这就需要有"坚守"，注重"积累"。像罗庸所说的"另起炉灶"，另办一份《国文月报》也不是不可以。但《国文月报》不可能一上来就与《国文月刊》"对接"，作者和读者也不可以招之即来，立时就把《国文月报》与《国文月刊》等同起来。为了创新和传承，保住《国文月刊》这个园地和平台，由开明书店"续办"是唯一最佳的选择。《国文月刊》1945年12月出版第40期的《编辑后记》中说：

> 这一期是本刊第四卷的末一期。我们原定每年出一卷，每卷十期。从创刊号出版到现在已经五年，只出了四十期，可见中间脱期次数不少。战时一切都艰难，办杂志自然也不容易，想来读者都能原谅。
>
> 这四十期的内容未能全符合当初的标准，因为特为本刊撰作的文字不能常得。篇幅也丝毫未能扩充，始终限于五万字。这都见出我们的力量是薄弱的。
>
> 我们薄弱的力量居然维持本刊五年，实在非始料所及，这不能不感谢常给本刊帮助的朋友们。尤其感谢的是开明书店，如没有开明书店的帮助，本刊根本不能和读者见面，更不用说维持这么久了。我们打算这告一段落的时候暂时停刊。因为国文月刊社

本属于西南联合大学师范学院，联大既将结束，国文月刊自然随着结束。不过我们还想结合着更多的同志，以私人名义继续办这个杂志，这或者是一向爱护本刊读者所希望的。但改组需要相当时日，在短期内本刊能否与读者重见，尚不敢说。

上期未登完的文章，本期全部续完，特约的稿子都尽量编入，因此篇幅比平时多了一倍。尚有许多未能容纳的文章，只得割爱，凡已附寄邮票者，都挂号寄还。

这篇《编辑后记》是主编余冠英写的，可通篇都是罗庸的意思："联大既将结束，国文月刊自然随着结束。不过我们还想结合着更多的同志，以私人名义继续办这个杂志，这或者是一向爱护本刊读者所希望的。但改组需要相当时日"，"属于西南联合大学师范学院"的《国文月刊》只好"暂时停刊"，交由开明书店"续办"的话压根就没有说。与《编辑后记》并行登载的是叶圣陶写的《开明书店启事》，全文如下：

本店对于文史两方面一向愿意尽一些可能贡献力量，所以对于国文月刊的出版既尽力襄赞，而为了国文月刊的结束十分惋惜，于是我们又没法挽救这已成的事实。因此，不自量自己力量的薄弱，征得国文月刊社的同意，在改组尚未成熟以前，暂由本店维持，以免中断，明年一月间，就续出第四十一期，一俟改组成熟，本店愿意仍如以前一样只负出版的责任。在现在维持的期间，尚望国内热心赞助的同志不吝见教，赐以援助。

"一俟改组成熟，本店愿意仍如以前一样只负出版的责任"，话说得特别大度。就这样,《国文月刊》算是交接了。《国文月刊》第 41 期于 1946 年 3 月 20 日在重庆出版,版权页署:编辑者夏丏尊、叶圣陶、朱自清、郭绍虞。这一期的《卷首语》中说:

> 这一个刊物本来是由西南联合大学师范学院国文系中同人所主编,同时邀同西南联合大学文学院国文系中同人及校外热心于国文教学的同志合力举办的。当这个刊物举办的时候,即由开明书店担任印刷发行的任务。现在,因为复员的关系,西南联合大学本身的组织不复存在,所以改由开明书店继续接办。
>
> 我们因为接办的关系,仍旧愿意维持本刊原有的精神。下面的话即是本刊第一期的卷首语。因为宗旨相同,所以不避重复,仍旧用作接办以后第一期的卷首语。
>
> (下略)

《国文月刊》第 43、44 期合刊(1946 年 6 月 20 日)版权页署:编辑者郭绍虞、周予同、叶圣陶、朱自清。《国文月刊》第 51 期(1947年 1 月 20 日)版权页署:编辑者叶圣陶、黎锦熙、郭绍虞、朱自清、周予同、吕叔湘。《国文月刊》第 63 期(1948 年 1 月 10 日)版权页署:编辑者朱自清、叶圣陶、郭绍虞、吕叔湘、周予同。《国文月刊》第 71 期(1948 年 9 月 10 日)版权页署:编辑者吕叔湘、叶圣陶、郭绍虞、周予同。1949 年 8 月,《国文月刊》出完第 82 期停刊。

《国文月刊》可分为前后两个时期,第一个时期是 1940 至 1945 年,共出 40 期,编委多达 13 人,朱自清贯穿始终。第二个时期是 1946 至 1949 年,共出 42 期,编委多达 7 人,叶圣陶贯穿始终。可见,朱自清和叶圣陶是《国文月刊》台柱。而把这两个时期衔接起来的是叶圣陶，叶圣陶为《国文月刊》做的工作尤其多，索稿、改稿的事在日记中时有记载，现摘抄几则：

　　　　1946 年 3 月 4 日　　写信多封，索《国文月刊》之文稿。绍虞编此志，觉文稿来源甚少，殊难为继，故为之向友人催询。①
　　　　1946 年 3 月 13 日　　选文两篇，加以评语，入《国文月刊》，栏名为《当代文选评》。②
　　　　1946 年 3 月 15 日　　得了一、叔湘书，皆附有文稿，复之。③
　　　　1948 年 8 月 24 日　　绍虞为《国文月刊》作悼念佩弦一文，其文全系文言调子，余为改之。亦费半日工夫。④

《国文月刊》自 45 期起迁到上海出版，从第 46 期（1946 年 7 月 20 日）起，《国文月刊》每期都按时出版，直至第 82 期止，时为 1949 年 8 月 10 日。

通览 1946 至 1949 年的《国文月刊》，关于语文教学理论和实践经验的论文呈现出"百家争鸣"的景观。高名凯《中国语的特征》、丁易《读大学一年级的国文》（第 41 期）、吕叔湘《语文杂记》、丁易《再谈"读书指导"》（第 45 期）、曹伯韩《对于语文课程的一些意见》、傅庚生《国文教学识小篇》、李广田《中学国文教学的变通办法》、杨

① 《叶圣陶集》第 21 卷，江苏教育出版社 2004 年版，第 50 页。
② 《叶圣陶集》第 21 卷，江苏教育出版社 2004 年版，第 53 页。
③ 《叶圣陶集》第 21 卷，江苏教育出版社 2004 年版，第 54 页。
④ 《叶圣陶集》第 21 卷，江苏教育出版社 2004 年版，第 308 页。

同芳《中学语文教学泛论》、木将《国文教学新议》、朱怙生《中学国文教学一得》（第 48 期）、黎锦熙《中学校国文讲读教学改革案述要》、马叙伦《中小学教师应当注意中国文字的研究》（第 51 期）、陈士林、周定一记《中国语文诵读方法座谈会记录》（第 53 期）、邢楚均《朗读与国文教学》（第 57 期）、《对于六年一贯制中学本国语文教学的几点浅见》（第 61 期）、闻一多遗著《调整大学文学院中国文学外国语文学二系机构刍议》、朱自清《关于大学中国文学系的两个意见》（第 63 期）、孙毓苹《论中学国文教学》（第 64 期）、徐中玉《国文教学五论》（第 65 期、第 67 期）、罗农父《国文教学经验谈》（第 72 期）、魏建功《中国语文教育精神和训练方法的演变》（第 73 期）、张存拙《中国国文教材的改进和社会本位文化》（第 74 期）、孙伏园《中国的文言教育》（第 75 期）、霁融《国语运动的难关》（第 80 期）等，对语文教学理论和实践经验进行了广泛的探讨和深入的交流，显示了《国文月刊》在现代语文教育史上承前启后，"结算过去，开创未来"的重要意义。

三、主编《中国作家》和《五四谈文艺》

叶圣陶接替老舍担任中华全国文协总会总部主任之后，在出版方面做的第一件大事就是创办和主编《中国作家》。

为了繁荣"革命的现实主义"的文艺创作，为"民主运动"服务，文协决定出版文协会刊《中国作家》，并成立了由叶圣陶、茅盾、冯雪峰、梅林、靳以、楼适夷等人组成的《中国作家》编辑委员会。而这时的中国，物价狂涨，"各方面均濒临绝境"，开明书店在风雨中飘摇，"造货成本益高，书籍销路益窄，瞻望前途，搁浅堪虞"①。为了支持文协的工作，叶圣陶和开明同人统一认识：赔本出版《中国作家》。作为主编，叶圣陶为《中国作家》做的工作具体而琐碎。1946 年 9 月 18 日记："雪峰来，谈文协出《中国作家》事，约于星期六邀数友再谈。"②9 月 25 日记："午后三时，雪峰、巴金、振铎、胡风四位来，共商文协之杂志《中国作家》出版事。议定出两月刊，以明年一月出版。目前各出拉稿，务期有较具斤两之东西。四时半散。"③11 月 20 日记："雪峰来，谈《中国作家》集稿事。此志为文协之会刊，须比较像样，文字均在水平以上。然值此时会，文友皆心绪不宁，何能有像样之文字耶。"④虽说组稿很困难，叶圣陶还是主张尽快出版。1947 年 2 月 16 日日记中写到托邵力子"向内政部催问《中国作家》登记事"⑤。曾经担任过国民党宣传部部长的邵力子当时担任国民参政会、宪法促进委员会秘书长，由于他出面过问，内政部于 4 月上旬准予登记，《中国作家》有了出版执照。叶圣陶在 4 月 10 日日记中说："靳以、适夷二位来，共商《中国作家》征集稿件之事，此事算是从今上劲，希望能编成较为像样之刊物。"⑥但事与愿违，集来的稿子都不理想。叶圣陶在 8 月 2 日日记中写道：

---

① 叶圣陶 1946 年 6 月 16 日日记，《叶圣陶集》第 21 卷，江苏教育出版社 2004 年版，第 87 页。

② 《叶圣陶集》第 21 卷，江苏教育出版社 2004 年版，第 114 页。

③ 《叶圣陶集》第 21 卷，江苏教育出版社 2004 年版，第 116 页。

④ 《叶圣陶集》第 21 卷，江苏教育出版社 2004 年版，第 142 页。

⑤ 《叶圣陶集》第 21 卷，江苏教育出版社 2004 年版，第 163 页。

⑥ 《叶圣陶集》第 21 卷，江苏教育出版社 2004 年版，第 177 页。

下午三时，至（许）广平家，开文协常务理事会。……议《中国作家》赶速出版，内政部之执照发出已四月，六个月内不出，执照即将失效矣。然余实不能编此志。投来者多不及水准之作，请诸人赶作一篇，凑成一册，复何意义。所谓"为杂志而办杂志"，至无聊矣。然他友均不作如是想，他们以为有胜于无，且出了再说。五时散。①

叶圣陶不赞成"有胜于无"之类的敷衍和迁就，特地请茅盾向文协"诸友"转达他的想法。他在 8 月 6 日日记中写道：

（下午）雁冰来店，谈及《中国作家》出版事。彼此以为勉强凑集，必无佳篇。外间属望此志甚久，而所出平庸，殊失文协信誉。且开明承印此志，从目前工本之高，读者购买力之差，必致亏损。亏损而出一平平之杂志，亦甚无谓。……余因托雁冰告有关诸友，望共喻此意，暂不主张此志之出版。②

8 月 16 日记："至梅龙镇茶叙，讨论《中国作家》之出否。余与雁冰主暂时缓出，仓卒集事，必无佳绩。其他诸友均主出之。既多数如是，但需集稿足数，即可已。"叶圣陶服从"多数"，四处"集稿"，8 月底就把"创刊号"编好，他亲自校对。9 月 11 日记："校《中国作家》校样。"9 月 15 日记："校《中国作家》。"次日记"继续校对《中国作家》。"9 月 19 日记："校《中国作家》末校样。"10 月 1 日，《中国作家》

---

① 《叶圣陶集》第 21 卷，江苏教育出版社 2004 年版，第 207 页。
② 《叶圣陶集》第 21 卷，江苏教育出版社 2004 年版，第 208 页。

创刊号正式出版，封面署"中华全国文艺协会编印"，版权页上署：

　　编辑者　中华全国文艺协会上海作家编辑委员会
　　发行者　舒舍予

这署名是叶圣陶精心安排的。这时老舍还在美国，心情很不愉快。叶圣陶 1946 年 11 月 6 日日记写道：

　　上午梅林来谈老舍事。老舍到美国后，美国通讯社曾发简短消息，谓老舍曾在某一会中发言，美国应保持原子弹秘密，以与苏联折冲云云。上海友人见此，颇不满于老舍，沫若、雁冰、田汉皆尝为文论及此事。其文传至美国，老舍大恚。大约通讯社之消息系有意或无意之误传，而沪友不察，遽加指摘，且执笔者均为支持文协之老友，尤伤其心。最近老舍致书与余及振铎、梅林，请辞文协理事，并退还前年文协支助之药费，于发言事并未直接提明，唯言到美后未公开演说。此事欲求弥补，转落痕迹，唯有俟老舍归来时当面一谈。庶几前嫌尽除耳。①

叶圣陶一向很相信很敬重老舍，不相信有所谓的"原子谈话"。文协会刊《中国作家》署"发行者舒舍予"，这是叶圣陶坚持要这么做的，带有"辟谣"的性质，郑重其事地告诉文艺界同人：老舍仍然是文协的总务部主任，他只是"暂代"。以团结为重，为大局着想，

---

　　①　《叶圣陶集》第 21 卷，江苏教育出版社 2004 年版，第 136 页。

这是叶圣陶一贯的风格。

《中国作家》第二期于 1948 年 1 月出版，第三期于 1948 年 5 月出版，稿件均由叶圣陶审读和校对。第三期出版后，叶圣陶着手筹组第四期的文稿，但好稿难求。9 月 2 日日记记："续看'作家'文稿。诸文皆平常之至，看之乃如受罪。"①9 月 7 日记："傍晚，文协诸友小叙于延福楼，谈征文评选及他事，至九时而散。"② 当时，文协为了激励作家们描写"八年对日民族战争和两年余争取民主运动在人民生活上的巨大影响"，发起征文运动，广泛征集长诗、短诗、长篇小说、中篇小说、短篇小说、中篇报告、短篇报告、多幕剧、独幕剧、电影剧本、童话、民间文学、文艺批评、社会批评等各种种类的作品，入选作品在《中国作家》发表，或用丛书名义出版，"以为创导"。叶圣陶在 9 月 21 日日记记：

> 傍晚，文协在我店开理监事会，凑合邵力子来沪之便也。讨论评阅征文之办法，甚烦琐。征文系于五月四日发表，所悬门类至伙，应征者极踊跃，长篇小说亦有二十馀部，其他门类均有之。评阅之事，实甚麻烦。而诸友皆不之措意，唯谓其中必有好东西，精心发掘，意义无量。以余言之，虽不敢遽谓无望，亦不能如此乐观也。③

叶圣陶对"征文"不太"乐观"，倒不是怕麻烦，而是觉得文协

---

① 《叶圣陶集》第 21 卷，江苏教育出版社 2004 年版，第 310—311 页。
② 《叶圣陶集》第 21 卷，江苏教育出版社 2004 年版，第 311 页。
③ 《叶圣陶集》第 21 卷，江苏教育出版社 2004 年版，第 315 页。

诸友把事情看得太简单，工作不够扎实，内部又不团结。虽说他并不主张出《中国作家》，但既然要出，就总想把《中国作家》"编成较为像样的刊物"，不负社会的"属望"，并为此作了不懈的努力。因为第四期组来的稿子太"平常"，《中国作家》只出了三期就终刊了。

《中国作家》发表过郭沫若、朱自清、闻一多、冯雪峰、郑振铎、巴金、冯至、沙汀、路翎、李广田、靳以、许杰、阿垅、胡风、唐弢、绿原、碧野、方敬、蒋天佐、林淡秋、邹荻帆等名家的作品，整体风格是创作与评论并重，创作以小说和散文居多，评论偏重于古代文艺的研究和创作技巧的探讨，第三期还编刊了"纪念许季茀先生"特辑，按说《中国作家》还是有水准的，只是叶圣陶觉得还应该有更高的追求。1948 年 5 月，文协出版了文协十周年暨文艺节纪念特辑《五四谈文艺》，现将目录摘抄于下：

《五四谈文艺》

文协十周年暨文艺节纪念特辑

1948 年 5 月出版

我们的话	郑振铎	景　宋	熊佛西	杜守素	史东山
	阳翰笙	勒　以	李健吾	吴组缃	李何林
	初大告	戈宝权	许　杰	潘子农	徐　迟
	唐　弢	陈鲤庭	臧克家	梅　林	应云卫
	蒋天佐	吴　天	董每戡	沈同衡	凤　子
	安　娥	陈敬容	海　尼	许幸之	一　文
	任　钧	孔另境	沙　蕾	赵　丹	萧曼若
	吉　罡	张十方	陈觉玄	高　植	劳　辛

李白凤　郑延谷　郑造　黄宗英

风雨五四　　　　　　　　　　　　　　田　汉

五四与科学　　　　　　　　　　　　　周建人

以《狂人日记》为起点　　　　　　　　胡　风

谈文艺上的一二问题　　　　　　　　　史　笃

我看文运　　　　　　　　　　　　　　林淡秋

剧人·剧坛·剧运　　　　　　　　　　陈白尘

好莱坞究竟给了我们什么影响　　　　　梅　朵

翻译的价值　　　　　　　　　　　　　董秋斯

辟"为艺术而艺术"　　　　　　　　　何家槐

文艺节歌　　　　　　　　　　　　　　马凡陀

征求作品公告　　　　　　　　　　　　文　协

在 1948 年那个纷乱的年代，能聚集这么多名家纪念"五四"，实属不易。而在当时，纪念"五四"最重要的主题就是关注人民的疾苦，向黑暗和愚昧宣战，向阻碍历史前进的一切旧势力宣战，催促新中国的诞生，可见这《五四谈文艺》在我国现代历史的进程中是有着重要的意义的。

四、让英烈闻一多的精神业绩长驻人间

1946 年 7 月 15 日，闻一多遇刺后，清华大学校长梅贻琦正式聘请雷海宗、潘光旦、吴晗、浦江清、许维遹、余冠英、朱自清等七人

组成"整理闻一多先生遗著委员会"，由朱自清担任召集人，编定后交大孚出版公司出版。后因时局及其他原因，大孚出版公司未能接手。闻一多家属代表人吴晗与叶圣陶联系，叶圣陶与开明同人商量后决定接受，表现了一个编辑出版家的宏大气魄。叶圣陶1947年9月12日日记记：

> 一多全集之原稿已由沫若处交来，尚缺一部分。其已来者将近七十万言。此书甚富学术性，宜为仔细校雠。而发售之际，人震于一多之名，亦必能畅销也。

在叶圣陶的主持下，开明书店作了具体分工：叶圣陶全面负责，同时摹写全集中的金甲文及《唐诗大系》和《周易义证类纂》的点校，王伯祥、徐调孚和朱光暄分任校雠。吴晗在《〈闻一多全集〉跋》中说：

> 圣陶先生摹写金甲文字，伯祥、调孚、光暄先生分任校雠，所有引用古书文字，都抽检原书核对一过。（1947年）十月二十五日，圣陶先生给佩弦先生的信说："闻氏全集已付排，缮钞之稿，实多错误，当初以为《死水》《红烛》必无问题，孰知钞者所据为排印本，而排印本不惟多错字，且有错简之处，校时始发觉，颇累了排字工友。其考据文字，引用处如有可疑，皆检原书查对。"又在给沫若先生的信里说："期其比较精善，庶无负一多先生耳。"这部书的精善，这里面不止是学术上的共鸣，也包含了崇高的友情。我完全同意圣陶先生的话："此集交开明，为其幸事。"不止是闻集之幸事，也是学术界的幸事。

1948 年 8 月 18 日，《闻一多全集》正式发行，分为精装四册八集，卷首汇集闻一多先生的照片、印章、写生、手稿、图片等共 42 幅（方）。版权页署：编辑者：朱自清、郭沫若、吴晗、叶圣陶。《闻一多全集》是继 1938 年 8 月出版的《鲁迅全集》之后，我国革命文化战士逝世后出版的第二部著作全集。这时的中国，正处在革命与反革命决战的关键时刻，广大读者出于对人民英烈无限崇敬的心情和拜读先驱遗文的迫切愿望，争相购买，很快销售一空。1948 年 9 月出第二版。1948 年 11 月出第三版。1949 年 12 月出第四版。叶圣陶为《闻一多全集》作的广告辞中说：

> 闻一多先生为民主运动贡献了生命，他是一个斗士。但是他又是一个诗人和学者。他说他始终没有忘记除了我们的今天外，还有那二千年前的昨天，这角落外还有整个世界。他又说："我的历史课甚至伸到历史以前，所以我又在研究以原始社会为对象的文化人类学。"

> 他的贡献真个太多了。创作《死水》，研究唐诗以至《诗经》、《楚辞》，一直追求到神话，又批评新诗；更动手将《九歌》编成现代的歌舞，象征着我们青年农民的严肃的工作。他将古代与现在打成一片，成为一部"诗的史"，或一部"史的诗"。①

叶圣陶在为《闻一多全集》写的《重印后记》中说："闻一多先生被反动派看作死敌，他当然是咱们的英雄；反动派消灭了他的肉

---

① 《中学生》1948 年 9 月号，江苏教育出版社 2004 年版，1948 年 9 月 1 日。

体，咱们就得拥护他的精神的永生——包括他的道德和文章。给他编
集子当然应该编全集，不编全集就感到不满足，不够劲，不够给敌人
一种威慑力量，不足以向全世界控诉反动派竟杀害了这样一位正义的
有成就的学者。"①《闻一多全集》的出版，叶圣陶做的是审读（书稿），
以及编排、抄写、校对等琐碎的工作，进行的却是一场特殊的战斗，
目的是为了使英烈的精神业绩得以长驻人间。

五、《抗战八年木刻选集》和《苏联见闻录》的出版

1946 年 9 月 15 日，中华全国木刻协会在上海举办了"抗战八年
木刻展览会"，陈列的作品有几千幅之多。为了给"木刻展览会"拟
定主题，打造声势，汇集精华，扩大影响，在中华全国文协总会的统
筹下，中华全国木刻协会选编了一本《抗战八年木刻选集》，由开明
书店赶在"木刻展览会"开幕日之前出版，这是出版界值得纪念的一
件大事。

《抗战八年木刻选集》汇集了野夫、陈烟桥、夏风、李桦、王琦、
刀锋、古元、刘铁华、刘岘、陈铁耕、胡一川、赖少其、江烽、武石
等七十五位木刻家抗战八年来的木刻共一百幅（另有封面和扉页的木
刻以及环衬的装饰画）。书前有叶圣陶写的《序》以及中华全国木刻
办会写的《中国新兴木刻的发生与成长》和《编后》。编者精挑细选，
观定得极严，"每个作家的作品最多不超过两幅"，叶圣陶亲自担任

---

① 《叶圣陶集》第 7 卷，江苏教育出版社 2004 年版，第 240—241 页。

"责编"，帮助筛选，精心设计，精益求精，从而确保了作为我国"新文化的一部分"的木刻的"伟大的性格"。

《抗战八年木刻选集》的扉页上印有红色的中英文字："谨以此书纪念／木刻导师鲁迅先生／逝世十周年。"简短的题词讴歌了"木刻导师"鲁迅的业绩，也升华了《抗战八年木刻选集》的品格和意义。虽说木刻艺术在中国由来已久，但因为民间化的程度较深，一直没有步入艺术的最高殿堂。鲁迅借助西方木刻艺术的思想来融合中国木刻艺术的创作，以"拿来主义"的态度尝试着对木刻艺术的改造和提升。1929 年，鲁迅印行了《近代木刻选集》（1）和《近代木刻选集》（2）两本木刻集，把西洋的木刻介绍过来，在我国播下了木刻的种子。1930 年的夏天，鲁迅在上海开办了木刻讲习班，催生出了木刻的萌芽。1934 年 10 月，鲁迅编辑的《木刻纪程》（一），以铁木艺术社名义出版，计收木刻二十四幅，作者为一工（黄新波）、何白涛、李雾城（陈烟桥）、陈铁耕、陈普之、张致平（张望）、刘岘、罗清桢等人。鲁迅除为木刻作者寄出样书外，还分赠郑振铎、北平全国木刻展览筹备处，以及苏联木刻家克拉甫兼珂和冈察罗夫、苏联美术批评家丁格尔等国外友人，给我国的木刻家以巨大的鼓舞。

可反动当局竟把木刻"认做'危险'的艺儿"，丧心病狂地封闭展会，没收作品，囚禁作家。"然而这些打击与阻挠并没有使木刻夭折"，经过血和泪的培植，木刻艺术有了与其他文化部门并驾齐驱的发展。抗战的八年正是我国木刻的成长期。在中华全国木刻界抗敌协会的推动之下，木刻成了抗战宣传的利器，"木刻出版物的散布真是异常广泛，几乎每个重要城市，只要是木刻作者所到的地方，当地的报纸杂志上就有木刻的作品出现。据中国木刻研究会的估计，战时全国出版的木刻刊物约在四千种以上"(《中国新兴木刻的发生与成长》)。在 1946 年那个时局动荡不安的环境中，出版《抗战八年木刻选集》，把散见于各种刊物上的优秀的木刻汇集起来，纪念"木刻导师鲁迅先生"，并以此作为建设新中国新文化的基石和支柱，意义极为深远。

《抗战八年木刻选集》的第一幅木刻就是我国新兴木刻运动的主要活动家野夫的《角斗》：苍茫的大地上，两头牛正在"角斗"，寓意极其深刻。野夫是在鲁迅直接指引下我国最早从事新兴版画运动和创作的艺术家之一，1933 年始与鲁迅通信，深得鲁迅赞赏。早年曾参与组织春地美术研究会、中国美术家联盟、野风画会、涛空画会、MK木刻研究会、上海绘画研究会、铁马版画会，兼负责中国左翼文化总同盟新亚艺术传习所的绘画木刻系。抗战后参加战时青年服务团，与画家王良俭筹办春野木刻美术研究会，出版《春野木刻集》，又创立浙江战时木刻研究社。举办木刻函授班、绘画专修社，在浙、闽、赣等地领导木刻运动，1946 年任中国木刻家协会常务理事。《角斗》秉承了野夫木刻一贯的黑地白线的风格，粗犷而豪放，其场景和寓意都让我联想到"抗战"那是一个中华民族拼死"角斗"的年代：与日本侵略者拼死"角斗"，与懦弱和腐朽"角斗"，中华民族就是要在这场"角斗"中求生存和发展。第二幅是我国木刻运动另一位"最初提倡木刻运动者"陈烟桥的《鲁迅与高尔基》，画面上"鲁迅与高尔基"面对面在亲切地交谈，朴实无华的画面彰显了鲁迅就是"中国的高尔基"这一主旨。陈烟桥 1928 年入广州市立美术专科学校西画科，1931 年入上海新华艺术专科学校西洋画系，不久开始版画创作，并从事进步艺术活动。1933 年陈烟桥与鲁迅通信，在鲁迅的鼓励与支持下，继续从事版画创作。抗日战争爆发后，陈烟桥在武汉、重庆等地从事抗日宣传活动。1946年陈烟桥任中华全国木刻协会常务理事。

其他的98幅木刻作品风格各异，或豪迈，或朴拙，或忧郁，或沉重，或静穆，或稳健，或柔美，无论是"倾向于通俗的民族形式"，还是接受钟鼎文"'金石味'的线条"的启示，无论是师承苏联的作风，还是"接近西洋"，都力求走出我国新兴木刻"自我发展"的道路，都紧紧地扣住抗战时期民族国家的悲欢和历程，不作虚构的描写。就内容而言，大致可分为四个方面：

一是揭露日本帝国主义的凶残。二是沦陷区和国统区人民的苦难。三是共产党领导下的各个边区，包括各个敌后根据地，完全是一片兴旺的景象。生产、学习、练兵、歼敌，政府和人民心心相印，军队和老百姓亲如一家人，处处给人以新的欢欣。四是展现江山之美和各地的风情。作品这么丰富，意义如此重大，作为中华全国文协总会的负责人和著名的编辑出版家叶圣陶当然会全身心地投入，赶速度，求质量，做到尽善尽美。从开始接洽到装订成书只花了两个多月。如果从稿交齐之日算起，只有51天，进度之快，效率之高，质量之好，在当时着实令人惊叹。为了使这本大型画册赶在（1946年）9月15日"抗战八年木刻展"预展之前出版，叶圣陶废寝忘食，精心打磨。从日记中可以看到，他修改木刻协会的《中国新兴木刻的发生与成长》，就花了三天工夫；为木刻选集作者的小传润色，花了两天工夫。8月10日日记记："为木刻协会改木刻选集之序文。此班美术家俱不善为文，言不能达其意。"[1]8月12日记："改木刻协会之序文竟。"[2]8月

---

① 《叶圣陶集》第21卷，江苏教育出版社2004年版，第105页。
② 《叶圣陶集》第21卷，江苏教育出版社2004年版，第106页。

15 日记：“为木刻集之作者小传（《作家简叙》）润色。”[1] 8 月 16 日记：“竟日润色木刻作者之小传，毕。”[2] 经过叶圣陶的“润色”，作者小传其实也是对所选木刻的评点，有话则长，无话则短，行文活泼，视野宏阔，谈“人”说“画”，均精确至极。这里抄录四则“简叙”：

野　夫

原名郑诚元，浙江乐清人。是中国木刻运动最早的运动者之一。在上海美专学习时即组成“一八艺社”及“野风画会”，从事木运的推动。初期创作极努力，后来大部分时间用于推进木刻运动方面。曾于一九三六年与李桦发动第三次全国木刻展，因抗战爆发，未能成功。后辗转浙赣，投身于合作事业，并着手发展木刻用品的供应事业，组成木刻用品合作社（即今日的中国木刻用品合作工厂）。这时东南以至全国木运的蓬勃发展，有赖于他的努力极多。后更为培养木刻新人，创办木刻函授班，成绩卓著。与其说他是个木刻创作者，毋宁说他是个木刻运动家，十几年来他推进木运的劳绩相当的大。他的木刻颇粗豪，坚持着黑地白线的作风，没有大变化。著有《点缀集》、《木刻手册》、《合作运动木刻画集》等书。

陈烟桥

广东人。一九三〇年与野夫、铁耕在上海从事木刻运动，为最初提倡木刻运动者之一。“九一八”以后，在上海刻作甚勤，

---

①　《叶圣陶集》第 21 卷，江苏教育出版社 2004 年版，第 106 页。

②　《叶圣陶集》第 21 卷，江苏教育出版社 2004 年版，第 107 页。

并曾组织木刻团体。抗战军兴，即离沪赴香港，从事报纸与漫画工作。其后转至重庆，帮助陶行知先生创办育才学校，任该校绘画组主任。课馀撰述艺术理论甚多。两年后流落西南各地，因生活环境多变动，刻作渐少。其风格纯朴无华，一如其人，从他为爱泼斯坦著《人民战争》所作插图可以充分看出。他有很高的抱负，想到各地搜集画材，创作刻画这时代的画幅，但为生活所逼，未能如愿。近年来从事艺术理论多于木刻创作，并常绘时事讽刺画。据他说，客观现实需要甚么最急，他就做甚么。

刘　岘

河北人。早年在上海美专肄业时，即从事木刻运动。后赴日本研究"木口木刻"。"七七"后赴西北。作品精细，有苏联木刻风格。

武　石

这位沈毅的木刻家好像一头老鹰，对现实投下阴沉的眼光，一下子就把对象紧紧抓住。湖南湘潭人中多革命家，他也具有这种传统的乡土性格。战前在新华艺专学画，战事起来之后，随戏剧队在湘桂各地流动工作。他从事木刻大概因为这门艺术适合他的孤僻的性格。他的明快而豪放的刀触很有压迫观者的感染力。

七十五位木刻家的"简叙"构成了我国现代木刻的"简史"。随后，叶圣陶又写了一篇《序》，排在《中国新兴木刻的发生与成长》的前面，并请专家把他的这篇《序》连同《中国新兴木刻的发生与成长》、《编后》、《目录》和《作家简恨》全都译成英文，用中文和英文两种文字分开排印，以便于向海外发行。8月19日日记记："竟日排比木刻作者小传，致肝阳上升，颇不舒服。"[1]9月15日日记记：

> 至钱业公会，观抗战八年木刻展之预展。我店所印《抗战八年木刻选集》今日始装成，即送至会中。此集余为改稿，托人译为英文，锡光主持交排交印，用心用力至一个月以上。今日一编入手，尚称可观，为之欣慰。[2]

抗战八年里，中国分成了三个天下：一个是敌占区，一个是国统区，一个是共产党领导下的各个边区，包括各个敌后根据地。在这本木刻选集中，木刻家们对"三个天下"作了真实而深刻的展示。叶圣陶在《〈抗战八年木刻选集〉序》中说：入选的作品在我国木刻运动史上极具里程碑的意义，这本木刻选集是"八年抗战"的"历史的缩影"，也是记录我国人民"生命史"的写照。再请看叶圣陶为这本木刻选集写的广告词：

《抗战八年木刻选集》

是八年来木刻的精华　　是抗战中艺苑的奇花

重磅米黄色道林纸单面精印（内有彩色图数幅）

硬面精装一厚册；封面四色烫印，精雅美观。

我国木刻艺术，从倡导到如今，时间不满二十年，成绩已经

---

① 《叶圣陶集》第 21 卷，江苏教育出版社 2004 年版，第 107 页。
② 《叶圣陶集》第 21 卷，江苏教育出版社 2004 年版，第 113 页。

相当可观了，近似于传统而不承袭传统，受着外来的影响而不为影响所拘束，土生土长，趋于创造。这本选集就是证明。

这本选集包含七十五位作家，一百幅作品。这些作品是从陈列在抗战八年木刻展览会的几千幅作品中精选出来的。木刻作家把对于敌人的憎恨，对于受苦难者的同感，对于大众生活的经验，对于自由中国的期望，在这里表露无遗。我国人民以生命写了抗战的历史。而这本选集就是那历史的缩影。

前有叶圣陶先生序及协会所撰《中国新兴木刻的发生与成长》，后附七十五位作家简叙。（均附英译）[①]

"对于自由中国的期望，在这里表露无遗"，再一次点出了《抗战八年木刻选集》的意义。与《抗战八年木刻选集》相呼应的是茅盾的《苏联见闻录》。1946年12月初，茅盾应邀访问苏联，1947年4月下旬回国。访问期间写的日记和记述，先是在上海《时代日报》上连载，后来汇编成《苏联见闻录》由开明书店于1948年8月出版。《苏联见闻录》的出版，叶圣陶功不可没，这里引录叶圣陶1947年的两则日记：

11月20日　　校阅雁冰之《苏联见闻录》。渠以此稿交我店出版，分两部分，一为日记，一为专篇随笔。专篇列目三十三，尚有十余篇未作，俟其完成，即可付排。[②]

12月19日　　校雁冰之《苏联见闻录》剪存稿，此书即付

---

① 《国文月刊》第47期，1946年9月20日，收入《叶圣陶集》第18卷。
② 《叶圣陶集》第21卷，江苏教育出版社2004年版，第235页。

排矣。①

"校雁冰之《苏联见闻录》剪存稿。"可见，《苏联见闻录》在《时代日报》连载时，叶圣陶就从报纸上"剪存"起来，为编集子作准备了。当年作家写稿，可没有我们今天这么方便，可以复印，可以扫描，可以转发。那时都用"手写"，稿子"只此一份"，一旦投出去，手头就空了。要找文章得要翻登刊文章的报刊，万一文稿送审时被"审查官吏"扣压或涂改了，也就石沉大海或"成了空格"。叶圣陶特别用心，重要的文稿送审时会抄一份留下来，免得有闪失；在报刊上看到朋友的好文章会剪下来保存好，留作编书的时候用。为茅盾"剪存"《苏联见闻录》，并不是对茅盾"情有独钟"，而是一向如此，这是叶圣陶的一个习惯。

茅盾记叙的苏联，今天虽已不复存在，可在当年正是茅盾及其同辈人孜孜以求的"明灯"，用茅盾在《苏联见闻录》中的话说是苏联人民"获得了温暖与光明"。叶圣陶和茅盾心往一处想，为了传播这个理念，他帮茅盾"剪报"、编校，使之尽早推出来与读者见面。叶圣陶在为这本书写的广告辞中说：

> 茅盾先生于前年冬季游苏联，去年夏季回国。在旅行期间，他每天写日记，用他那致密的文笔，把所见所闻所思所感记载下来。对于特别需要详记的材料，如访问某一位作家，参观某一个博物馆，观赏某一出戏剧，他又另写专篇，好似电影中的特写镜

---

① 《叶圣陶集》第21卷，江苏教育出版社2004年版，第244页。

头。旅行日记与三十多篇专论合在一块儿，就成这部包括他全部的游苏观感的《苏联见闻录》。①

广告辞写得很简洁，但抓住了读者希望阅读的心理，在 1948 至 1949 年那个"社会大转变的时代"，仅是"苏联见闻"这四个字简直就是天上的星辰。

六、维护和保障作家权益

凡是与开明书店打过交道的作者，都把开明书店与作者的关系比喻为"仿佛及时雨露之于草木"，草木无言，而"草色青青中自有一种感激的深情。"② 吴祖光在 1985 年写的《对开明的依恋》一文中说：

经过了约近半个世纪的风云变幻，书籍稿件大部散失，但是如奇迹一般，我手里居然还留有五份从一九四六年到一九四七年与上海开明书店签订的《出版权授与契约》。版权授与人都是我自己的签名，保证人分别为叶圣陶先生和徐调孚先生，版权让受人开明书店的代表则都是范洗人先生。契约上刊载着共计三十一条有关双方的权利与义务的条规，书店都是严格遵守的。③

---

① 《叶圣陶集》第 18 卷，江苏教育出版社 2004 年版，第 347 页。
② 吴岩：《草木无言怀雨露》，《我与开明》，中国青年出版社 1985 年版，第 87 页。
③ 中国出版工作者协会编：《我与开明》，中国青年出版社 1985 年版，第 80 页。

担任出版总署副署长时
的叶圣陶

1949 年 9 月，叶圣陶在北平与茅盾、艾青、胡风等文艺界同人合影

叶圣陶为开明书店作的广告，《开明少年》第40期（1948年10月16日）

叶圣陶为开明书店作的广告，《开明少年》第42期（1948年12月16日）

《进步青年》第 216 期，1949 年 10 月 1 日

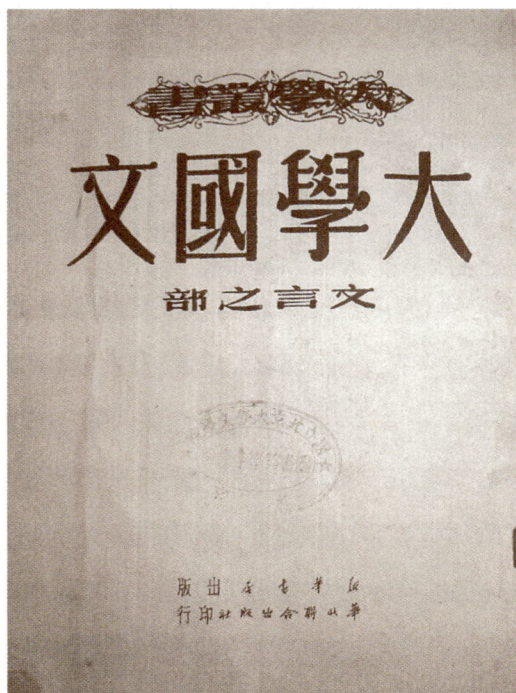

《大学国文·文言之部》封面 《大学国文·现代文之部》封面

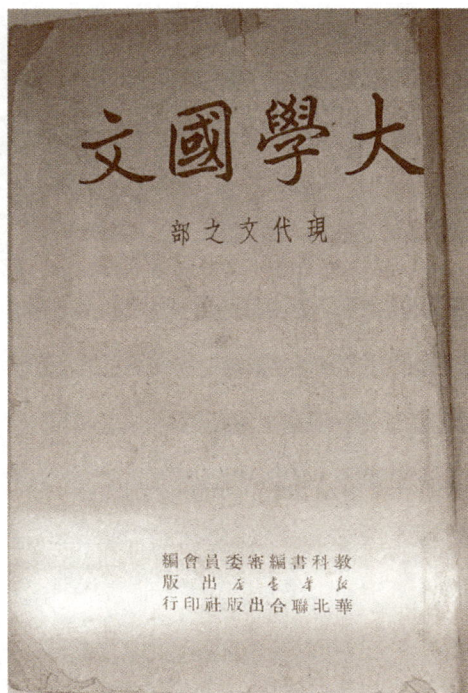

《初级小学国语课本》（第一册）
封面，华北联合出版社 1949 年版

《初级小学国语课本》（第一册）
第四十一课《毛主席》，新华书店
1950 年版

《初级小学国语课本》（第二册）封面，新华书店 1950 年版

《初级小学国语课本》（第二册）第三十五课《中华人民共和国》，新华书店 1950 年版

《初级小学国语课本》（第二册）第二十三课，人民教育出版社1955年版

一 人人歌頌毛澤東

東方紅，太陽昇，
中國出了個毛澤東。
領導咱們鬧革命，
他是人民大救星。
鬧革命，翻了身，
翻了身，拔窮根，
組織起來大生產，
合作互助栽富根。
你種地，我做工，
大家一齊來勞動。
有吃又有穿，
光景往上昇。
喝水要想挖井人，
人人歌頌毛澤東。

《初级小学国语误本》（第八册）第一课《人人歌颂毛泽东》，新华书店1950年版

1955 年 12 月，叶圣陶（前排右一）与顾颉刚（后排左一）、
周振甫（前排左一）在北海合影

在旧中国像开明书店这样严格遵守"契约"的出版社并不多，克扣版税，盗印成风，使得作者与出版社之间关系紧张。1947 年 7 月，叶圣陶和梅林代表文协，与上海春明书店打了一场"版权"官司。叶圣陶 7 月 8 日日记记："放工后，至会宾楼，文协宴请沈衡山、沙千里、林某某三位律师。盖三律师为文协出面，与春明书店交涉，责备其出版各作家选集为妨害著作权，结果议和解，春明交出纸版，并赔偿每一作者一百万元，此可谓大获全胜也。其实此类书已有十多年之历史，出版者非仅春明一家，一向无人过问，即亦自然流行。今文协代作者出面追问，自为本分中事。先对春明，居然胜利，此后再与他家交涉，即有先例可据矣。同席者沫若、雁冰、振铎、胡风、广平、梅林、适夷。九时半散。"① 关于这场官司，《叶圣陶集》第 24 卷收录了叶圣陶写给许广平的一封信，现抄录于下：

广平先生：

周先生著作被上海春明出版社以《鲁迅文选》一书盗印贩卖，由本会委托法律顾问代表向之交涉，结果由该书店交出纸型，并赔偿国币壹佰万元，同对立下字据，保证以后不再有盗印情事，赔款除拟付法律顾问手续费百分之二十即廿万元外（如律师不收，当即补送），其余八十万元，兹为送上。祈即查收，并赐一收据。另外尚有三四书店盗印文协会友著作达六十馀种之多（其中有周先生五六种），现已由本会代表协同法律顾问交涉中，倘有结果，当即详告。专此。即颂

---

① 《叶圣陶集》第 21 卷，江苏教育出版社 2004 年版，第 200 页。

文祺。

> 文协总会总务部主任叶圣陶
> 理事会秘书梅林
> 卅六年七月十八日

外附国币八十万元正。①

这场官司结束后，叶圣陶建议春明书店出版"现代作家文丛"，以挽回影响。春明书店当然很乐意与文协合作。"文丛"由文协编选，第一辑共12集，为《鲁迅文集》、《茅盾文集》、《郭沫若文集》、《郁达夫文集》、《叶圣陶文集》、《巴金文集》、《老舍文集》、《丁玲文集》、《张天翼文集》、《雪峰文集》、《胡风文集》和《梅林文集》。书前有叶圣陶以"中华全国文艺协会"名义写的序言——《关于刊行现代作家文丛》。《序言》中说：

> 关于本文丛的编选和刊行，其主要原因，不外为了街坊间盗印作家的著作过多，损害了作家的版权，影响了作家的版税。其次，那些盗印书又大抵非常不负责任，不得作家同意，随意窃编，随意阉割；而封面的庸俗，印刷的恶劣，尤其余事。但偏偏以"代表作""杰作选"欺骗读者。为消除这一唯利是图的恶劣文风，为保障作家权益，以及为使读者不再受欺骗，本会乃于本年夏季代表作家向各盗印书商交涉，同时代表作家版权，在春明书店刊行了这一套文丛。

---

① 《叶圣陶集》第24卷，江苏教育出版社2004年版，第250页。

这是一桩颇为艰辛的工作，盗印书商之所以敢于公然盗印作家著作，有其历史的原因，但交涉结果却相当圆满。盗印书商知道盗印作家著作于情于理于法均有未合，是有背良知并且犯罪的行为，大抵都在本会所提出的最低条件之下合情合理合法的解决了。自然，街坊间还有若干盗印书商在，但事实会告诉他们，肆无忌惮地吮吸作家的脑汁心血，在人情法理都不容许的情形下会有怎样的结果的。

作家与出版家是站在一条线上的友伴，他们的使命与目的是共同的，应该亲密地合作。因此，《现代作家文丛》的刊行，算是本会作家与春明书店正式合作的开始。

《序言》记录了叶圣陶在"保障作家权益"、沟通"作家与出版家"关系方面所作的贡献。其实，《现代作家文丛》的意义还远不止这些。1950 年代初，"中央人民政府文化部新文学选集编辑委员会"选编，茅盾主编，由开明书店出版的"新文学选集"（分为两辑，共 22 种），被誉为"新文学的纪程碑"，而这"纪程碑"式的"新文学选集"，就是以春明版《现代作家文丛》为基础的。

第十三章

新中国教材的奠基人和开拓者

一、出任华北人民政府教育部
教科书编审委员会主任

1949 年 3 月 18 日，叶圣陶来到北平（北京）。4 月 8 日，叶圣陶出任华北政府教育部教科书编审委员会主任，筹办《进步青年》和《新华月报》，主持编纂即将成立的新中国中小学和师范学校的教科书及《大学国文》。

新中国的教材刻不容缓，这是"奠基"之作，必须突出一个"新"字。小学的算术、自然，中学的数、理、化课本可以"择善而从"，从"民国"的好教材中找出"善本"来，加以修饰就可以沿用，历史、地理、常识课本改编的难度也不算太大，再说还可以逐年修订，关键是语文和政治课本，必须推陈出新。在叶圣陶看来，语文的功用原在表现思想与情感，必须有好的课本，不能让新中国的儿童再读"青天白日满地红"！这就需要认真规划，从容编撰。而革命进程一日千里，远远超过人们的所料。4月16日，周恩来郑重宣告：如果南京政府不接受共产党的"八项和平条件"，人民解放军就于4月20日横渡长江。短短的几句话，简直是震惊四海的春雷。4月21日，毛泽东主席和朱德总司令向人民解放军发布向全国进军的命令，百万大军横渡长江。想到一个梦寐以求的新中国即将诞生，叶圣陶怎么也按捺不住内心的欣喜。他在教科书编审委员会会议上提出了一个口号："解放军打到哪里，教科书送到哪里！"

工作千头万绪，作为华北人民政府教育部教科书编审委员会主任，凡是与教育和出版相关的大事小事叶圣陶都得参与筹谋，大至机构设置、人员配备、办公地点，小到职工的宿舍分配、薪级的评定，都得一一落到实处，素以"认真"著称的叶圣陶绝对不肯马虎，而任务的确万分紧迫。叶圣陶1949年4月22日日记记：

> 金灿然（华北人民政府教育部教科书编审委员会秘书长）以华北人民政府之聘书分致同人，余之一份为第一号，可记也。遂开国文组工作会议，决定以一个月之时间改订华北区之高小国语课本，以满下学期应用。五时散。

"改订"《高级小学国语课本》只有"一个月之时间"，因为还有《初级小学国语课本》亟须"改订"，《大学国文》亟须赶编，其他的历史课本、地理课本、政治课本、师范课本、英语教材和农民读物，也都得追赶形势，满足新中国的需求，但人才奇缺。当年的华北人民政府教育部教科书编审委员会国文组，专职成员只有宋云彬、朱文叔、金灿然和蒋仲仁几个人，另外聘请了魏建功和孟超作为"兼职"。叶圣陶四处物色人才，到1949年10月，一共才招募到十三人，他在10月6日日记中写道：

> 下午，国文组全体开会，今有十三人矣。就业务方面漫谈，及于分配工作。①

"今有十三人矣"，听语气似乎还感到欣慰。"国文组"面向全国，主管全国大、中、小学和师范的语文教科书，任务之艰巨可想而知。叶圣陶的要求又极高，一个字一个标点符号都不放过，反反复复地斟酌。课文改定后还特意请朗诵语感特别好的魏建功教授逐篇"诵读"，用"诵读"来检验"词汇及语调"是否有过失。叶圣陶主张语文课文都要能诵读，只有"诵读"才能传达出"语言的节奏跟情趣"，"必须文字本身是活生生的语言"才适合"读"。"如果文字本身是生打硬造的语言，是有骨骼没有血肉的语言"，"读"起来就不顺，"总觉着这不像个语言"。②通过"诵读"使语言更规范化，使好的课文便于记忆和传播，这是叶圣陶为编写语文教材立的一个规矩。

作为新中国的第一本语文课本必须得有描写新中国的课文，这类课文大多是叶圣陶亲自撰写，或者是国文组同人写了之后由他修订

---

① 《叶圣陶集》第22卷，江苏教育出版社2004年版，第73页。

② 叶圣陶：《能读的作品》，《叶圣陶集》第9卷，江苏教育出版社2004年版，第118—119页。

的。叶圣陶 1949 年 10 月 25 日日记记："下午作成《国旗歌》一首，插入高小国语第一册。人民共和国业已成立，课本中无所表见，亦说不过去也。为此之故，初小国语八册且须重行排版。"10 月 28 日记："改文叔所撰高小国语课文。渠以十月一日开国大典为题材，此题未易写，写来殊呆板。"

朱文叔"以十月一日开国大典为题材"写的课文，即《开国大典》，经叶圣陶改定后分为《开国大典（一）》、《开国大典（二）》、《开国大典（三）》，编在《高小国语课本》（第四册）的头三课。叶圣陶写的《国旗歌》，即《国旗》，排在《高小国语课本》（第一册）的第一课，现《国旗》抄录于下：

看！我们的国旗
高高升在旗杆顶，
它代表中华人民共和国，
我们诚心诚意向它致敬。

看！我们的国旗
高高升在旗杆顶，
它那么好看又那么三严，
显出我们新中国的光景。

看！我们的国旗
高高升在旗杆顶，
四颗星星齐向一颗大星，

万众一心齐向人民革命。

看！我们的国旗
高高升在旗杆顶，
中国人民从此站起来了，
这旗帜就是胜利的凭证。

"人民共和国业已成立，课本中无所表见，亦说不过去也。为此之故，初小国语八册且须重行排版。"短短的几句话道出了叶圣陶的使命感，也彰显了新中国语文教材的思想导向。叶圣陶11月1日日记记："改文叔所为课文一篇。"11月3日记："作诗歌一篇，补入高小国语第三册，其题为《咱们的新国家》。""改文叔所为课文一篇"，说的是《我们是幸福的》，经叶圣陶改定后编入《高小国语课本》（第二册），排在第一课，全文如下：

一九四九年十月一日，是中华人民共和国的第一个国庆日。这一天，首都北京的学生们，个个心里欢喜脸上笑。从清早起，他们一队一队的赶往天安门广场，参加开国典礼。他们的服装都整整齐齐，有的是一色全白，有的是一色全蓝，有的是一色全黄，胸口还挂着红星。他们入场之后，排列在广场的西半边，广场的西半边就显得特别美，特别活泼。

他们听见毛主席宣告"中华人民共和国"成立的声音。他们看见第一面新国旗升起来。他们听见二十八响惊天动地的礼炮。他们看见英勇威武的朱总司令阅兵，看见两个半钟头才检阅完毕的新中国的海陆空军。他们全都心里想："我们是幸福的！"

天快黑了，他们开始游行。他们排成大纵队，一边走，一边拍手按拍子，唱着《新民主主义青年团进行曲》，脚步声、拍手声、唱歌声都越来越响亮。他们走到主席台前就不断的高呼"毛主席万岁！"他们听见毛主席吩咐管理灯光的人添两盏水银灯，他们看见毛主席向他们招手，慈爱的向他们微笑，他们听见毛主席高呼"青年同志们万岁！"这呼声和他们的呼声连成一气。他们全都心里想："我们是幸福的！"

课文并不长，而"我们是幸福的！"却写出了新中国成立伊始少年儿童美好的憧憬和欢乐的心声，成了那个年代最流行的话语。叶圣陶写的《咱们的新国家》，是《高小国语课本》（第三册）的第一课，现抄录于下：

中华人民共和国——
咱们的新国家！
工人农民结合在一起，
你帮助我来我帮助你。
其馀的人也不肯落后，
齐心协力搞好新国家。
多修铁路多开矿，
多定计划把生产增加。
办工厂，开农场，

大家致富，人人发家。

人民的心血全在这儿，

等着瞧吧，

五年十年之后，

咱们的新国家！

"写"或者说"创作"全新的课文，难度之大可想而知。而"修订"又谈何容易。下面就"修订"后的《初级小学国语课本》，以及"改订"和"新编"过的《高级小学国语课本》这两种教材作一点评介。这两种课本是新中国小学语文课本的奠基作，极具示范的意义。

二、"修订"后的《初级小学国语课本》

"修订"后的《初级小学国语课本》又称新编《初级小学国语课本》，共八册，署编者"刘松涛、黄雁星、项若愚"，修订者"华北人民政府教育部教科书编审委员会"，新华书店出版，华北联合出版社发行，1950 年 1 月起陆续出版（为了叙述的便捷，以下统称新编《初级小学国语课本》），这套课本几乎每篇课文都配有插图，图文并茂。

《初级小学国语课本》（第一册）第一课是个"人"字。孩子们的启蒙是从"人"字学起的，由"人"延伸到"家庭""劳动""生活""习惯"和"卫生"。课本突出了新的时代和新的气象，代表性的课文有：

升国旗

早上／升国旗／人人都要敬礼

毛主席

毛主席／像太阳／他比太阳还光亮／照着你／照着我／大家拍手来歌唱

分土地

共产党／毛主席／领导人民分土地／人人有地种／家家都欢喜

王大妈

王大妈／王大妈／儿子参军不在家／我们抬水又打柴／大家一起去帮她／王大妈／笑哈哈／都说我们是好娃娃

新儿童

新儿童／新儿童／要学习／要劳动／大家都学毛泽东

新编《初级小学国语课本》（第二册）课文紧紧扣住孩子们的日常生活，内容包括好好学习，好好劳动，今昔对比，翻身解放，歌颂毛主席共产党，这里抄录五篇有代表性的课文：

心全上学了

从前，心全家里很穷，爸爸给人家做长工。心全上不起学。自从爸爸分地翻了身，有吃有穿，心全也上学了。

送公粮

小米饭，黄又黄，爸爸赶驴送公粮。爸爸是个翻身汉，赶着毛驴喜洋洋。早把公粮送前方，军人吃饱打胜仗。

朱德总司令

骑大马，骑大马，姐姐做马头，我做马尾巴。弟弟做军人，骑在马上笑哈哈。

"什么军？"

"人民解放军。"

"谁带领？"

"朱德总司令。"

中华人民共和国

你打鼓，我敲锣，住了锣鼓就唱歌。唱个什么歌？唱个团结歌。工农大众齐努力，建设中华人民共和国。

毛主席像

爸爸在集上买来一张毛主席像，贴在北屋的墙上。又叫哥哥用红纸写了两行字，贴在两边。写的是：

"共产党带来好光景。"

"毛主席教人不受穷。"

新编《初级小学国语课本》（第三册）课文注重培养良好的生活习惯，介绍生活常识和"借条""请假条"一类的实用文，抒发得更多的是"一心来把中国建设好"的理念，这里抄录四篇有代表性的课文：

国旗飘

国旗，国旗，飘飘飘。

我们敬爱你，

　　你是新中国的代表。

五颗星星黄澄澄，

　　缀在红旗左上角。

星星是人民，

　　为着革命，大家团结在一道。

跟着共产党，

　　一心来把中国建设好。

春天到

春天到，

　　冰儿消，雪儿化。

河里水，哗啦啦。

河水，河水！你说什么话？

河水说：

　　我是唱歌，不是说话。

河水，河水！你唱什么歌？

河水说：

　　我唱春天到，我唱劳动好，我唱大生产运动开始了。

帮助军属

一二三,一二三,一走走到宋家滩。

宋家滩有个宋大娘,儿子打仗在前方。

叫一声:"宋大娘,今天又是星期六,我们来给你帮忙。

要抬水,把水缸抬得满又满。

要磨面,把面儿磨得细又白。

有什么活儿你说吧! 我们都能帮你办。"

爹爹的话

小田帮他爹在场上打麦,对爹说:"以前咱们整年吃糠咽菜,现在分了地,打了很多麦子,可该天天吃好的了。"

爹说:"不行! 现在翻身了,吃得稍好一点是应该的。可是要懂得节省,不能浪费。省下钱来买牲口,喂猪,养羊,多积肥,把地养种得更好。这样,咱们才能一年比一年富裕。"

新编《初级小学国语课本》(第四册)课文写到抗战、东北抗日联军、抗战游击队、小英雄刘米长、华北的出产、斗地主等,视野逐渐开阔,知识更丰富了,这里抄录三篇课文:

太 阳

太阳太阳照四方,地上万物要太阳。

太阳不晒草不绿。太阳不晒花不香。

太阳不晒果不熟。太阳不晒苗不长。

被褥也要太阳晒,盖着垫着暖洋洋。

身体也要太阳晒，太阳晒了才健康。

东 北

大舅在东北做了二十年长工，最近从东北回来。我问他："东北好不好？"他说："实在好。那里交通便利，铁路公路四通八达。出产真丰富，不光有煤有铁，还有很大的森林，那大树一棵挨一棵，走几天也走不到边。到处是大豆，颗粒大，出的又多。过去土地都在大地主手里，现在平分了，庄稼人也和我们这里一样翻了身。"

毛主席的故事

毛主席从小的时候，就对穷人非常关心。一年秋天，村里的人都把稻子打下来，放在场上晒。忽然天下雨了，大家都忙着收稻子，他也忙着去收。可是他不收他们家的，却去帮助穷人家收。他的爸爸见了非常生气，问他："为什么不收我们家的？"他说："人家家里很穷，还要交租子，损失一点就不得了。我们家里光景好，损失一点也没什么。"

新编《初级小学国语课本》（第五册）的课文有：《列宁的少年时代》，介绍列宁少年时代怎样刻苦用功；有《白求恩》，赞美白求恩的国际主义精神；有《不失信》，写东汉时范式和张劭的"不失信"的故事，开始把孩子们的目光引向国外和古代。改造"二流子"、反对封建迷信、新式结婚等也写进了语文课本，这里抄录三篇课文：

老乌鸦

老乌鸦，老乌鸦，

西山飞到东山窪。

张着嘴巴呱呱叫，

吵吵闹闹叽叽喳，

拍翅膀，翘尾巴，

要是人不在，就去偷吃瓜，

这里吃饱了，又串别一家。

这样好吃偷懒鸟，

世上没人不恨它。

劝你莫做二流子，

劝你莫学老乌鸦，

春天到了要努力，

早到田里种庄稼。

新式结婚

冬冬冬，镗镗镗，

新新式结婚真大方，

不坐轿，不请客，

不用花钱买嫁妆。

院子里，当会场，

中间挂起毛主席。

一边是新郎，

一边是新娘，

一人一朵大红花，

两张脸儿喜洋洋。

证婚人，把话讲：

"女的过去穷得没饭吃，

男的给人放过羊。

现在翻了身，

两人又参加了共产党，

结婚后，工作更加强。"

新郎说：

"我要多生产，学打仗，

要给青年作榜样。"

新娘说：

"我要多纺织，多学习，

让家庭有个新气象。"

看的人，齐鼓掌，

送着新郎新娘入洞房。

冬冬冬，镗镗镗，

新新式结婚好排场。

王大娘

王大娘，真是呆，

病菌钻进身体内，

她说鬼神在作怪。

人死尸骨都烂完，

偏说灵魂还存在。

自己饭都吃不饱，

买香买纸何苦来？

有了活儿不去干，

整天念佛求消灾。

一切听天命，

全凭神安排。

直到临死时，

还说是命该。

王大娘，真是獃！

新编《初级小学国语课本》（第六册）的课文，有《我们的祖国》（写到"长城和运河"）、《高尔基的学习精神》、《列宁的外套》、《刻舟求剑》、《称象》（曹冲"称象"）等，内容更开阔和厚重了，这里抄录三篇课文：

一颗心儿向太阳

向日葵，

花儿黄。

头戴大草帽，

身穿绿衣裳。

它的根儿深，

骨干硬如钢，

大风面前不弯腰，

顶天立地往上长。

太阳东方出，

抬头向东方。

太阳西方落，

转向西方望。

它是花中的英雄汉，

一颗心儿向太阳。

请毛主席来望望

贫农李老头，

须发白苍苍，

工作积极精神旺，

年轻人也赶不上。

前天支部批准他，

准他加入共产党。

那天大会上，

他拱手又作揖，

对着毛主席的像。

大家说："不需要这样。"

他说："见了毛主席，

就像大旱得了雨，

本不该打拱又作揖，

可是不由我自己。"

他又对大家讲：

"抗战前，

我吃不上，

穿不上，

全家口外去逃荒，

老婆饿死在草地上。

到现在，

有了牛，

有了羊，

还分到五间新平房。

几时毛主席到这里，

一定请他来望望。

看看我的地，

看看我的房，

看看我家老和幼，

看看我的牛和羊。

我还要告诉他：

'我李老头也参加了

你领导的共产党。'"

给毛主席拜年的信

亲爱的毛主席：

先告诉你：我们都翻身啦！村上的地主恶霸完全给清算了。以前祖上养种的好地，像村前靠河的那一亩好平地，我们都收回来了。地主们拿我们穷人血汗换成的白银现洋，我们也算回来了。

牛驴也买下了。家家都生上了暖窑，炕上都有了枕头。腊月二十三日那天，差不多家家都有人进城赶集，割下包饺子的羊肉，买下写对联的红纸，还给孩子们买了些花布。家家都买了一张你的像。想起往年腊月里躲账的日子，再看看现在吃饺子的这种舒心光景，我们心里真欢喜！过了年，我们就要照你说的"组织起来"的办法一心一意闹生产。全村老少在这里给你拜年，祝你长生不老！

李家庄全村群众　正月一日

新编《初级小学国语课本》（第七册）课文有：《祖国的河山》、《毛主席在戏院里》、《铁杵磨成针》、《朱德总司令和营长》等。随着孩子们年龄和知识的增长，课文与生活、身体和生产劳动结合得越来越紧密，像《人怎样会生病》、《怎样预防传染病》、《肺病》、《疟疾是躲不好的》、《庄稼和土壤》、《为什么要调槎》，在今天看来作为语文课文似乎不太合适，可在当年都是传播"知识"和"科学"好课文。突出"知识"和"科学"，成了语文课文的特色。这里抄录三篇：

回　声

前天早晨，我上学去。路过一处崖边，看见崖上新写上一行标语，写的是：

"毛主席万岁！"

那字写得比人还高，非常显明。我就学着那天村民大会上田大伯喊口号的姿势，把拳头向上一伸，喊了一句：

"毛主席万岁！"

不想立刻听到同样的声音，也喊道：

"毛主席万岁!"

我以为是哪个同学藏在后面学我,忙大声问:"你是谁?"墙那里也问:"你是谁?"

跑过去一看,一个人影也没有,我有些害怕了。后来到了学校里,问田老师是怎么回事。

田老师笑着说:"那是回声。不管什么声音,碰到障碍,便会折回来。在山谷里或高大的厅堂里,常常遇到这种情形。"

放学回来,在一堵大墙对面试试,果然也有回声,我才明白了。

送神歌

李春来是李家铺的一个翻身农民,生产非常积极,起早睡晚,日子过得很好。春天,他盖了三间新平房,里面用白粉刷得干干净净,更把几辈子供着的"财神爷"搬出去,换了一幅毛主席的像,还编了一个"送神歌",读起来很有趣:

泥胎泥胎!你别见怪!

我当佃户,多少年代,

辛苦一年,缺米少柴,

饿的眼黑,紧紧裤带。

说你增福,真是胡来!

亏俺自己,组织起来,

斗争恶霸,除了祸害,

分了土地,又分浮财,

老实百姓,才把头抬。

到了今天,请你下台!

毛主席像，贴了上来，

领导翻身，人人敬爱。

二十四节

立春雨水，计划订起。

惊蛰春分，送粪耕地。

清明谷雨，瓜豆快点。

立夏小满，抓紧种棉。

芒种夏至，割麦种谷。

小暑大暑，遍地开锄。

立秋处暑，种菜莫误。

白露秋分，种麦打谷。

寒露霜降，秋耕最好。

立冬小雪，白菜入窖。

大雪冬至，拾粪当先。

大寒小寒，杀猪过年。

新编《初级小学国语课本》（第八册）课文有：《人人歌颂毛泽东》、《瞎子摸象》、《鸦片战争》、《电话的发明》、《印刷术的进步》、《童年时刻的牛顿》、《无线电的用处》、《发明炸药的诺贝尔》、《苏武》、《人工呼吸法》、《列宁在理发馆里》等。课文倾向于生活化，实用性强，如《怎样寄信》、《怎样看护病人》、《农家谚语》、《借物清单》、《一封电报》、《人工呼吸法》、《介绍信》等，这与当年培养"有社会主义觉悟有文化的劳动者"的"教育方针"是十分吻合的。需要特别指出的，这些课文都经过了叶圣陶和国文组同人在文字上的着力打磨，以《人人歌颂毛泽东》为例。华北版《初级小学国语课本》（第八册）第一课的《人人歌颂毛泽东》，全文如下：

人人歌颂毛泽东

东方红，太阳升，

中国出了个毛泽东。

他是人民大救星，

领导咱们翻了身。

××××××

翻了身，拔穷根，

他是咱们的带路人，

组织起来大生产，

合作互助栽富根。

××××××

大人小孩喜盈盈，

以后要过好光景。

解放区人民数不清，

个个都是满脸红，

有吃又有穿，

光景往上升。

若问这从那里来，

只因为有了毛泽东，

毛泽东领导咱们勤劳动。

这篇课文在"新中国版"《初级小学国语课本》（第八册）中也排在第一课，但面貌一新，现抄录于下：

人人歌颂毛泽东

　　东方红，太阳升，

　　中国出了个毛泽东。

　　领导咱们闹革命，

　　他是人民大救星。

　　闹革命，翻了身，

　　翻了身，拔穷根，

　　组织起来大生产，

　　合作互助栽富根。

　　你种地，我做工，

　　大家一齐来劳动。

　　有吃又有穿，

　　光景往上升。

　　喝水要想挖井人，

　　人人歌颂毛泽东。

　　与"华北版"相比，"新中国版"的《人人歌颂毛泽东》，更清新、欢快、高亢而充满激情，尤其是作为"点睛之笔"的两句诗："喝水要想挖井人，／人人歌颂毛泽东。"——无疑的是那个年代的最洪亮的歌唱，后来衍生为"吃水不忘开井人，时刻想念毛主席。"这个升华同样见于叶圣陶主持审定的初级小学《语文》课本，1955年人民教育出版社编辑出版的初级小学课本《语文》第二册，第二十三课《吃水不忘开井人》，全文如下：

吃水不忘开井人

瑞金城外有个小村子，叫沙洲坝，毛主席在那儿住过。

村子里没有井，吃水要到村子外边的小河里去挑，路很远。

毛主席就带着村子里的人开了一口井。

解放以后，沙洲坝的人在井旁边立了一块木牌，上面写着：

吃水不忘开井人，

时刻想念毛主席。

总之，新编《初级小学国语课本》凝聚了叶圣陶等老一辈教育家的智慧和期望，以及他们关怀新中国第一代儿童健康成长的热忱。他们忠诚于党的教育事业，不断开拓创新，对教材精益求精的精神和业绩，永远值得后人追忆和崇敬。

三、"修订"及"新编"的《高级小学国语课本》

"修订"及"新编"的《高级小学国语课本》共四册，第一和第三册署原编者"刘松涛、惪頫、黄雁星"，修订者"华北人民政府教育部教科书编审委员会"；第二册只署了"修订者：华北人民政府教育部教科书编审委员会"；第四册署"编辑者：华北人民政府教育部教科书编审委员会"。新华书店1950年6月初版，华北联合出版社发行，建华联合印刷厂印行。为了叙述的便捷，以下统称新编《高级小学国语课本》。

新编《高级小学国语课本》（第一册）目次：《国旗》、《"劳动创造了人"》、《莱特弟兄》、《爱迪生》、《一只鸡》、《鞋》、《一个恶魔》、《苏联的小朋友》、《秋天到》、《一粒种子（一）》、《一粒种子（二）》、《一粒种子（三）》、《寓言四则》、《办壁报》、《壁报的一页》、《景阳冈（一）》、《景阳冈（二）》、《毛主席爱小孩》、《列宁的外套》、《蜜蜂引路》、《赤壁之战（一）》、《赤壁之战（二）》、《人民解放军渡长江》、《为什么要喝水》、《咀嚼和消化》、《扩箭》、《一个小虫和一条大船》、《"你很有东西好写呢"》、《三天的日记》、《启事和广告》。

这第一册里的《国旗》、《一个恶魔》、《一粒种子（一）》、《一粒种子（二）》、《一粒种子（三）》、《景阳冈（一）》、《景阳冈（二）》、《赤壁之战（一）》、《赤壁之战（二）》和《"你很有东西好写呢"》等十篇都是叶圣陶写的。《国旗》上面已经引录过了。《一个恶魔》选自叶圣陶编撰的《儿童国语读本》（第四册）①，这里抄录开篇的几小节：

> 帝国主义是什么？
>
> 帝国主义是一个恶魔。
>
> 它一只手里是算盘，一只手里是武器。
>
> 它有两副面孔。打算盘的时候，它也会装出和善的面孔。但是，使用武器的时候，它的面孔就变得凶恶无比了。原来和善是假的，凶恶才是它的本相。

---

① 开明书店 1948 年版。

《一粒种子》是叶圣陶 1921 年写的童话。《景阳冈（一）》、《景阳冈（二）》和《"你很有东西好写呢"》，都选自叶圣陶编撰的《儿童国语读本》(第四册)[①]，叶圣陶在 1949 年 5 月 28 日日记记："建功来，读课文半日，仅通过六七篇。余旧作大鼓词《景阳冈》经集体改作，胜过以前多多，居然切合声调矣。"《赤壁之战(一)》和《赤壁之战(二)》原名为《火烧赤壁（一）》和《火烧赤壁（二）》，也是《儿童国语读本》(第四册)里的课文。

新编《高级小学国语课本》(第二册)目次：《我们是幸福的》、《我们的朋友》、《怎么样读报》、《骑兵和战马》、《功劳炮（一）》、《功劳炮（二）》、《功劳炮（三）》、《西瓜弟兄》、《开荒日记》、《刘二学好》、《检查身体》、《儿童节筹备会》、《开会前的布置》、《演讲的材料》、《演讲的声调》、《演讲的姿势》、《寓言三则》、《小青石（一）》、《小青石（二）》、《一分钟也不让它停工》、《怎么样取得时间》、《詹天佑（一）》、《詹天佑（二）》、《朱德总司令的故事》、《朱德总司令的向导》、《土地还家（一）》、《土地还家（二）》、《拖拉机》、《农民代表看工展》、《暑期学习会章程》。

这第二册的《"我们是幸福的"》是朱文叔起草，由叶圣陶改定的。《检查身体》选自叶圣陶编撰的《儿童国语读本》(第一册)[②]；《詹天佑》选自叶圣陶编撰的《儿童国语读本》(第二册)[③]；《小青石（一）》和《小青石（二）》原是叶圣陶 1934 年 6 月出版的《开明国语课本》(第三册)里的两篇课文，即《最有意义的生活》和《它支持着大众的脚》。

[①] 开明书店 1948 年 8 月版。
[②] 开明书店 1947 年 7 月版。
[③] 开明书店 1947 年 7 月版。

新编《高级小学国语课本》（第三册）目次：《咱们的新国家》、《我们的学校生活》、《一套工具》、《望远镜》、《细菌》、《老实话（一）》、《老实话（二）》、《牛牵来了》、《喂牛》、《报告学校展开生产运动的信》、《园艺家密邱林》、《"可给我找到了！"》、《毛主席看伤兵》、《一张名片》、《愚公移山》、《故事四则》、《斯达哈诺夫（一）》、《斯达哈诺夫（二）》、《读书会》、《读书会记录》、《东郭先生和狼（一）》、《东郭先生和狼（二）》、《"我们把它作为题目"》、《篮球比赛》、《多写多修改》、《马克思和恩格斯》、《刘志丹同志的小本本》、《毛主席的结论》、《新小放牛》、《读书笔记》。

这第三册的《咱们的新国家》和《故事四则》是叶圣陶写的。《东郭先生和狼（一）》、《东郭先生和狼（二）》，以及《"我们把它作为题目"》、《愚公移山》、《篮球比赛》，都选自叶圣陶编撰的《儿童国语读本》（第三册）[①]；《细菌》选自叶圣陶编撰的《儿童国语读本》（第一册）。

新编《高级小学国语课本》（第四册）目次：《开国大典（一）》、《开国大典（二）》、《开国大典（三）》、《十八个勇士》、《大战平型关（一）》、《大战平型关（二）》、《野战医院（一）》、《野战医院（二）》、《上海〈解放日报〉的诞生》、《怎样写新闻通讯》、《一份建议书》、《飞机》、《"美少年"》、《淮河大桥》、《赵占魁（一）》、《赵占魁（二）》、《鲁迅先生的故事》、《奴隶英雄》、《锄和小鸡（一）》、《锄和小鸡（二）》、《女孩子们驾驶的拖拉机队（一）》、《女孩子们驾驶的拖拉机队（二）》、《女孩子们驾驶的拖拉机队（三）》、《女孩子们驾驶的拖拉机队（四）》、《在福特工厂里就业——一位苏联工程师的经验谈》、《节约》、《小经

---

① 开明书店 1947 年 7 月版。

理（一）》、《小经理（二）》、《小经理（三）》、《毕业以后》。

这第四册的《开国大典（一）》、《开国大典（二）》、《开国大典（三）》是朱文叔起草，由叶圣陶改定的，叶圣陶对于《新编初级小学国语课本》贡献是全方位的、全局性的。

《新编初级小学国语课本》和《新编高级小学国语课本》共十二册。初小八册属于"修订"，"新写"的不多，虽说"修订"的幅度比较大，但毕竟是有"旧本"作依托的。高小第四册中第一至三册是"修订"，第四册注明是"编辑"，也就是说这第四册的课文全都是"新"课文，是"原创性"的，更能体现教科书编审委员会全新的思路。这里对《新编高级小学国语课本》第四册的课文作一点简要的介绍：

《开国大典》歌唱新中国的诞生和新中国的开国元勋毛泽东；《十八个勇士》讴歌抢渡大渡河的十八勇士；《大战平型关》赞扬人民军队的威力；《野战医院》写孟良崮战役中沂蒙山区人民看护伤员；《上海〈解放日报〉的诞生》写上海《解放日报》与延安《解放日报》的关系；《淮河大桥》写平津铁路线上的大铁桥被国民党反动派炸毁后，我铁道兵团的英雄们奉命修复，赶在1950年"七一"前通车，向党的生日献礼的感人事迹。"长征""抗战""解放""建设"等不同的场景，构成了中国现代革命波澜壮阔的画卷。《赵占魁》与《鲁迅先生的故事》互为呼应。赵占魁是陕甘宁边区的特等劳动英雄，"是新中国工人阶级的一面光荣的旗帜"。《鲁迅先生的故事》是对短篇《一件小事》的改写，突出"满身灰尘"的车夫形象之"高大"，让鲁迅"时时记起"，"叫我惭愧，催我自新，并且增长我的勇气和希望。"《女孩子们驾驶的拖拉机队》选自时代出版社出版的《我的集体农场生活》。《我的集体农场生活》是苏联帕莎·安奇林娜的自述，由海观翻译成中文。这篇课文写的是在集体农场挤牛奶的帕莎·安奇林娜通过学习，不仅当上了拖拉机手，而且"入党"，并组织了一个女孩子们驾驶的拖拉机队，创造了收获的新纪录，获得嘉奖。《在福特工厂里就业——一位苏联工程师的经验谈》，是根据贾米舍夫的《奴隶和主人》改写的。课文的主题是说在美国工程师是资本家的"奴隶"，工作"不上劲"；而在苏联工程师是国家的"主人"，大家都愿意"竞赛"。《节约》是根据《苏联是怎样节约》一文改写的，说的是"一支铅笔"要用到最后、出门要关灯、劳动时间不能偷懒，所谓"节约"，"就是跟一切损失作斗争"。《小经理》是赵树理1947年写的短篇小说，是典型的"农民文学"。小说中的三喜斗倒了靠放高利贷起家的合作社旧经理张太之后，被群众推选为经理。因为年纪轻村子小，人们都叫他"小经理"。把赵树理的小说编入小学国语课本，显然是在宣传毛泽东的文艺思想，而作品编入课文时从语言到标点都有改动，叶圣陶就是这样一丝不苟。

四、全新的《大学国文》

1949年8月，叶圣陶开始思考《大学国文》。这之前，他先后在北京大学、复旦大学、武汉大学、华西大学等多所高校都讲过大学语文，对大学语文教育的定位及其重要性有独到的见解。在他看来让大学低年级学生通过"语文训练"，掌握自由熟练正确完美地运用本国语文工具的技能，会欣赏，能写文章，这太重要了。在清华执教的李广田，在北大执教的魏建功也有同感，于是想到了一起。叶圣陶8

月 24 日记:"写信复广田,兼致建功,告以大一国文选可以出版,唯选目尚须商量。希望彼等约期会谈,即作为国文座谈会之开始云云。"次日记:"午后,广田、建功同来,商定于本星期六,在北大会谈大一国文之问题。由我会同人参加。俟其去,随记涉想所及,以备会谈时发言。"8 月 27 日记:"二时半,至孑民堂,清华北大之国文系同人十馀人已先至。即共谈其大一国文之目标。虽未能一致,而皆认为补高中所未及,文言暂不顾,且致力于现代语文。余以为教法重要,教材其次,人似不甚同意。最后谈决定选目,由二校与我会共定之。付印需时,期以下星期编定。今日之会即为国文座谈会之始,下星期二续谈。六时散会。"8 月 29 日记:"看两大学所选大一国文教材。"次日记:"九时,清华王瑶、北大赵君来会,与同人共商大一文选。于两校之选目,略有所删,而别谋补充。谈至十二时止。"8 月 31 日记:"竟日校阅大一文选。余与文叔、云彬同观之,比较精细。但须排校不误,可为善本。"课文选定后,叶圣陶亲自校对,9 月 11 日记:

> 将大一国文原稿校毕,今日发齐。尚须由余作一序文,度非一二日可了,而日来政协即将开会,未必能有整齐之数日为供我作文。

由于工作太忙,需要应付的事太多,"序文"时作时断,直到 9 月 20 日才写定,是日日记写道:

> 续作序文,又得一纸。全文完毕,共四千馀言耳。由墨缮写两份,分送北大及清华,请其国文系同人阅正。

"序文"征求了北大、清华老师们的意见后，叶圣陶补写了一段，于 9 月 26 日发排，《大学国文》（现代文之部）从酝酿选编到正式出版①，前后不过二个月。

这部教材的意义至少有四点。首先是给大学语文"命名"。以往的大学语文，有叫"国文名著选读"的，有叫"大一国文读本"的，有叫"近代文编"的，有叫"大学国文选"的，至此统一定名为"大学国文"。

其次是给大学国文教育的目标定位："大学国文的目标应当卑之无甚高论"，"就在乎提高同学们的阅读能力跟写作能力。"

三是从"提高同学们的阅读能力跟写作能力"出发，在内容上作重大调整。把"大学国文"分为"现代文之部"和"文言文之部"，不仅在提法上将"现代文"和"文言文"并举，而且强调要用"三分之二"的时间学习"现代文"，"三分之一"的时间学习"文言文"，充分突出"现代文"在"大学国文"中的地位。这是叶圣陶和北京大学以及清华大学同人对"大学国文"的一个"反拨"。"民国"的"大学国文"偏重于"古典"（文言），即便有"现代文"，也只是陪衬或点缀。把大学国文分为"现代文之部"和"文言文之部"，既便于老师教，也便于学生选，既可开成"通选课"，也可开成"选修课"。

四是选文有了"统一"的标准。既要"示范"，也要"立本"，既从"学科"建设的需要出发，又从培养"新一代大学生"的需要来构建体系，从知识、思维、审美、文化立场等各方面综合考虑后确定篇目。现将《大学国文（现代文之部）》的目录抄录于下：

---

① 《大学国文（现代文之部）》封面署：教科书编审委员会编，新华书店出版，华北联合出版社印行，1949 年 10 月初版。

在其香居茶馆里	沙　汀
传家宝	赵树理
一个女人翻身的故事	孔　厥
无敌三勇士	刘白羽
郑子产	张荫麟
文人宅	朱自清
白杨礼赞	茅　盾
春联儿	叶圣陶
包身工	夏　衍
海上的遭遇	周而复
三日杂记	丁　玲
墨水和鲜血	爱伦堡

就篇目而言，的确让人耳目一新。毛泽东、瞿秋白、刘少奇、陈伯达、恩格斯、斯大林、加里宁、罗斯金等领袖人物或政治人物都有作品入选，突出了鲜明的政治导向。鲁迅入选的篇目多达五篇，毛泽东四篇，既突出了毛泽东至高无上的领袖地位，也突出了对"旗手"鲁迅的评定。作家虽多为"革命作家"和"左翼作家"，且一人只选一篇，而作为"学者"的张荫麟反倒选了二篇，体现出了选编者看重"学术"和"人格"的一面。而选用外国作家的文章，也就为语文教材建设拓宽了新的天地。在"编法"上也有创新，例如"毛主席的《在延安文艺座谈会上的讲话》引入目录，可没有把全文印在"书里，"因为这篇文章流传得很普遍，哪儿都可以找到"（叶圣陶：《序言》），就用不着再印在课本垦了。二是国内作家的作品只注写作年月

和"出处"，外国作家的"译作"则适当加注。罗斯金《作家与战士》选自传记《高尔基》，节选的这一篇描写高尔基的经历，对于提到的人名（如波米亚洛夫斯基、莱维托夫、雷萧特尼科夫、库谢夫斯基）、作品（如《菩提树下的人们》、《浮士德》）、地名（如扎莫斯克瓦勒契）、希腊神话中的英雄（如赫尔古里斯、普罗米修斯）、俄国古代传说中的英雄（如米库拉、塞梁宁诺维奇），以及难解的字和词都作了注释，有了这些注释，阅读起来就方便多了。叶圣陶在《序言》中谈到这本国文课本的编选标准时说：

> 我们选材的标准不约而同。那些怀旧伤感的，玩物丧志的，叙述身边琐事的，表现个人主义的，以及传播封建法西斯毒素的违反时代精神的作品，一概不取。入选的作品须是提倡为群众服务的，表现群众的生活跟斗争的，充满着向上的精神的，洋溢着健康的情感的。我们注重在文章的思想内容适应新民主主义革命的要求，希望对于读者思想认识的提高有若干帮助。就文章的体裁门类说，论文、杂文、演说、报告、传叙、速写、小说，都选了几篇。这些门类是平常接触最繁的，所以我们提供了若干范例。[①]

这本《大学国文（现代文之部）》，实际上就是未来中国新文学课程的雏形，在一定程度上代表了新中国新文学教学的方向，所选的作家和作品，也都是新文学史上给予高度评价的作家和作品，充分说明

---

① 《叶圣陶集》第 13 卷，江苏教育出版社 2004 年版，第 138 页。《序言》收入《叶圣陶集》第 13 卷时改题名为《大学一年级国文的教学目标和学习方法——〈大学国文（现代文之部）序〉》。

叶圣陶在主持教材建设方面卓越的才能，以及他严谨的科学态度和敏锐的前瞻性。

与《大学国文（现代文之部）》配套的《大学国文（文言之部）》，是由叶圣陶与教科书编审委员会国文组同人提出篇目，再与北大清华两校老师商讨后编定的。叶圣陶 1949 年 12 月 8 日日记记："与少数同人会谈"，"如何拟定大学国文古典文之部之目录，以与北大清华两校同人共商。"①1950 年 1 月 21 日记："建功来谈。谈大学国文选本（文言），明日将集北大清华两校同人共谈者。"1 月 22 日记："九时到局中，清华北大之国文系同人以次至，得十六七人，共商大学国文古典文之选目。"先商定学习此科之目标为："培养青年阅读古典文，获得批判的接受文化遗产之能力。定目凡二十馀篇"。课文选定后，叶圣陶在"校阅厂稿"时重点审阅"国文之分段与标点"，并写了《序言》。《大学国文（文言之部）》②从教材的定位、选目、标点、校对到写序，均可看出叶圣陶是名副其实的"主编"，尽管没有署名。

叶圣陶在《序言》中阐释"这部教材主要的目的是引导学生培养文言文的阅读能力"，谈到选编的标准以及"文言跟现代文的区别"时说：

　　我们编辑这个本子，预先选了数目超过两倍的文篇，淘汰了好几回，才确定现在这个目录。对于入选的文篇，依据我们的目

---

① 《叶圣陶集》第 22 卷，江苏教育出版社 2004 年版，第 84 页。

② 《大学国文（文言之部）》封面署：新华书店出版，华北联合出版社印行，1950 年 5 月初版。

标，定了些标准。有爱国思想的，反对封建迷信的，抱着正义感，反抗强权的，主张为群众服务的。就思想方法说，逻辑条理比较完密的，我们才选它。换句话说，那篇东西在那个时代那个环境那些条件之下是有进步性的，我们才选它。咱们不能要求古人的想法全合于现今的思想政治水平，咱们对于古人的东西必须批判的接受，选读前面所说的一类东西，跟实际并不脱离，同时又便于磨炼批判的眼光。

我们也考虑过教学分量的分配，决定现代文占三分之二，文言占三分之一。如果咱们承认大学国文为的是补修，最要紧的当然是现代文，分量应当多些。按教学时间来说，我们希望把三分之二的时间给现代文，三分之一给文言。

……文言跟现代文的区别在那儿？如果要找一个最简单的标准，可以这样说：用耳朵听得懂的是现代文，非用眼睛看不能懂的是文言。在名副其实的现代文（依据现代口语写的）跟文言之间已经有很大的距离。咱们学习文言，应该多少采取一点学习外国语的态度跟方法，一切从根本上做起，处处注意它跟现代口语的同异。辨别同异到了家，养成了习惯，在工具观点一方面就算成功了，虽然咱们的目标不仅是工具观点。①

现将《大学国文（文言之部）》目录抄录如下：

---

① 《叶圣陶集》第13卷，江苏教育出版社2004年版，第148—150页。《序言》收入《叶圣陶集》第13卷时改题名为《大学一年级同学学习文言的目标和方法——〈大学国文（文言之部）序〉》。

序言　　　　　　　　　　　　　　　　　　　叶圣陶

召公谏弭谤（节选国语）

郑子产（节选左传）

公输（墨子）

有为神农之言者许行（节选孟子滕文公篇）

察今（吕氏春秋慎大览）

信陵君列传（史记）

魏其武安侯列传（史记）

西门豹　褚少孙补（节选褚少孙补史记滑稽列传）

晁错论贵粟疏（节选汉书食货志）

钧世（抱朴子）

江水（节选水经注）

神灭论（范缜）

涉务（颜氏家训）

与元九书（白居易）

李娃传（白行简）

书何易子（孙樵）

淝水之战（节选资治通鉴晋纪）

教战守（苏轼）

指南录后序（文天祥）

　　（附）原君（黄宗羲）

吏道（邓牧）

　　（附）原君（黄宗羲）

游太华山日记（节选徐霞客游记）

田功论（顾炎武）

与杨明远书（徐枋）

促织（聊斋志异）

四库全书总目提要史部正史类一则

密陈夷务不能歇手片（林则徐）

天演论译例（严复）

驳康有为论革命书（章炳麟）

诗

诗卫风氓

诗豳风东山

古辞陌上桑

古诗为焦仲卿妻作

杜甫新安吏

杜甫洗兵马

杜甫前出塞（九首）

杜甫后出塞（五首）

白居易新乐府（录四首）

西凉伎

缭绫

卖炭翁

盐商妇

叶圣陶明确提出大学语文教育中文言和白话文的比例，并且在序言中逐一总结文言学习的方法，使得即便中学功底不好的大学生也能通过他的讲解进入文言学习。从选文上看，《大学国文（文言之部）》选的基本是论辩、疏注、传记、游记、叙记、书信等应用文体，文学作品只收录了《诗经》、《古诗十九首》以及杜甫、白居易的诗歌，符合《序言》里的正确标准。与《大学国文（现代文之部）》相一致，《大学国文（文言之部）》所选的课文只注出处，如《召公谏弭谤》，注明"节选国语"，让读者知道课文的来历。课文所依据的版本如与其他版本有不一致的地方，则详纽地标注出来，为读者的深度阅读和探讨提供线索，以《公输》为例，课文后面加的"注"共七条，现抄录于下：

"起于齐"——《闲诂》引毕沅的话，《吕氏春秋爱类篇》说：墨子"自鲁往"，是不错的。"齐"字应该作"鲁"字。

"北方有侮臣"——据俞樾说："臣"字下脱一"者"字。

"然，乎不已乎？"——据孙诒让说，"乎"字是"胡"字之误，二字音相近。

"必为窃疾矣。"——《尸子止楚篇》及《国策》、《宋策》引此均作"必为有窃疾矣"。这里脱一"有"字。

"宋所为无雉兔狐狸者也"——据孙诒让说，"为"字《国策》、《宋策》作"谓"。为与谓古时候是通用的。又据王念孙说，《太平御览》引这一段文字，"狐狸"作"鲋鱼"。"鲋鱼"是对上文"鱼鳖鼋鼍"说的，应该作"鲋鱼"才对。

"臣以三事之攻宋也"——《闲诂》引毕沅的话，应该作"臣以王事之攻宋也"，文理才通。又据孙诒让的意见，"三事"或许是"三吏"之误。他的理由在《闲诂》里说得极详细。

"可攻也"——《闲诂》引毕沅的话，《文选》引这一句作"乃可攻也"。

最值得称道的是，这些"注"虽说都注在篇末，但在"正文"中都作了很清晰的处理，原文用"[]"标出；需改正和添加的字用较小的字体排在后面，如：

"然，乎不已乎？"——"然，[乎]胡不已乎？"

"北方有侮臣"——正文中则为"北方有侮臣者"

这样处理，就给读者提供了方便，水平高的读者一看就都明白了，如需进一步了解，则可再翻看后面的"注"。《古诗为焦仲卿妻作》篇末注："据涵芬楼影印五云溪馆活字本《玉台新詠》排，参翻宋刻《玉台新詠》及汲古阁本《乐府诗集》校"，作的"注"多达20条，现抄录于下：

"贱妾……依依"三句——翻宋刻《玉台新詠》（以下简称《宋刻》）及汲古阁《乐府诗集》（以下简称《汲本》）均无。

"大人故嫌责"——《宋刻》、《汲本》"责"均作"迟"。

"共事三二年"——《宋刻》、《汲本》均作"二三年"。

"举动自专诸"——《宋刻》"诸"作"由"。似以作"诸"为是。

"遣去慎莫留"——《宋刻》"去"作"之"。

"进心敢自专"——《宋刻》"心"作"止"。

"留待作遗施"——《宋刻》、《汲本》"遗"均作"遣"。似以作"遣"为是。

"腰若流纨素"——各本同。"若"似是"著"之形误。

"阿母怒不止"——《宋刻》、《汲本》均作"母听去不止"。

"小姑……驱遣"二句——《宋刻》、《汲本》均无。

"誓不相隔乡"——各本同。"乡"似是"卿"之误。

"恐不忍我意"——《宋刻》、《汲本》"忍"均作"任"。

"阿女含泪答"——《宋刻》、《汲本》"含"均作"衔"。

"视历复阅书"——《宋刻》、《汲本》"阅"均作"开"。

"杂彩三百匹"——《宋刻》、《汲本》"彩"均作"綵"。

"同是被迫逼"——《宋刻》、《汲本》均作"逼迫"。

"黄泉下相見"——《宋刻》、《汲本》"下"均作"不"。似以作"不"为是。

"四体康且直"——《宋刻》、《汲本》"直"均作"真"。

"贵贱情可薄"——《宋刻》、《汲本》"可"均作"何"。

"徘徊顾树下"——《宋刻》、《汲本》"顾"均作"庭"。

这些"注"，用的是介绍性的或探讨性的口吻，偏重于版本、考辨，侧重在悟性的培养，"授人以渔"，咬文嚼字，引导读者拓展阅读视野，字字句句"求甚解"，提升阅读和欣赏"文言"的能力，通过这样的"精读"为"略读"和"反三"打下扎实的根基。

《大学国文（现代文之部）》和《大学国文（文言之部）》这两部教材的出版，使得大学语文课的教学和学习的内容逐渐趋向古代、近现代和外国文学三方面的融合，这是新中国成立前后现代大学语文教育的理念，也是叶圣陶等老一辈教育家历经几十年实践和探索的结晶，既为新中国大学国文"应急"，也给新中国大学国文"奠基"。新中国的大学国文从此有了全新的面貌，有了规范和指导。

五、拟定课程《总纲》和《标准》

1949 年 8 月至 10 月中旬，叶圣陶主持拟定了《小学课程标准总纲草案》、《中学课程标准总纲草案》以及《小学语文科课程标准》（草稿）和《中学语文科课程标准》（草稿），"总纲"和"标准"总结了"五四"以来我国教材建设的经验（包括解放区的经验），对新中国成立以来的语文教学和教材编写工作有重大影响。

《中学语文科课程标准》（草稿）[①] 开始使用"语文"。"语文"作为一门学校功课的名称，是从 1949 年开始的，这是叶圣陶首先提出来的。以前，这门功课在小学叫"国语"，在中学叫"国文"。这是因为小学课文全是语体文，到了中学，文言文逐步加多，甚至全部采用文言。可见，小学"国语"的"语"字是从"语体文"取来的；中学"国文"的"文"字是从"文言文"取来的。叶圣陶提议改称"语文"，既非过去的"国语"与"国文"的合并，也非"语言"和"文学"的拼盘，而是划时代的变革。他对此曾作过解释：

前此中学称"国文"，小学称"国语"，至是乃统而一之。彼时同人之意，以为口头为"语"，书面为"文"，文本于语，不可偏指，故合言之。亦见此学科"听""说""读""写"宜并重，诵习课本，练习作文，固为读写之事，而苟忽于听说，不注意训练，则读写之成效亦将减损。……其后有人释为"语言""文字"，

---

① 收入《叶圣陶集》第 16 卷。

有人释为"语言""文学"，皆非立此名之原意。①

叶圣陶指出"语文"这门功课就是学习运用语言的本领的。口头说的是"语"，笔下写的是"文"。"语文"应该培养学生两种基本的能力，一是接受，即听别人说的话，读别人写的文章；二是表达，即说给别人听，写给别人看。口头语言的"听"和"说"，书面语言的"读"和"写"，同样重要，随着社会的日益发展，"听"和"说"显得越来越重要：听报告、听演讲；即兴发言、即席演讲（包括传达、问询、答问、交谈、辩论、申诉）的场合越来越多，善于"听"、善于"说"，成了一个人的素质和语言表达能力最直观的表现，听不懂道不明、羞涩不肯开口、开了口又含糊不清、讲得不准确、不完美、不艺术、不漂亮、不得体，凡此种种大都与一个人的语文水平有关。在一般情况下"读"得不好还可以再读或重读，"写"可以从容地构思和反复修改，可"听"和"说"往往是"一次性"的，在特定的场合没有听到的往往就再也听不到了（即便有录音，再"听"时也缺少了"说话时"的语境和氛围），说出去的话如泼出去的水一样再也收不回来了。在现实生活中人们可以不"读"不"写"，但不能不"听"不"说"。鲁迅在1933年9月发表的杂文《由聋而哑》中说："医生告诉我们：有许多哑子，是并非喉舌不能说话的，只因为从小就耳朵聋，听不见大人的言语，无可师法，就以为谁也不过张着口呜呜哑哑，他自然也只好呜呜哑哑了。"② 这也从一个侧面说出了"听"的重要，"听"与"说"相辅相成。鲁迅在这篇杂文中还说到"由聋而哑，枯涸渺小，成为'末

---

① 叶圣陶1964年2月1日《答胨万林》，《叶圣陶集》第25卷，第33页。
② 《鲁迅全集》第5卷，人民文学出版社2005年版，第294页。

人'"。所谓"末人"就是智商极其低下的愚人。这也从一个侧面说明"听""说"太重要了。叶圣陶"听""说""读""写"的界定和排序，是为语文课的功能和目的所作的最科学、最清晰、最权威的阐释，对我国语文教材的编写和教育方法的改革都产生了极其深远的影响。

第十四章

在出版总署五年

一、开创新中国的出版事业

　　中国共产党自诞生之日起，就有党的出版工作。在国民党统治区，党领导下的革命出版工作和团结在党周围的进步出版工作，一直没有间断过。抗日战争和解放战争期间，党中央在延安设有解放社（编译出版机构）和新华书店（发行机构），在各解放区设有综合经营编辑、出版、印刷、发行的出版机构新华书店。新中国成立以后，百废待兴，百业待举，如何建设国家规模的人民的出版事业？如何开创出版工作的新局面？如何满足数以亿计的广大群众渴望学习的迫切需要？对于这些重大的问题，中国共产党早在新中国成立之前就运筹帷幄。叶圣陶 1949 年 8 月 15 日日记写道：

> 午后，与乔峰、胡绳、灿然至北京饭店，与陆部长、愈之、黄洛峰诸人谈将来出版署之规划。署中拟暂设编审、出版两局。编审局分教本、工具书、翻译、通俗书、杂志诸部分。杂志部分出"月报"与通俗画报二种，拟于十月一日出版。①

这是有关筹组新中国出版总署最早的文字记载。赶早拟定"规划"，为的是利于更广泛地征询各方面的意见，明确职责，并尽快调集专业人才，确保新中国的出版和教育事业焕然一新。叶圣陶 1949 年 9 月 25 日日记写道：

> 驱车至东总布胡同十号，应愈之之邀集谈。政府即将成立，愈之殆将为出版总署之署长。署设两局，编审局与出版局。编审局中，愈之兼局长，余与胡绳副之。局分教本、一般读物、通俗读物、时事读物、翻译等处，而以余长教本处。②

叶圣陶"长教本处"，主管教科书，深感责任重大。他在 1949 年 10 月 16 日日记中写道："余实怕尸其名。就实际而言，余岂能助理全国出版事业之大计乎。"③虽说叶圣陶怀疑自己的能力，但时代在

---

① 《叶圣陶集》第 22 卷，江苏教育出版社 2004 年版，第 60—61 页。
② 《叶圣陶集》第 22 卷，江苏教育出版社 2004 年版，第 67 页。
③ 《叶圣陶集》第 22 卷，江苏教育出版社 2004 年版，第 75 页。

召唤。1949 年 10 月 18 日，叶圣陶与出席全国出版会议的全体代表应邀到中南海颐年堂，接受毛主席的接见。毛主席与全体代表一一握手，并为大会题词"认真作好出版工作"，这是莫大的鞭策。次日，出版工作会议闭幕。陆定一致闭幕辞，勉励大家无条件地为人民服务，加强学习，做革命的出版工作者。1949 年 10 月 20 日，叶圣陶被任命为出版总署副署长兼编审局副局长（后来兼任局长）。胡愈之为署长，周建人亦任副署长。1949 年 11 月 1 日，出版总署正式成立。

1950 年 11 月 13 日，教育部与出版总署成立教科书编审委员会，叶圣陶任教科书编审委员会主任。同年 12 月 1 日，人民教育出版社成立，叶圣陶任社长兼总编辑。1954 年 9 月，出版总署撤销，并入文化部。叶圣陶任教育部副部长，仍兼人民教育出版社社长和总编辑。1966 年 8 月 2 日，叶圣陶被免去教育部副部长职务。从新中国成立到"文革"初期的十七年间，叶圣陶把全部精力贡献给了新中国的出版和教育事业。

新中国成立之初，出版业处于分散状态，没有联合和统一，编辑出版方面不可避免地发生无计划、重复浪费、版本混乱、质量不高等现象，私营的出版业力量相当强大。人民渴望了解一切新事物，需要学习，而出版业无论编辑力量、印刷力量、发行力量都不能适应。面对上述问题，叶圣陶和出版署的同人，首先抓出版工作的专业化，以原来在解放区的新华书店和国统区的一些进步书局为基础，在全国范围内组建新型的社会主义出版事业，逐步建立各种专业出版社，如人民文学出版社、人民出版社、人民教育出版社、人民美术出版社、科学出版社、财政金融出版社、民族出版社、青年出版社、工人出版社、农业出版社、通俗读物出版社，等等，到 1954 年国家出版总署撤销时，中央一级专业出版社已达三十多家。

出版工作的专业化，这是出版业的一场大变革。这场大变革促进了国营书刊的生产，全国出版业开始沿着有领导、有组织、有计划的机制运行。叶圣陶事必躬亲，大到出版总署五年规划、字体的规范化、铅字的统一、铜模的铸造、标点符号的使用、印刷和装帧技术的改进，小到各出版社的分工、人员的配备、出书的范围、纸张的选用、印刷的版式，他都要细细过问，其中有的是他亲自主持的。例如《标点符号用法》①，就是叶圣陶撰写的。《标点符号用法》对"句号"、"逗号"、"顿号"、"分号"、"冒号"、"问号"、"感叹号"、"引号"、"括号"、"破折号"、"省略号"、"着重号"、"专名号"、"书名号"的定义和书写格式作了明确的界定。标点符号的规范化，有益于文章跟口语的一致，强化了根据语言来使用标点符号的意识。叶圣陶在日记中说"《标点符号用法》是他做的最满意的一件工作"。

在创建一批专业出版社作为出版业主干的同时，叶圣陶和出版总署同人一起，对私营企业进行整顿和改造。当时私营出版业占全国出版业的四分之三。对私营出版业进行改造，使其纳入人民出版事业的轨道，意义十分重大。尤其是像商务印书馆、中华书局、开明书店等大型出版社，在国内各地设有许多分店，都有一个一定规模的编辑部，集中了许多人才，和著作界有着长期的紧密的联系。叶圣陶在《我和商务印书馆》一文中谈到商务印书馆时说：

就编译和出版的书籍杂志来说，文史哲理工医音体美，无所

---

① 《人民日报》1951年9月26日，收入《叶圣陶集》第17卷。

不包；有专门的，有通俗的，甚至有特地供家庭妇女和学前儿童阅读的。此外，还贩卖国外的书刊、贩卖各种文具和体育器械，还制造仪器标本和教学用品供应各级学校，甚至还摄制影片，包括科教片和故事片。业务方面之广和服务对象之广，现在的任何一家出版社都不能和商务相比。①

中华书局是我国近代第二家大型出版企业，它的规模跟商务差不多。开明书店仅次于中华书局。新中国成立初期，旧中国的私营出版业因新旧社会的交替而遭遇了种种困难，生意清淡，难以为继。在对私营出版业改造方面，叶圣陶做了许多卓有成效的工作，例如当时的商务印书馆因资金缺乏，陷入困境，叶圣陶和出版署同人给予资金上的"急济"。琉璃厂荣宝斋"以营业不振，亏累不少，欲将歇业"，出版总署"投资一亿元，作为公私合营"，使之得以维持。与此同时，帮助三联、商务、中华、开明、联营五家出版社组织联合管理处，并参与和主持了商务印书馆、中华书局、开明书店、地图出版社、地图编绘社等一大批私营出版社的"公私合营"或"合并"的工作，给各出版社确定出书范围及"工作的方针任务"，拟订"保障著作权之规定"。对私营出版业进行卓有成效的社会主义改造，使一批濒临倒闭的书店获得了新生，对新中国文化出版事业的繁荣产生了深远的影响。这是叶圣陶做的第一项工作。

二是在对私营出版业进行整顿和改造的同时，取缔了一批有政治倾向性错误的书籍。出版总署取缔的第一本书，是赵景深主编、由

---

① 《叶圣陶集》第17卷，江苏教育出版社2004年版，第373页。

北新书局出版的《新知识辞典》。这个决定，是叶圣陶 1950 年 3 月 10 日在出版总署的集会上宣布的："此书有违人民民主，故令其收回销毁"，同时也给"出版家及读者以一种刺激，并望出版家认真编撰也"①，态度极其严肃。事后，赵景深想修补后再版，叶圣陶认为不妥。他在 3 月 14 日给赵景深的信中说：

> 关于《新知识辞典》，已由署中函复小峰先生，兄必将寓目，不复赘陈。此事所以如是处理，意固在恐其贻误读者。辞典之用，在释疑解惑，视一般书籍尤关重要，翻检而得谬解，流弊滋深。况其订正于解放之后，而谬误依然，混淆听闻，更为可虑。此间尝加研究，摘录其未妥之条目，据主其事者谓举例而已，未能悉备。今以研究报告一份附呈，至希察览。弟等以为与其零星补缀，招草率从事之讥，不如重行编撰，收认真出版之实。苟逐条加以审订，合正续编而为一书，果能确切精当，读者明识，必将誉之不遑，急相购置。如是则北新之名噪，而实利亦复不菲。惟其为数十年之老友，故敢以忠恳之言奉闻，倘荷采纳，岂惟私幸而已乎。
>
> 《新知识辞典》自经《人民日报》发表读者批评后，各方均极注意，北新能毁版重排，可使全国读者了解北新对于出版工作认真不苟，足为出版界之表率。谁不欲善，知兄必将首肯矣。②

正是这种严肃认真的态度，确保了新中国的出版事业沿着为社会

---

① 《叶圣陶集》第 22 卷，江苏教育出版社 2004 年版，第 97 页。
② 《叶圣陶集》第 24 卷，江苏教育出版社 2004 年版，第 255 页。

服务、为人民服务的轨道健康地发展。

三是建立和健全了出版工作的法令、法规。出版总署成立后，先后制定和颁布了《关于国营书刊出版、印刷、发行企业专业化与调整公私关系的决定》、《关于改进和发展出版事业的指示》（以政务院名义下达）、《出版物的计量单位与计算方法的规定》、《关于征集图书、期刊样本暂行办法》、《关于图书杂志版本记录的规定》，等等。1951年5月11日，出版总署发布《关于编印发行1952年历书的指示》，要求人民出版社与各地方人民出版社合力编印新历书，向农民介绍政治常识以及生产与卫生方面的科学知识。1952年7月1日，出版总署发布了《关于查禁书刊问题的指示》，针对个别"查禁的人员"滥用查禁手段的做法，严格规定："今后各地出版行政机关查禁书刊，必须事前得到本署批准，绝对不允许先斩后奏。"1954年4月19日，出版总署作出了《应该组织重印一些有价值有内容的近代学术著译、文化知识读物的决定》，明确指出："出版工作也与其他文化工作一样，我们不能割断历史，应该继承历史上所有优秀的、有价值的东西，使之为现代中国的读者服务，并使之发扬光大。"上面列举的这些法令、法规和指示，都是叶圣陶主持或参与拟定的。此外，建立中央书库和版本图书馆，创刊《进步青年》、《新华月报》等一批有影响的重要刊物，在《人民日报》开辟"图书评论"双周刊（1950年4月5日创刊）等举措，也都是叶圣陶参与筹划的。出版总署为我国出版事业开创了崭新的局面，也为出版事业的长远发展打下了坚实的基础。从新中国成立到1954年出版总署存在的这一历史阶段，中国出版界发生了战略性的本质变化，这是以胡愈之、叶圣陶、周建人为代表的一批精通出版事务又特别能奋斗的出版家，在中国共产党领导下创造的一个辉煌的业绩。

二、为语言的纯洁和健康示范

叶圣陶十分关注语言问题。早在二十世纪三十年代，他就创建"中国语言学会"，在《中学生》杂志开辟"文章病院"和"文章修改"专栏。二十世纪四十年代，叶圣陶主编成都《国文杂志》、桂林《国文杂志》和《国文月刊》，筹建"中国语文学会"，为我国语言文字的规范化做了许多开拓性、建设性的工作。"北上"之后，因为肩负着编纂教科书的重任，叶圣陶对"语言文字"关注得更多了。1949 年 8 月 22 日日记写道：

> 夜间，胡乔木来，与诸同人闲谈。有就询毛氏《七一文告》者，渠之解答颇圆通。余谈起目前语言文字之混乱，对之深抱杞忧。渠因谓何不邀约友朋，为以前之《文章病院》。又言《人民日报》可以刊载，各地大报可以转载。每周一次，延续三年五年，其效自宏。余答以余性矛盾，虽好事，亦怕事，然有此传布之便利，未尝不兴奋，且俟徐图之。十时半散。

虽然说是"怕事"，但还是很"兴奋"地与有关人士研编集文字改革的资料，供毛主席等中央领导人参阅。1951 年 1 月 14 日日记记：

午后两点半，偕建功访苇田，三人同应乔木之招，会于中南海。同座者尚有胡绳与陈伯达。所谈为编撰文法书籍，供一般人学习，并于中学校加文法功课，以期语言之渐入规范，减少混乱。共议以叔湘主持其事。今日本亦邀叔湘，而渠以母病回沪，俟其来后再当劝驾。乔木主语言文字以毛主席与鲁翁之作为准，余则以为二人之作尚未臻纯粹，可以目治，但不便于口耳。以彼为范式，固可以号召，但举例之时，编辑者不妨斟酌其间，择其纯粹者而用之。会以六点后散。①

1951年2月7日日记写道：到清华大学，"与叔湘谈语法问题。"② 2月11日记："叔湘来，与偕往中南海，晤乔木、胡绳，谈语文之事。彼二人怂恿叔湘编语法书本。""两点半至子民堂，应语言研究所之约，作座谈会。谈三小时，就语法及语文教学各抒所见"。③ 也就是在这一个月——1951年2月，党中央发布《关于纠正电报、报告、指示决定等文字缺点的指示》，这个指示的中心思想就是为祖国语言的纯洁和健康而斗争。

为了宣传党的语言政策，促使汉语规范化，叶圣陶和胡乔木一起于3月4日会见语言学家吕叔湘，请他在《人民日报》刊载文章，谈文法，供干部学习。叶圣陶在当天日记中写道：

上午九时，叔湘自城外来，……十点过，乔木来，应约与叔

---

① 参见《叶圣陶集》第22卷，江苏教育出版社2004年版，第158页。
② 《叶圣陶集》第22卷，江苏教育出版社2004年版，第164页。
③ 《叶圣陶集》第22卷，江苏教育出版社2004年版，第165页。

湘会晤，请叔湘在《人民日报》刊载文章，谈文法，供干部研习。中共中央已通知各级党委，嘱大家注意文理，并言《人民日报》不日将刊载此类文字，故索之甚急。谈论结果，决先从报纸杂志搜集材料，据材料然后为文，期于二三月内完篇。乔木事甚忙，谈毕即去。叔湘留饭。①

1951 年 6 月 6 日，《人民日报》接受叶圣陶和胡乔木的建议，发表了题为《正确地使用祖国的语言，为语言的纯洁和健康而斗争!》的社论，并从同日起连载吕叔湘、朱德熙的《语法修辞讲话》。《语法修辞讲话》共分六讲：(1) 语法的基础知识，(2) 词汇，(3) 虚字，(4) 结构，(5) 表达，(6) 标点。连载结束后，叶圣陶写了《从〈语法修辞讲话〉谈起》一文，对《讲话》作了中肯的评析，并且提出了对语法的建设性意见：语法体系不一，术语分歧的现象虽不能用强迫命令"定于一"，但是希望能充分协商，先提出个在教学上可能试用的纲领来。

《语法修辞讲话》后来分别在开明书店、中国青年出版社出版。学界普遍认为该书不仅是阐述语法理论的经典著作，更是普及语言知识、规范语言文字应用的具有里程碑性质的作品；不仅对学术界的争鸣与繁荣起了重要的推动作用，更对祖国语言的健康发展指引了方向。我们在向吕叔湘、朱德熙这两位语言学前辈致敬的同时，也得铭记叶圣陶这位"推手"的卓识和功绩。

为了"语言的纯洁和健康"，叶圣陶率先垂范，在语言文字方面

---

① 《叶圣陶集》第 22 卷，江苏教育出版社 2004 年版，第 170 页。

精益求精，见到不规范的语言，从不放过。1951 年 6 月 25 日日记记：

> 胡乔木作《中共的三十年》，于上星期五刊布于《人民日报》，纪念中共之卅周年。此文剖析情势，自与吾人以种种识见，而造语遣词，疏漏颇多。在号召群众留意语文之今日，且为文者为乔木，实不宜有此。因作一书寄之，径达此意，并谓我社同人方将一一举出，由文叔加以整理，送请采纳。此亦发戆之举也。①

1951 年 7 月 8 日日记记：晨至北海公园，"啜茗于双虹榭，观文叔所汇集诸同人校出乔木《共产党的三十年》语文谬误之本子，因明日即将送与乔木，供渠作修改时之参考。"② 值得关注的是"本子"二字，叶圣陶晚年告诉笔者，这"本"专指"谬误"的"本子"有五万多字，是厚厚的一本。条分缕析，不厌其烦。叶圣陶对语言就是这么认真，用他的话说是"发戆"。开明书店和人教社同人都说凡是经叶老看过的稿子总是"一片红"，凡是经叶老看过的稿子不会再"出错"。

从 20 世纪 50 年代起，叶圣陶为国家的一些文件的文稿把文字关，以《宪法》草稿为例，1954 年 3 月上旬，叶圣陶与胡绳和吕叔湘为一组，专门修润文字。钱端升、周鲠生、张友渔为一组，则专注研究内容。《宪法》初稿拟定后，中央于 3 月 24 日决定，在京请各方人士分成 17 个小组讨论，各地也同时讨论，随时将意见汇报给宪法起草委员会。宪法起草委员会聘请叶圣陶与吕叔湘为语文顾问，就"文字研磨"提出意见，直到 6 月 11 日为止。6 月 14 日，叶圣陶"至勤政殿，

---

① 《叶圣陶集》第 22 卷，江苏教育出版社 2004 年版，第 203—204 页。
② 《叶圣陶集》第 22 卷，江苏教育出版社 2004 年版，第 207—208 页。

列席政府委员会之会议，议程为讨论并通过宪法草案"，他在日记中写道："毛主席作结论，主要谓此宪草结合历史之经验与建国以来之经验，结合我国之经验与国际之经验，结合原则性与灵活性，故深得人心，大家称誉。"

"宪法草案"通过后，叶圣陶又和胡绳、吕叔湘一起，从"文字"上打磨"宪法草案"中的五个组织条例（稿），力求在语言方面纯洁精准。这五个组织条例是：全国人民代表大会组织条例、国务院组织条例、人民法院组织条例、检察机关组织条例、地方各级人民代表大会与人民委员会组织条例。

中央领导的报告稿或文稿有的也请叶圣陶在文字上帮助把关，1954 年 9 月 23 日日记中说：

> 下午三点至怀仁堂。周总理作政府工作报告。全文长二万馀言，历列五年来之工作，而以社会主义工业化及外交情况为重点。报告历两小时有馀。……七点散。
>
> 到家，总理办公室送来周之报告稿，嘱于文字方面琢磨一过，须于十点前送回。于是匆匆进食，食毕即重读此稿。既而至善回来，即与共读，有所更改即书于印本之上。读至九点五十分始毕，皆小修改，亦有数十处。急令凤祥送回。此等稿件皆嫌出之仓促，若提早属稿，从容研磨，必能使质文并茂也。①

周总理政府工作报告"皆小修改，亦有数十处"。9 月 25 日日

---

① 《叶圣陶集》第 23 卷，江苏教育出版社 2004 年版，第 152 页。

记写道：

> 周总理之报告校栏又送来，谓前夕所改者送到已迟，故发表于报上者均未据改，今将重印一本布发，嘱余再为校改。余重校一过送回，费时一点有半，计有改动六十馀处。①

"改动六十馀处"，可见叶圣陶有多认真。10 月 13 日日记写道：

> 傍晚高祖文来，嘱修改宪法起草会办公室同志所拟《宪法之全民讨论》一文。与至善、祖文修改之，草草而过，至九点而毕……计删去三分之一。②

1955 年，叶圣陶参与修润的文件稿有：《小学生守则》（稿）、兵役法（稿）、解放军军官服役条例（稿）、关于勋章和奖章的文件稿、一届二次人代会提案委员会审查报告（稿）、中华人民共和国参加各国议会联盟的人民代表团的章程与决案（稿）、文字改革委员会关于推广普通话的决议（稿）、《〈农业合作社章程〉草案》（稿）等。胡乔木在一次讲话中说：叶圣陶在语文方面"不仅有独到的见解，而且有相当系统的研究"。他说"叶圣陶关于语言问题的见解和理论"，对他产生了一种"法律的效应"。还说五十年代，"有叶老这样的榜样"，"又得力于毛主席的提倡和支持，语言规范化成为一种风气，有许多用法

---

① 《叶圣陶集》第 23 卷，江苏教育出版社 2004 年版，第 153 页。
② 《叶圣陶集》第 23 卷，江苏教育出版社 2004 年版，第 159 页。

逐渐典范化了"。①

作为著名的语言学家以及新中国文字改革方面的领导人之一，叶圣陶对汉语拼音方案以及推广普通话也都作出过很大的贡献。汉字笔形的整理工作，就是由他一个人完成的，其目的主要在于方便学、教、用，方便识字。1962 年夏，叶圣陶等十几位语文教学的专家，应中华职教社的邀请，筹办业余语文知识讲座，向学员介绍自学语文的方法，普及语法修辞知识，提高读和写的能力，到 1966 年被迫停办之前，正式报名的学员多达八千六百余人，分布在除西藏外的各省、市、自治区。为了满足广大学员的愿望，职教社改用函授的办法，既编印《语文学习讲座》的小册子（一共出了 38 册），又分发每次讲课的录音带，以供各地转录，深受广大学员的欢迎。

三、撰写《标点符号用法》

正确使用标点符号也是语言规范化的一个组成部分。1951 年 7 月 17 日，叶圣陶开始写《标点符号用法》一文，他在当天的日记中写道：

> 上午九时，邀建功、家霖、季纯、仲仁四人会谈标点符号之用法。缘政务院将发布关于公文之规定，其中有一附件言标点符号用法，他们认为举例不尽合式，又无说明，嘱余为之重行草

---

① 《胡乔木同志的讲话》，《叶圣陶研究会通讯》第 1 期，1990 年 2 月 28 日。

拟，因请四人会谈，收集意见。谈三小时许，余略有把握。因定由余起草，草成后再请诸人共观，提意见修改。午睡起来，即开始起草。余认定句号、逗号、顿号、分号、冒号皆表示说话时各种之停顿，说时之停顿，书写时即为各种符号。他如问号，余认为一句问话完了之表示。此等意见，一般谈标点符号者皆未尝言也。至于放工，仅将句号写完，得稿两纸有馀。

夜眠仍不佳。……殆是用心作文之故。以余之精力，恐不宜用心作文矣。①

7月18日日记写道："竟日作稿，仅得四纸，谈逗号、顿号毕……夜眠仍不酣。"次日记："续作昨稿，又得四纸，谈分号、冒号毕。为此颇觉兴，而疲劳亦难耐。"次日记："仍续作昨文。竟日亦仅得四纸，谈引号、括号毕。心思集中于此事，头脑昏昏，夜不得安眠。然欲求其安适，须俟全文作毕始可也。"②7月26日写出初稿后分送政务院秘书厅和人民教育出版社"友好"征求意见。7月29日记："下午三点半叔湘来。渠观余所谈标点符号，以为简而赅，切于用。"7月30日记：

（下午）高祖文来电话，谓政务院秘书厅于余此稿有所商量，嘱渠来面谈。余请其今夕即来。到家少顷，祖文便至，与共饮。渠述政务院于此稿大体满意，唯为使全国文书人员均能学习，均能应用，希望更求通俗浅显。又谓说明中摘举毛主席使用

①　《叶圣陶集》第22卷，江苏教育出版社2004年版，第210—211页。
②　《叶圣陶集》第22卷，江苏教育出版社2004年版，第211页。

符号有误，此不妥，宜更换例句。又谓例句中引鲁翁之语数则，此皆文艺之作，为一般干部所弗习，还宜改用文件、公文之例。余于第一点，答以所叙已甚浅明，习者但能细心观看，必不致弗解。至于摘举毛氏有误，虽毛氏未必不以为然，而影响不好，自当更换例句。鲁翁语不适用，亦当更换。至此，修改工作重在另找例句，虽为数不过七八，而得其当者未可仓卒致。余希望政务院能相助，以期早日定稿。①

8月8日记："八时以前，将标点符号一文改完，送与高祖文。此事消费余二十天之时间与精力。今日完了，心头一松。"②9月6日记："星期一（9月3日）在勤政殿与乔木接席。渠谓余之《标点符号用法》宜发布于报纸，提出小节数端，嘱余考虑修订。今日据其所称究讨，改易增补三四处，即以修订本寄与之。"③9月11日记："乔木于《标点符号用法》又提数点意见，今日据以补订，重抄一本付与之。"④至此，《标点符号用法》定稿。9月24日记：

> 下午，校《人民日报》送来之《标点符号用法》校样。乔木主将此文刊登一回，俾全国共守。余以四个小时之时间校毕，可谓甚慢。《人民日报》现方注意于消灭错误，凡党员工作同志，以党之纪律相绳，发见错误有褒奖，贻留错误受惩处。余观此校

---

① 参见《叶圣陶集》第22卷，江苏教育出版社2004年版，第213页。
② 《叶圣陶集》第22卷，江苏教育出版社2004年版，第216页。
③ 《叶圣陶集》第22卷，江苏教育出版社2004年版，第223页。
④ 《叶圣陶集》第22卷，江苏教育出版社2004年版，第225页。

样，仅发现一字未经校出，可见于校字工作已颇不坏。然于格式尚不能注意，余指出须改正者甚多，皆有关格式之事。因致书其总编辑邓拓，告以此意。目前新闻界出版界追求精审，群相勉励，久之当可蔚成风气，此则余所乐闻也。[①]

9月26日，《标点符号用法》以政务院出版总署的名义在《人民日报》发表，《光明日报》以及《语文学习》和《语文教学》也作了转载。萧家霖在《我们应该学会正确地使用标点符号》[②]一文中说出版总署公布的《标点符号用法》有三个特点：

第一、它把标点符号分成两类，一类是根据语言而来的，一类是完全属于书面的东西。它指出句号、逗号、顿号等七种符号并非只是书面的东西，而是根据语言而来的。把标点符号的用法和语言的规律结合起来，这还是头一回。过去一般讲标点符号的都只从书面出发，让人觉得标点符号不过是文章的附加品，何妨马虎一点。许多人不重视标点符号，就因为存在着这样的心理。标点符号用得相当混乱，原因也就在此。《标点符号用法》指出了句号、逗号、顿号等七种符号是根据语言而来的，原是语言的有机成分，并非文章的附加品。大家认清了这一点，纠正了过去的错误的想法，才会重视标点符号，认真地使用标点符号。

第二、它指出句号、逗号、顿号等七种标点符号表示语言的种种停顿。停顿就是暂时不说下去，却和说的部分密切相关。语

---

① 《叶圣陶集》第22卷，江苏教育出版社2004年版，第229页。
② 《人民日报》1951年11月22日第三版。

言的意义、组织、情态，靠了停顿才见得显明。一连串说下去、绝不停顿的语言是没法叫人领会的。所以，写文章的时候，必须正确地使用句号、逗号、顿号等七种标点符号来表示语言的种种停顿，才可以让读者一点不走样地了解作者的原意。同时，这才实现了写文章和说话一致的原则。

第三、它规定了标点符号在排版、书写方面的格式。……出版物不但整齐美观，而且使读者群众受到实际的好处。

周祖谟在《正确地使用标点符号》①一文中说：

中央人民政府出版总署在九月间公布了《标点符号用法》，这是中国人民文化教育事业上一件重大的事情。对于标点符号的用法，我们有了这一个正确的标准以后，不但目前在运用上混乱的现象可以早日澄清，而且所有从事写作的人也可以由此在书写上求得更精确的途径。因此，我们必须了解其意义，并且普遍地开展学习，正确地使用标点符号。

文章里应用标点符号，自"五四"时期就开始了。……可是，从五四到现在已经三十多年了，在用法上始终没有一定的标准。……出版总署所公布的文件恰恰解决了这些困难。这一份文件里根据我们民族语言的形式，经过科学的分析，正确地指出语言和应用符号的关系。那就是：符号是跟着语言的停顿相配合的，有停顿，就要用符号来表示这个停顿。可是语言中有种种不

---

① 《人民日报》1951 年 11 月 23 日第三版。

1961年7月29日至9月20日，叶圣陶率"全国著名艺术家文化访问团"访问内蒙古，访问团全体成员留影。前排左二（吴组缃）、右四（叶圣陶）、右二（老舍）

叶圣陶参与选编的开明版《新文学选集》

叶圣陶参与选编的开明版《新文学选集》

辭源

一九七九年六月

葉聖陶題

叶圣陶题写的书名

1978 年 2 月，叶圣陶和叶至善一同出席全国政协五届一次会议

1979 年 5 月，丁玲来访

1981 年 4 月 13 日巴金来访，这是"文革"后两人头一回见面

1983 年春天，叶圣陶与俞平伯（左）、章元善
在寓所东四八条院中合影

1987 年 4 月 22 日，冰心应邀来赏海棠花

写《我呕吁》时的叶圣陶

叶圣陶最后一张照片，摄于 1987 年 9 月 8 日

同性质的停顿，因此也就要用不同的符号来代表它。句号、逗号、顿号、分号、冒号、问号、感叹号之类就是配合着这些停顿而设的。如果会正确地应用这些符号，同时也就把语句中的逻辑关系表示清楚了。这是一个重要的发明。过去出版的许多讲标点符号用法的书，还没有联系到语言的声音和意义的内容发挥得这样透辟的。我们应当认清这一点，从这一点入手学习。

除这一点以外，更需要特别指出的是：原件对于标点符号的分类和各种符号用法的指示，是集中过去大家应用的习惯并且结合目前实际的需要而定的。它有广大的群众基础，它符合今日广大人民的要求，跟"五四"时期单由一部分新人物所创始的情形大不相同了。现在及时地公布出来，确实值得我们称赞。同时我们要知道语言是社会上调协共同活动的工具，在当前史无前例的统一局面下，我们不但要谋求发展民族共同语，而且在书写上我们还要要求标点符号的统一：这正是为进一步发展我们文化教育事业所必备的条件。我们应当为这一份文件的公布而欢欣，努力学习，把"正确地应用标点符号"作为我们在写作上应负的责任，为发展伟大祖国的文化而奋斗！

叶圣陶一贯谦虚，作风平实，并不希望朋友们表扬他，宣传他。可读了周祖谟的评介感到特别欣慰。周祖谟文章中的话事前曾在给叶圣陶的信中谈起过。叶圣陶 1951 年 9 月 17 日日记中写道：

北大周祖谟君前日索余之《标点符号用法》，今得其复书，感其知音，录之于下："其中最扼要最中肯綮者为指明句号以下七种符号系根据语言之停顿而设：语言中有种种不同之停顿，则符号亦因之有异。环顾坊间所出论标点符号各书，未有能洞察及此者。尊著首先提出，使人人了此胜义，可谓沾溉无穷矣。"余之稿本印出后，能明乎此者，不超过五人也。①

"能明乎此者，不超过五人也"，可见日常生活中人们对"标点符号"太不留心了。叶至善生前在谈及"标点符号"时说："父亲的《标点符号用法》也有不足之处，例如说'符号是跟着语言的停顿相配合的，有停顿，就要用符号来表示这个停顿'，这话就有点欠周密，省略号、破折号，并不表示停顿。""破折号可以用来表示意思的转折、跃进、提示和总结，也可以用来表示说话的中断和停顿。"② 尽管《标点符号用法》中有些见解也还值得商榷，但对于标点符号使用的规范化、纠正当时标点符号使用得相当混乱的现象，提醒人们注意语言和应用标点符号的关系等诸多方面都有开拓性的贡献。

四、主持编写《新华字典》

叶圣陶的名字又和新中国第一本语文工具书《新华字典》紧紧联系在一起。关于这部字典的来源，可追溯到 1949 年 5 月 6 日，是日日记写道：

---

① 《叶圣陶集》第 22 卷，江苏教育出版社 2004 年版，第 226—227 页。
② 2005 年 1 月 16 日与作者的谈话。——作者注

　　傍晚，魏建功来访，谈渠与同气四人计划开明编字典之事。其字典注重于活的语言，以声音为纲，一反从前以字形为纲之办法，的是新创。有计划书甚长，各点余大多同意。唯须用工作人员至少五人，又有五位主编者，历时又恐不会甚暂，如此规模，是否为开明所能胜，余未敢断言。此须俟上海解放之后，南北通信商量，始可有所决定也。偕建功小餐于灶温，杂谈语文方面之近时现象，甚畅快。九时归。

　　魏建功本打算为开明书店编《开明字典》，叶圣陶因为工作太忙，再加上考虑到开明书店难以承受，就把这事搁了下来。新中国成立后，叶圣陶担任了出版总署副署长，就把编字典的事提到议事日程上，只是不能再叫《开明字典》了，而是赋予了一个全新的名字，叫《新华字典》。为了编纂和出版好这本字典，还专门成立了"辞书社"。"辞书社"即新中国第一个国家级辞书编纂机构——新华辞书社，魏建功担任社长，成员还有萧家霖、孔凡均等一批语言学家。魏建功是北京大学中文系教授，调他来辞书社当社长得到了北大的支持。叶圣陶1950年6月19日日记写道：

　　下午，建功来，北大汤校长已允其解除系主任之职，来我署主持辞书社。因商如何谋此社之建立，首要在延致人员，此事由建功任之。①

---

① 《叶圣陶集》第22卷，江苏教育出版社2004年版，第117页。

由此可见，成立"辞书社"的事早在 1950 年 6 月之前就开始酝酿了，正式成立似应为 1950 年 9 月。1952 年 12 月 1 日，人民教育出版社成立后，辞书社转为隶属人民教育出版社，改称为人教社辞书编辑室，主要任务是编写《新华字典》。

新中国成立初期，百废待兴。《新华字典》肩负着"学习文化""扫除文盲"以及规范现代汉语等重大使命，是新中国文化事业的重要组成部分。从叶圣陶日记可以看出，他对这项工作抓得很紧。且看他的部分日记：

1950 年 9 月 6 日　　与建功商字典之注释。教部以简体字表嘱提意见，余与建功皆主简体字仅便于书写，本体仍须认识，否则但识简体者即被摈于种种现成书籍之外。故简体字仅能取已有者而挑选之，不必另行创造，每字必简。教部颇有自作仓颉之想，是为我人所否认也。[1]

1951 年 1 月 15 日　　与建功萧家霖谈辞书社事，决加添人员，加劲工作。此于语文运动颇有关涉，辞典确定语汇之意义，并示其用法与限度，当可稍免语文之混乱。[2]

1951 年 3 月 10 日　　上午与建功、家霖、子劲三位共同讨论字典稿，期于讨论中发现必须遵循之体例。[3]

1951 年 4 月 16 日　　看字典之缮清稿十馀页，一一提出修改意见。辞书社所编字典尚非敷衍之作，一义一例，均用心思。

---

① 《叶圣陶集》第 22 卷，江苏教育出版社 2004 年版，第 127 页。
② 《叶圣陶集》第 22 卷，江苏教育出版社 2004 年版，第 158 页。
③ 《叶圣陶集》第 22 卷，江苏教育出版社 2004 年版，第 172 页。

唯不免偏于专家观点，以供一般人应用，或嫌其繁琐而不明快。深入浅出诚大非易事也。①

1951 年 4 月 27 日　　午后两点半参加辞书社之工作会议。小字典初稿已写成，凡收六千字。今后工作为修订初稿，期其美善。叔湘曾提意见，于稿样批驳颇多，今日即据叔湘之意为讨论。同人之认识各有增进。②

1952 年 7 月 10 日　　（上午）看辞书编辑室重新改定之字典稿十二页。此是三反运动开始后经组内同人重定体例而后改定者，看来亦无多长处，不甚解决读者之问题。建功因受同人批评谓其不走群众路线，今乃一变其道，众以为应如何即如何。余则谓博采众意固重要，亦必须有领导乃可。否则大家杂凑，成稿固易，而拿不出去，亦复徒劳。我社经教部与北大商量，请建功专任此间事。两年以来殊无成绩，外间需要字典甚急，迄无以应之。

下午到社，看杂件治杂事，绝无闲刻。建功来谈，约略告以余之意见，建功答语不得要领。明后日再细商。③

1952 年 7 月 16 日　　上午看小字典两种，跳页抽看，不过各十馀字而已，摘记其未妥处，供出版管理局诸君参考。迩来学文化之风甚盛，农民经土改之后，要求认字，祁建华速成识字法推行，工厂与部队纷纷传习。识字之后，自需看书，看书乃要求字典。部队中尤为急切，东北军中谓但能指出某种小字

---

① 《叶圣陶集》第 22 卷，江苏教育出版社 2004 年版，第 183 页。
② 《叶圣陶集》第 22 卷，江苏教育出版社 2004 年版，第 187 页。
③ 《叶圣陶集》第 22 卷，江苏教育出版社 2004 年版，第 340 页。

典较为切用，彼处即需二十万册。出版管理局遂谋挑选较好者二三种，作内部之介绍，俾出版行政管理机关、业馀教育机关、发行业机构知之，以便掌握。已选出三种，介绍简文亦已写就。然余观此两册，毛病颇多，或不能予读者明显之概念，或语焉不详，虽不云错，亦未全对，或用语艰深，不易使读者领会。总之，初学者得之，固以为得所依傍，实则未能解决问题，或仅在解决与不解决之间。市上小字典当在百种以上，大家抄来抄去，猜想皆此类耳。出版家喜出小字典，视为商品，未能多为读者着想。我社有鉴于此，故成立辞书社，而编辑将两年，迄未完稿，思之实为焦心。①

1952 年 7 月 29 日　　今日以上午到社，与建功家霖诸君商《常用字用法举例》之初稿。②

1953 年 1 月 18 日　　星期日。往访叔湘，知动身③当在月外。与谈字典事，叔湘提出若干意见，谓建功、家霖诸君之字典必当修改，始可问世。④

1953 年 2 月 24 日　　（下午）依预约与辞书室同人共谈，外加文叔、黎季纯二人。余谓字典编辑二年有馀，迄今体例未定，皆由当初疏忽之故。当初于工作中找体例，想法原不错，但后来未能规定若干条体例，使大家明确共循，则领导人之过，余与建功应负其责。次言我人之字典为应读者之需，总得为读者解

---

① 《叶圣陶集》第 22 卷，江苏教育出版社 2004 年版，第 342—343 页。
② 《叶圣陶集》第 22 卷，江苏教育出版社 2004 年版，第 349—350 页。
③ 出访苏联——作者注。
④ 《叶圣陶集》第 22 卷，江苏教育出版社 2004 年版，第 407—408 页。

决问题，虽不能尽善尽美，终当有多少优点。以故余主延迟定稿时期，至六月底为止。室中同人近以《工人日报》之一篇文章为例，摘出其中主要用词，视字典中是否都予解决，结果漏列者有之，已列而解释未周者有之。此一工作若从早为之，即于取材方面大有裨益，今宜补作，限定一段短时期为补益之事。次略述余对于原稿之不满意处。大家颇能虚心讨论，于原稿之缺失与改订之方，似有所领会。①

1953 年 6 月 29 日　　（下午）与字典室、总编辑室、出版部十馀人为会，商量字典之排印出版问题。此虽一小字典，而为之将三年，今年第四季必可出版。于版式、装帧、校对、宣传各方面皆有所计划。少甫之意，将以此书试验计划出版之成绩，于此获得经验。会毕已六点。②

1953 年 7 月 29 日　　又看字典稿"ㄨ""ㄩ"二母。至此，字典稿全部看毕。此稿经同人屡次改易，最后由建功与余校阅，复作修改，用力不为不多。然下断多凭直观，未作深入之研究，错误处不当处必不少。且俟问世而后，经比较多数人之批评，再作改订耳。③

1953 年 10 月 13 日　　（上午看）《新华字典》之凡例，出于建功之手笔。条数颇多，每条又言之琐琐，道编辑之甘苦，而达意不甚明畅，将使读者望而却步。余为签注意见十馀处，希望扼要从简，针对读者立言，不须语读者之意即不

---

① 《叶圣陶集》第 22 卷，江苏教育出版社 2004 年版，第 425 页。
② 《叶圣陶集》第 22 卷，江苏教育出版社 2004 年版，第 462 页。
③ 《叶圣陶集》第 23 卷，江苏教育出版社 2004 年版，第 12 页。

必说。①

由此可见，这部《新华字典》从酝酿到成立出版机构，从调派
人员到确定编制，从收集相关资料到拟定编写宗旨和体例，从"注音
字母音序表"、"凡例"到每个"字"的注解和插图，以及附录的《中
国历代纪元公元纪年表》、《各国首都、面积、人口一览表》、《各国本
位币名一览表》、《重要纪念日及节日一览表》、《中外度量衡表》、《化
学元素表》、《笔形部首检字表用法说明》等，可以说每一个字、每一
个音标、每一幅插图，都是叶圣陶和编纂人员一起"打磨"、反复斟
酌之后写（画）出来的。短短几年里，叶圣陶日记中竟有 128 天写到
《新华字典》。读他的日记，《新华字典》的编写过程历历在目。他主
持这一工作所面临的困难、遇到的烦恼以及他为《新华字典》付出的
辛劳，都是我们难以想象的。可以这样说：没有叶圣陶，就没有《新
华字典》。《新华字典》是第一本完全用白话释义的字典，严谨、规范、
图文并茂。虽说在思想性、科学性方面还有待提升，但仍不失为新中
国辞书编撰史上的开山之作，如今通用的商务印书馆出版的《新华字
典》，就是在新华辞书社《新华字典》的基础上修订的。叶圣陶主持
编写出版《新华字典》的功绩当永载史册。

---

① 《叶圣陶集》第 23 卷，江苏教育出版社 2004 年版，第 41 页。

第十五章

创建人民教育出版社

一、人民教育出版社的成立

　　叶圣陶担任华北人民政府教科书编审委员会主任期间，为了确保 1949 年秋季教科书的供应，北平成立了华北联合出版社，从事华北地区中小学教科书的出版发行工作。与此同时，在上海也成立了同"华联"同样性质的上海联合出版社，负责编辑出版华东地区的教科书。出版总署成立后，"华联"编辑部即并入出版总署编审局第一处。1950 年 7 月 17 日，胡愈之与叶圣陶谈及筹建人民教育出版社（以下简称人教社）的事，这是有关人教社最早的资料。叶圣陶在当天的日记写道：

今日到署。看公文数件，与愈之谈一小时。渠告我拟与教育部合组教育出版社，专事编审教科书，以第一处诸人为其一部分人员。①

"第一处"即出版总署编审局教科书编写处。随后，叶圣陶在日记中多次写到筹建人教社的事。1950 年 9 月 15 至 25 日，出版总署召开了第一届全国出版会议，决定了出版、印刷、发行的分工专业化，确定中小学教材全国统一供应。会后，教育部与出版总署加快了共同筹建人教社的步伐，决定以总署编审局教科书编写处以及"华联""上联"三方面合并而成立人教社，负责教科书的编辑和出版工作（以中小学教科书为主），发行归新华书店。

1950 年 12 月 11 日，人民教育出版社正式成立，成为全国研究、编写、出版中小学教材的专门机构，这是新中国建立的第一家出版社②，毛泽东主席题写了社名，彰显了党和政府对教材建设的高度重视。中小学教科书是国家、社会、科学乃至莘莘学子的奠基之书，是"体""心""智""德"的启蒙书。在人教社成立大会上，叶圣陶有一篇鼓舞人心的讲话。他说：

现在全社——编审部、经理部和上海办事处工作人员有一百二十三人。编审部工作人员有从教育部来的，有从编审局来的，经理部工作人员有从"华联"来的，有从"上联"来的，上

---

① 《叶圣陶集》第 22 卷，江苏教育出版社 2004 年版，第 118 页。

② 随后建立的有人民出版社（1950 年 12 月 18 日）、人民文学出版社（1951 年 3 月）、人民美术出版社（1951 年 9 月 14 日）。

海办事处的工作人员原是"上联"的同人。这么许多来源不同的人聚在一块儿，共同来做人民教育出版社这一件大工作。我们大家知道，化学书上有"混合""化合"两个词儿。譬如一碗大米，一碗小米，可以倒在一个大碗里，把它搅和，这是混合。混合的东西不变原样儿，你有耐性细细的分别的拣，还是一碗大米，一碗小米。化合可不同了。譬如脂肪和碱起了化学作用，成为肥皂，无论它结成块儿，溶成液体，总之是肥皂了，不再是脂肪和碱了。肥皂是两种物质化合之后的新东西，希望来源不同的工作同志聚在一块儿，是化合，不是混合。由于化合，大家成为更进步的新人，为编好、印好、供应好教科书而努力。①

在叶圣陶的带领下，人教社同人真诚地"化合"在一起，坚定不移地贯彻党的教育的方针，传承我国教科书好的编辑思想和编辑体例，借鉴国外的先进经验不断地开拓创新，为新中国编撰全国中小学（包括师范及大学语文）统一使用的各种学科、各个年级的教材，哺育了几代青少年的健康成长。

二、使"严谨"二字成为人教社的风气

建社之初，人教社工作分为编辑、出版两大部门，这两大部门连同上海办事处工作人员加起来共有一百二十三人（编辑人只有三十多

---

①　叶圣陶：《人民教育出版社成立大会讲话》，《叶圣陶集》第 17 卷，江苏教育出版社 2004 年版，第 325 页。

位），社址就设在东总布胡同出版总署内。1952年6月，人教社编辑部与教育部教科书编审委员会合并，为便于统一领导，人教社编辑部由东总布胡同迁至西单大木仓胡同教育部院内小红楼办公。叶圣陶每天上午在出版总署办公，下午到人教社（编辑部）办公，每天都得"东奔西跑"。小红楼是一幢小小的两层红砖楼房，楼上楼下仅有十多个办公室，三十多位编辑人员，十多个办公室共用一部电话，却承担着新中国初期全国中小学教科书编撰的重任（1951年经人教社新编和修订的中小学教材已经在全国使用）。叶圣陶当年曾诙谐地说："人教社是世界上最大的出版社。"大，指的是服务对象——中小学校的几千万师生。而担负着如此重任的出版社却在这样一座小小的红砖楼房里，"小楼大社"是名副其实的称谓。①"大"，又指责任"大"、事业"大"、抱负"大"。人教社同人秉承"敬业、严谨、团体、创新"的社训，以"书育英才"的理念，靠编好书出好书的业绩赢得了"教育出版家之大风范"的赞誉。

作为社长和总编辑的叶圣陶主要做了三件事：一是招聘人才，把一批热心教育的知名学者和出版家调到人教社，从而使人教社成了一个藏龙卧虎的宝地，名流云集，英才辈出。二是重视"教科书"资源，通过收购、捐赠等各种方式征集各种教材，使人教社成了"教材库"和"教材研究基地"。三是按党的教育方针和教育规律办事，敢于讲"专业技术"，抓教科书的"含金量"。

20世纪50年代初是个红红火火讲"政治"的年代，上级部门对

---

① 参见刘承汉、孙全洁：《煌煌一甲子，拳拳赤子情——祝贺人民教育出版社建社60周年》，《我们——人民教育出版社建社六十周年纪念文集》，人民教育出版社2010年版，第84页。

教科书的要求最主要的有两点，一是不能有"反革命分子之著作与言论"，二是"无政治性之错误"①，讲"专业技术""咬文嚼字"反倒很容易被误解为"纯技术观点"。叶圣陶为此也有过苦恼与犹豫。1952年3月1日日记中说："看语文组交来初中第一册之注释稿五六篇，一一为之修改。同人笔下多用报纸调，句长，句之组织累赘，去语言甚远，唯能'目治'而不适于耳受。余亦无法依余之意加以修改，只得任之。"②1952年3月5日记："仲仁来谈，余告以余心头之不快。语文组同人不注意语文，所写所撰教材顾到思想政治一面，忽略艺术一面，致中学教本无异于报道时事时人之杂志，各篇皆不能起感染作用。余自以为颇关心我国语文之前途，而我社之书若是，实使余颇为懊丧。仲仁相慰，谓须求大家想法一致，当可有所改进。余此种意见，唯文叔、仲仁与灿然可以一谈，此外将以'纯技术观点'相讥矣。"③1952年3月6日记："晨间灿然来谈，谓初中语文本第一册之提示多及政治而疏于语文方面，殊非所宜。余告以所选文篇可诵者甚少，仅注意解放以来之新事物，而文皆平平，告诉人家有这么一回事而已，能感动人者、足以生感染作用者不多见，此为最无可奈何事。余若谓此等文篇不佳，同人将谓请以佳者易之，余无以对也。灿然言终当共同讨论。余谓果有可以改善之方，余无不乐从。既而仲仁来，亦谈此事。最后请仲仁先将第一册所收各篇通观一遍再说。"④1952年4月24日记："上午仲仁来谈，隐示余与语文组少数同人相互不了解，

---

① 叶圣陶 1955 年 10 月 4 日日记。

② 《叶圣陶集》第 22 卷，江苏教育出版社 2004 年版，第 292 页。

③ 《叶圣陶集》第 22 卷，江苏教育出版社 2004 年版，第 293 页。

④ 《叶圣陶集》第 22 卷，江苏教育出版社 2004 年版，第 293—294 页。

彼辈以余为抱着纯技业观点，余以彼辈为徒知强调思想政治，而不悟内容与形式之必趋于一致。仲仁以为此种不了解由于接触时少，若经常接触，所思即可渐就接近。余谓余实所知不多，偶有所见，自知无术充分表达，即表达之亦恐不能服人，故怠于吐露。余希望大家广其识域，识域广即不致拘墟。然不敢遽以此为号召也。"①其实"只得任之""不敢号召"云云，只是一时气愤的话。在人教社工作期间叶圣陶自始至终坚持"语文挂帅"，要求人教社同人"广其识域"，本着对教育负责的精神，编好语文课本，编好所有的教科书。

叶圣陶强调编教材不能"捡到篮子里就是菜"，要像蜜蜂吸取百花精华酿出蜜来那样，吸取有关的各种教材的长处，融会贯通，不断地推陈出新。他对课本里的语言尤为重视，认为课本是给孩子们读的书，要口语化，要注意语法、修辞和逻辑。他举例说：连词用"和"，副词用"同"，还可以用"跟"，口语用"跟"较好，行文用"同"较好。并建议连词用"和"，副词用"跟"。化学课本里讲的混合物，是不同物质掺和在一起，不是化合。因此，他建议将"混合物"改为"混和物"。他十分重视课本的绘图工作，认为书籍里的"图画跟写在书里的书面语言有同等的重要意义"，要求跟书面语言做到有机配合，"相辅相成""相得益彰"。②他说"课本是国家对学生进行教育的主要的工具，是学生受教育时期的主要的精神食粮"，必须认真，"单说校对吧"，"总望做到一个标点也不错"③，并率先垂范，使"严谨"二字成

① 《叶圣陶集》第22卷，江苏教育出版社2004年版，第314—315页。

② 叶圣陶：《重视书籍的绘图工作》，《叶圣陶集》第17卷，江苏教育出版社2004年版，第339页。

③ 叶圣陶：《人民教育出版社成立大会讲话》，《叶圣陶集》第17卷，江苏教育出版社2004年版，第325页。

为人教社的风气。从叶圣陶日记和相关文字材料中可以看到，他"把"教科书的"关"把得极严，发现问题，非改正不可。且看以下几则日记：

　　1951 年 10 月 15 日　　夜间，墨（胡墨林）偶以高小自然校样嘱至善阅看，至善发见其书多粗糙含糊之语，谓实非善本。此稿去年编成，已印过数版，余从未看过。经至善提出，取而观之，开首系讲劳动创造人及米丘林学说，确属不好，非特不能使儿童明晓，恐教师亦无从据以讲说。遂发心与至善共同修改。至于十一时，仅改两课有兰。此是第四册，若全书皆为修改，亦不知需花多少时间。①

　　1951 年 10 月 16 日　　夜间仍与至善共改自然课本，至于十点过停手，改得七课。如此灯下打磨，余与至善俱感疲劳殊甚，明日始，拟改在日间为之。②

　　1951 年 10 月 17 日　　晨携至善到署。……与至善续改自然课本。至于午，至善去，亦仅得四课而已。……夜间，与至善续改自然课本，至十点过，毕其第四册。此册凡一十八课，计费三个夜工，半个日工，合两人之力为之。尚有三册，本月内必不克全了。此第四册俟排字房改过打样送来，尚须请自然组、理化组同人审阅。我父子二人所改恐亦不免有误也。③

---

① 《叶圣陶集》第 22 卷，江苏教育出版社 2004 年版，第 238 页。
② 《叶圣陶集》第 22 卷，江苏教育出版社 2004 年版，第 239 页。
③ 《叶圣陶集》第 22 卷，江苏教育出版社 2004 年版，第 239 页。

这之后，叶圣陶几乎每天夜间都与至善一起共同修改自然课本，直至11月20日止。叶圣陶11月20日记："夜间与至善续改自然课本，至九点半毕。全书四册，至此完工。"虽说经过"修改"，"科学性较高，文字似修整"，但叶圣陶仍认定为"要不得之教本"，"不适于小学高年级生之程度，取材无抉择，样样都有，而叙说不畅，一语之中含义至多，未能使学者彻底领会也。"① 来年还得再"另起炉灶"，可见他对教材要求之严。类似的记载还有很多，请看以下几则日记：

1952年11月20日 校对科校对高小算术，发觉其稿体例不纯，语句生硬，来就余商量。此稿系俞子夷自改其旧稿，余观之，诚不能满人意。因告陈同新君，请其与薰宇共商，如何补救。俞子夷治小学算术有名，因观苏联课本，不自满其旧作，请求修改重出。其修改殆依助手，然渠亦当过目，乃有毛病，足见其于编辑之术初未措意。稿来我社，我社同人亦经审读，并未发现不妥，可见我社同人亦殊粗疏。余未能就每一书稿而详审之，而不详审竟可随时出毛病，诚为无可奈何。积极办法自当以提高全体同人之责任心，磨砺其识力与眼光为尚，……②

1952年11月21日 下午到社，芷芬告余今晨共商算术课本事，决由数学编辑室曹飞羽君重看一过，或删或改，再行排版。此自是不得已之办法，然耽误造货时间已多矣。俞子夷及其助手草率交稿。我社送教育部教科书编审委员会阅看，委员会谓为可，我社闻委员会之可，即认为无复问题。余为总编辑，仅于

---

① 以上均引自《叶圣陶集》第22卷。
② 《叶圣陶集》第22卷，江苏教育出版社2004年版，第385页。

发稿时签字，内容绝不一看。此是一连串之官僚主义作风，堪为典型。他日有机会，将当众言之。此风不去，出版物之质量何从提高哉。①

1952 年 11 月 22 日　　下午到社，与安亭谈高小算术课本事。曹飞羽君来告，谓详看其第四册，确属谬误甚多，以国家出版社而出版此等书，实太对不起学生。曹君青年意诚，言次几欲哭泣。共商之后，决定曹君与三位同人各改一册，以三四日为期，改毕而后，由余通体审读一过，以两日为期，尽下星期内完工，然后重排。至浪费工力财力，耽误造货时间，为当然之事，亦不能说矣。于此颇可不疑俞子夷之所谓小学算术教学专家，编出课本若此，盖并一般编辑人员而不如。若出于助手，则不加阅看，即来交卷，其工作作风亦大有问题。我社大家不加详阅，徒闻教育部认为可用，即以付排；薰宇主持算学一科，亦未详审；余见大家通过，即签字发排，皆属无可卸责。会当公布于众，以为警戒。②

叶圣陶当众作了"检讨"，把修改过的"高小算术"本带回家在晚上和星期天逐篇"审读"，"润其文字"，"订其格式"，发现问题，与同人一起探讨。12 月 2 日日记写道：

下午到社，与治算学诸君共谈。因余读高小算术，屡见"扩大几倍""缩小几倍"之语，以为"缩小几倍"之说不妥，因说

---

① 《叶圣陶集》第 22 卷，江苏教育出版社 2004 年版，第 385 页。
② 《叶圣陶集》第 22 卷，江苏教育出版社 2004 年版，第 386 页。

到"倍"只有扩大意,"缩小几倍"殊难想象。然社会间已经流行,工业部门之报告往往用之,余以为此为破坏我国语言之一例。前月愈之曾谈及此,亦认为不妥。此系从俄语译来,余尝问刘泽荣。刘谓俄语中无论扩大若干,缩小若干,同用一字,此字本身并不专含扩大义,如我国之"倍"字然。而我国别无相当之字,只有一个"倍"字,"倍"字用于扩大固甚妥,而用于缩小实欠妥,惟刘亦无法以易之。余遂与曹飞羽谈及,曹解其意,与同人共商之后,改为"缩小几分之一。"而今日薰宇知之,认为不合,因乘余到社时共谈。薰宇之意,谓苏联教本讲乘除,一贯的用"扩大""缩小"以明之,说法必须一致,乃可使学生概念明确。若于扩大说"几倍",缩小说"几分之一",即不足以建立明确而一致的概念。薰宇解说谓不宜死看"倍"字,宜将"扩大几倍""缩小几倍"合成一个概念看,"扩大几倍"即乘以几,"缩小几倍"即除以几,只须向学生讲明,亦无多妨碍。诸君听薰宇之言以为然,皆主从其说。此后社会间统计数字多用"缩小几倍"之说恐更益流行,亦属不可抗拒之势。然我国"倍"字之意义自此变更矣,……①

叶圣陶既能敏锐地发现问题,又能谦恭地倾听各方意见,择善而从,真可谓"海纳百川"。人教社的"大家风范"就是叶圣陶面对面"教"出来手把手"带"起来的。1953年5月,教育部在向毛主席汇报工作时,谈到了人教社的情况。当毛主席听说人教社只有

① 《叶圣陶集》第22卷,江苏教育出版社2004年版,第389—390页。

三十多名编辑人员时，当即指示中央组织部，马上从全国各地抽调二百多名人员充实人教社编辑队伍。由此，一支高质量的编辑队伍逐渐形成。

1955 年 6 月底，人教社迁到景山东街 45 号大院（今沙滩后街 55 号），这是人教社社史上的一件大事，自此离开了教育部大院那座小楼，有了"单门独户"的独立办公场所，正式挂出了毛主席题写的"人民教育出版社"社牌。新址院落宽广，机构齐全，建筑众多，设备完善，编辑部和出版部分处两地办公的局面从此结束，更利于经营和管理。这 45 号大院，处于北京的中心，东面是五四大街、北大红楼，南面靠近故宫皇城，西临景山、北海，北面地安门、钟鼓楼近在咫尺。附近还有美术馆、首都剧场等文化设施。再远一些就是天安门广场、故宫博物院、国家博物馆。沙滩后街 55 号，墙上嵌有"京师大学堂遗存"勒石。当年在康梁变法新政推动下，这里建立了京师大学堂。更早的时候，这里是清乾隆帝四女儿和硕和嘉公主府邸。历史古迹，随处可见。叶圣陶 7 月 1 日日记中写道：

今晨至景山东街，我社迁此，与文改会为同居，编辑部已大致迁来，出版部稍缓亦将迁来，局面又成一个样子。……编辑部居一楼房，原系北大之理学院（其整个院落为清朝之某公主府），较之教部内之小红楼高爽多多。迁此过暑期，大家均觉愉快。

从这时开始到"文革"的十年间，人教社群英荟萃，事业辉煌。

三、俯仰无愧　天地立碑

　　叶圣陶1946年写的《开明书店二十周年纪念碑词》，结尾两句是"堂堂开明人，俯仰两无愧。"用"俯仰两无愧"形容作为人教社创始人的叶圣陶，形容人教社建社走过的风雨历程，也都十分贴切。近年来曾有人对收入中小学语文课本中的文章被删一事颇有微词，谁都知道"剪刀加浆糊"，把作品"拿过来"，原封不动地编进语文课本，既省心省事，又不会"得罪"作家。够得上进"教科书"的作家都有一定的知名度，名人往往都会有这样或那样的脾气，并不愿意别人对他的作品"说三道四"，"改我一字男盗女娼"的话也不是没人说过。可叶圣陶"固执己见"。他说课本是让孩子们学习的，课文都得以孩子们为中心，得切合他们的心智、性情和特点，不能"捡到篮子里就是菜"，得认真审读。凡是编入课本的作品，一定是经过时间检验过的"佳作"，如有"孩子们不宣"的或语言不规范的必须修改，翻译的作品还得请外文专家对照原作帮助把关。这就是叶圣陶坚定不移的编辑理念。叶圣陶同时指出：修改必须慎重，凡是健在的作家（翻译家）要改就得征得他的同意，让他心悦诚服，这也是人教社的"大家风范"和"仰俯无愧"的一个例证。且看人教社教科书中对郭沫若《诗二首》的修改：

郭沫若《诗的宣言》

你看，我是这样的真率，	你看，我是这样的真率，
我是一点也没有甚么修饰。	我是一点也没有**什么**修饰。

我爱的是那些工人和农人，
他们赤着脚，裸着身体。

我也赤着脚，裸着身体，
我仇视那富有的阶级：
他们美，他们爱美，
他们的一身：绫罗、香水、宝石。

我是诗，这便是我的宣言，
我的阶级是属于无产；
不过我觉得还软弱一点，
我应该要经过爆裂一番。

这怕是我才恢复不久，
我的气魄总没有以前雄厚。
我希望我总有一天，
我要如暴风一样怒吼。
（《郭沫若全集》第 1 卷，
人民文学出版社，1982 年，
第 374—375 页，）

我爱的是那些工人和农人，
他们赤着脚，裸着身体。

我也赤着脚，裸着身体，
我仇视那富有的阶级。
他们"**美**"，他们爱"**美**"，
他们的一身：绫罗、香水、宝石。

我是诗，这便是我的宣言，
我是属于无产阶级这一边；
虽然我还软弱了一点，
还需要经过一番锻炼。

这是由于我才恢复不久，
我的气魄没有以前雄厚。
我希望总有那么一天，
我要如暴风一样怒吼。
（初级中学课本《文学》第 3 册，
人民教育出版社，1956 年）

郭沫若《我想起了陈涉吴广》

一

我想起了几千年前的陈涉，

一

我想起了几千年前的陈涉，

我想起了几千年前的吴广，
他们是农民暴动的前驱，
他们由农民出身，称过帝王。

他们受不过秦皇的压迫，
在田间相约："富贵毋得相忘！"
那时候还有凶猛的外患，匈奴，
要攘夺秦朝的天下侵陵北方。

秦始皇帝便要筑下万里长城，
使天下的农夫都为徭役奔忙。
他们便斩木为兵，揭竿为旗，
丛祠的一夜篝火滺天炎上。

就这样惊动了林中的虎豹，
就这样惊散了秦朝的兵将；
就这样他们的暴动便告了成功，
就这样秦朝的江山便告了灭亡。

二

中国有四万万的人口，
农民占百分之八十以上。
这三万二千万以上的农民，
他们的生活如今怎样？

我想起了几千年前的吴广，
他们是农民暴动的前驱，
他们由农民出身，称过帝王。

他们受不过秦朝政治的压迫，
在田间相约："苟富贵，毋相忘！"
那时候还有凶猛的外患——匈奴，
它要攘夺秦朝的天下，侵陵北方。

秦始皇帝便要筑下万里长城，
使天下的农夫都为徭役奔忙。
他们便斩木为兵，揭竿为旗，
野庙里的篝火照得满天明亮。

就这样，惊动了林中的虎豹，
就这样，惊散了秦朝的兵将；
就这样，他们的暴动**便告成功**，
就这样，秦朝的江山**便告灭亡**。

二

我国有四万万的人口，
农民占百分之八十以上。
这**三亿二千万**以上的农民，
他们的生活如今怎样？

朋友，我们现在请先说北方；

北方的农民实在可怜万状！

他们饥不得食，寒不得衣，

有时候整村整落的逃荒。

他们的住居是些败瓦颓墙，

他们的儿女和猪狗一样；

他们吃的呢是草根和树皮，

他们穿的呢是褴褛的衣裳。

南方呢？南方虽然是人意差强，

但是农村的凋敝触目神伤。

长江以南的省区我几乎走遍，

每个村落里，寻不出十年新造

的民房！

朋友，我们现在请先说北方：

北方的农民实在**是**可怜万状。

他们饥不得食，寒不得衣，

有时候**整个村落**的逃荒。

他们的住居是些败瓦颓墙，

他们的儿女**竟同**猪狗一样；

他们吃的呢，是草根和树皮，

他们穿的呢，是褴褛的衣裳。

南方呢？南方虽然**比北方稍强**，

但是农村的**凋敝**，触目神伤。

长江以南的省区我几乎走遍，

村落里寻不出十年内新造

的民房！

三

农民生活为甚么惨到了这般樈样？

朋友哟，这是我们中国出了无数

的始皇！

还有那外来的帝国主义者的压迫，

比秦时的匈奴还要有五百万倍

的嚣张！

三

农民生活为甚么惨到了这般模样？

朋友哟，这是我们中国出了无数

的始皇！

还有那万恶的帝国主义的侵略，

比秦时的匈奴还要**万倍**

的嚣张！

他们的炮舰政策在我们头上跳梁， 他们的经济侵略吸尽了我们 的血浆。 他们豢养的走狗：军阀、买办、 地主、官僚， 这便是我们中国的无数新出 的始皇。	他们的炮舰政策**是那么的猖狂**， 他们的经济侵略**吸尽**我们 的血浆。 他们豢养的走狗：军阀、买办、 地主、官僚， 这便是我们中国的无数新出 的始皇。
可我们的农民在三万二千万人 以上， 困兽犹斗，我不相信我们便全 无主张。 我不相信我们便永远地不能起来， 我们之中便永远地产生不出 陈涉、吴广！	**可是**，我们的农民在**三亿二千**万人 以上， 困兽犹斗，我不相信我们便全 无主张。 我不相信我们便**永远**不能起来， 我们之中便**永远**产生不出 **陈涉吴广**！
更何况我们还有五百万的 产业工人， 他们会给我们以战斗的方法， 利炮，飞机。 在工人领导之下的农民暴动哟， 朋友， 这是我们的救星，改造全世界 的力量！	更何况我们还有五百万的 产业工人， 他们会给我们以战斗的方法， **组织的力量**。 在工人领导之下的农民暴动哟， 朋友， 这是我们的救星，**是改造全世界 的希望**！

1928，1，7

（《郭沫若全集》第 1 卷，　　　　（初级中学课本《文学》第 3 册，）

人民文学出版社，1982 年，　　　人民教育出版社，1956 年）

第 378 至 380 页）

　　不难看出，编入《文学》课本的这二首诗，经过语言层面的修改，诗的内容显得更丰富，更符合历史的真实（如将"富贵毋得相忘！"改为"苟富贵，毋相忘！"将"每个村落里，寻不出十年新造的民房！"改为"村落里寻不出十年内新造的民房！"），语言更加精练形象，符合规范，更富有美感（如将"三万二千万人以上"，改为"三亿二千万人以上"；将"有时候整村整落的逃荒"，改为"有时候整个村落的逃荒"；将"丛祠的一夜篝火涨天炎上"，改为"野庙里的篝火照得满天明亮"）。这二首诗共 60 行，文字改动竟有 30 处之多，标点的增改多达 14 处。与《郭沫若全集》相比，《文学》课本中的这二首诗形式更整齐，音调更和谐、更便于吟诵，感人的力量更强。像郭沫若的这二首诗所作的许多修改，除了要有渊博的学识和敢于求美求是的学术品格之外，还需要有为教育献身的真诚和不怕得罪名家的气魄。叶圣陶和人民教育出版社的同人就是这样认真虔诚，把教育看作最神圣的事业。为了编写最优质的教材，给孩子们提供最精美的精神食粮，他们默默耕耘、斟字酌句、千锤百炼、精益求精，他们是真正的无名英雄。

　　编入课本中的作品，除了语言文字方面的修润打磨之外，为了方便老师的教学和孩子们的阅读，每篇课文都作了注释（注音）。注释（注音）从孩子们的需要出发，真正做到需要加注的一定要加注（该注音的一定注音），所有的注都相当精练、准确、明白、易懂。以鲁迅的作品为例，初级中学课本《文学》（第3册）收鲁迅的《孔乙己》、《故乡》、《论雷峰塔的倒掉》和《我们不再受骗了》，加的注可真不少：

《孔乙己》中的注有："格局"、"阔绰"、"踱"、"舀"、"羼"、"荐头"、等18个。

《故乡》中的注有："阴晦"、"萧索"、"形像"、"心绪"、"聚族而居"、"谋食"等31个。

《论雷峰塔的倒掉》中的注有："而已"、"掩映于湖光山色之间"、"夕照"、"并不见佳"、"禅师"、"水满金山"等18个。

《我们不再受骗了》中的注有："帝国主义"、"侍从们"、"实业党"、"绥拉菲摩维支"、"法捷耶夫"、"革拉特珂夫"等21个。

与人民文学出版社2005年版《鲁迅全集》中的注释相对比，《文学》课本中的注有三个特点：一是注释多（《鲁迅全集》中《孔乙己》的注共有8个，《故乡》的注共有7个，《论雷峰塔的倒掉》的注共有4个，《我们不再受骗了》的注共有6个），《文学》课本从初中生的实际需要出发，适当增加一些注，让孩子们在自学或预习时借助于这些"注"，就可以读懂作品，这大概就是叶圣陶等人的初衷。且看《孔乙己》中的三则注：

荐头——介绍职业的人。

粉板——商店记帐用的牌子。

年关——旧社会里的商人每逢年底结账，赊出的账都要收回，欠人家的账都要偿还。一般欠账的人过年如同过关，所以叫"年关"。

这三则注在《鲁迅全集》中是没有的，多了这三则注，孩子们既增长了很多知识，也排解了阅读中的疑难。

二是课本中的注释写得生动、清晰、透彻，有的还很风趣。阅读"注"就像听老师讲课一样亲切。请看《故乡》中的四则注：

"豆腐西施"——西施是中国古代一个著名的美女。"豆腐西施"意思就是卖豆腐的美人（这是开玩笑的话）。

我却并未蒙着一毫感化——这是句俏皮话。长期受到模范人物的影响，自己无形之中也变成思想正确、品质端正的人，才叫蒙了感化。

八抬的大轿——八个人抬的大轿。这是夸张说法，极力形容做官做得大，架子摆得大。

也不愿意都如别人的辛苦恣睢而生活——别人，指压迫者和统治者。恣睢，念 zi sui，骄奢和放纵。辛苦，在这里有讽刺意义，是说那些人处心积虑地追求剥削和享乐的生活。

这四则注《鲁迅全集》中也没有。孩子们一看（听）就懂，不仅能丰富他们的知识，还能让他们感到有乐趣。

三是课本中的注极富启发性，能激发孩子们求知的欲望。现将《文学》课本里的注释与《鲁迅全集》里的注释作一点比较：

一、回字有四样写法（《孔乙己》）：

《文学》课本："回"字一般只有三种写法："回""囬""囘"。还有第四种写法，写成"𡇌"，其实很少有人这样写。但是孔乙己这种受科举教育愚弄的老实的知识分子，常会注意一些没有用的字，而且把这看做学问和本领。

《鲁迅全集》：回字通常只有三种写法：回、囘、囬。第四种写作囘（见《康熙字典·备考》），极少见。①

二、五行缺土（《故乡》）：

《文学》课本：据星相家迷信的说法，人的生命里含有"五行"（金、木、水、火、土），可以根据各人出生的年、月、日、时推算出来。"五行"齐全的算是好命，缺一"行"或两"行"就差了。补救的办法是，缺哪一"行"就用那一"行"的字或用那一"行"的字作偏旁的字取名（如一个姓王的人的命里缺"金"，就取名叫"王阿金"或"王钧"）。

《鲁迅全集》：旧时所谓算"八字"的迷信说法。即用天干（甲乙丙丁戊己庚辛壬癸）和地支（子丑寅卯辰巳午未申酉戌亥）相配，来记一个人出生的年、月、日、时，各得两字，合为"八字"；又认为它们在五行（金、木、水、火、土）中各有所属，如甲乙寅卯属木，丙丁巳午属火等等，如八字能包括五者，就是五行俱全。"五行缺土"，就是这八字中没有属土的字，需用土或土作偏旁的字取名等办法来弥补。②

三、"公理战胜"的牌坊（《我们不再受骗了》）：

---

① 《鲁迅全集》第1卷，人民文学出版社2005年版，第462页。
② 《鲁迅全集》第1卷，人民文学出版社2005年版，第511页。

　　《文学》课本：1990 年，帝国主义借口义和团杀死德国公使克林德，由德国人统率八国联军侵入北京，逼迫清政府签订不平等的辛丑条约，并且在北京东单牌楼建立了"克林德碑"。1918 年欧洲大战结束，德国战败，中国算是参加英、法集团对德作战的，是战胜国，所以把"克林德碑"移到中央公园，改成"公理战胜"的牌坊。现在这座牌坊已经改为"保卫和平"的牌坊。鲁迅说的"但后来又改掉了"指的什么，我们没有查出来。

　　《鲁迅全集》：第一次世界大战结束后，英、法为首的协约国宣扬他们打败德、奥等同盟国是"公理战胜强权"，并立碑纪念。北洋政府也在北京中央公园（今中山公园）建立了"公理战胜"的牌坊。①

　　就这三则注而言，《文学》课本都比《鲁迅全集》写得具体而详尽。所谓"详尽"，是把相关的知识和背景尽可能地表达清楚，让读者容易明白和理解。与《鲁迅全集》相比，《文学》课本中的注也有写得比较简洁的，现列举三则：

一、描红纸（《孔乙己》）：

　　《文学》课本：从前私塾里初学写字的范本：白纸上印上红字，初学写字的孩子用毛笔依照红字的笔画描成黑字。

　　《鲁迅全集》：一种印有红色楷字，供儿童摹写毛笔字用的字帖。旧时最通行的一种，印有"上大人孔（明代以前作丘）乙己

---

① 《鲁迅全集》第 4 卷，人民文学出版社 2005 年版，第 442 页。

化三千七十士尔小生八九子佳作仁可知礼也"这样一些笔画简单、三字一句和似通非通的文字。它的起源颇早，据明代叶盛的《水东日记》卷十所载："上大人孔乙己……数语，凡乡学小童临仿字书，皆昉于此，谓之描朱。"大概在明代已经通行。又《敦煌掇琐》（刘复据敦煌写本编录）中集已有"上大人孔乙己……"一则，可见唐代以前已有这句话。①

二、大祭祀的值年（《故乡》）：

《文学》课本：大祭祀是指祭祀祖先的隆重典礼。这典礼由族中各家轮流主持，轮到的那一家叫"值年"。

《鲁迅全集》：封建社会中的大家族，每年都有祭祀祖先的活动，费用从族中"祭产"收入支取，由各房按年轮流主持，轮到的称为"值年"。②

三、鬼见怕（《故乡》）：

《文学》课本：一种贝壳的土名（下文"观音手"同）。

《鲁迅全集》：鬼见怕和观音手，都是小贝壳的名称。旧时浙江沿海的人把这种小贝壳用线串在一起，戴在孩子的手腕或脚踝上，认为可以"避邪"。这类名称多是根据"避邪"的意思取的。③

① 《鲁迅全集》第1卷，人民文学出版社2005年版，第462页。
② 《鲁迅全集》第1卷，人民文学出版社2005年版，第511页。
③ 《鲁迅全集》第1卷，人民文学出版社2005年版，第511页。

《文学》课本的这几个"注"写得很简洁，是有道理的。《鲁迅全集》面向全社会大众，语文（文学）课本面向的只是正在成长的初中学生。初中学生的学习是分阶段、循序渐进的，所选用的课文以及给课文加的注释，必须贴近孩子们的阅读和理解水平，从他们的实际需要和所能接受的程度出发传授相应的知识，类似《鲁迅全集》"描红纸"注中写到的《水东日记》、《敦煌掇琐》超出了初中学生的阅读范围，注得多了反倒给他们设置障碍，造成阅读的困难。叶圣陶和人教社同人就是这样遵循教育规律办事，全心全意地为孩子们着想，为教育事业着想。

四、语文教育界的一代宗师

新中国成立前夕及初期，叶圣陶主持"修订"和"新编"的新中国小学、中学和师范学校使用的第一套语文通用教材以及大学使用的《大学国文》，这些语文教材的特点是具有革命的思想内容，反映了新民主主义革命在各方面的胜利，一扫旧社会许多国文课本中封建的、买办的、法西斯主义的反动思想内容，较好地体现了我们党的教育方针和教育思想，现就第一套初、高中语文教材作简单的介绍：

《初级中学语文课本》（共六册）是新中国成立后的第一部全国通用教材，每册前有《编辑大意》，每篇课文后均附有"注解"和"思考·讨论·练习"。《初级中学语文课本》第一册于 1950 年 5 月初编竣，校样出来后，又征求各方面的意见，并采取补救的措施。叶圣陶 1950 年 5 月 16 日日记写道：

午后二时，本京国文教师十馀人及教部王泗原君来，座谈我局所编高初中第一册语文课本。诸君皆先认真阅过原稿，见无不言，深可感激。以为课文在语言方面尚欠纯粹。余即请诸君再为读正，即蒙允可。今日作事，人人负责，解放以前所未有也。①

"人人负责"，而叶圣陶更是"负全责"。从1950年5月至7月上旬的日记中可以看到，叶圣陶一直在"看国文教材，或为取舍，或为校订。"② 再请看《〈初级中学语文课本〉编辑大意》：

《〈初级中学语文课本〉编辑大意》

说出来是语言，写出来是文章，文章依据语言，"语"和"文"是分不开的。语文教学应该包括听话、说话、阅读、写作四项。因此，这套课本不再用"国文"或"国语"的旧名称，改称《语文课本》。

无论哪一门功课，都有完成思想政治教育的任务。这个任务，在语文科更显得重要。要通过语文科来完成思想政治教育的任务，不能单靠几篇说理的论文。一种思想内容或一个政治道理，可以用一篇说理的论文来表达，也可以用一篇小说，一首诗歌，一个历史故事，或者一个自然科学故事来表达。无论用哪一种文章来表达，都要注意到适合学生的程度，让他们领会得到，消化得了。讲到程度，又要照顾到广大地区的学生。要这样，才能够完成通过语文教学来进行思想政治教育的任务，才能够使学

---

① 《叶圣陶集》第22卷，江苏教育出版社2004年版，第111页。
② 《叶圣陶集》第22卷，江苏教育出版社2004年版，第115页。

生得到深切的感染，对学生发生切实的作用。

语文课本的作用，在使学生阅读各种文章的范例，并且就从阅读中同时养成听、说、写的能力。既然是范例，必须审慎选择，一方面求其内容充实，有血有肉，思想的发展正确而且精密；一方面求其文字跟口语一致，真实而且生动。因为这样，我们选的课文大都加了点修润的功夫：有些材料从长篇里节选，前后接榫的地方不得不稍稍变动一下；有些材料一部分的句法和词汇跟口语距离太远，不得不改换一个说法。有的内容很好，但是写法不适宜作教材，那我们就根据原作来重写。当然也有不必修改或不能修改的，例如文学作品、书信（如鲁迅给颜黎民的信）、文件（如波兰大使呈递国书时候的颂词）等等。我们修改的课文，有商得原作者同意的，也有因为不知道原作者的通讯地址，没有征求同意的。这是要请各位作者原谅的。

语文教学应该包括听、说、读、写四项，不可偏轻偏重。怎么样利用这套课本进行这四项作业和训练，我们预备另编一套"参考书"来详细说明；在这套课本里，只能在课文后面提出一些例子。希望教师依照听、说、读、写四项并重的原则，自己设计来领导学习。

为了教学进行的便利，这套课本除了选文以外，还加上一些别的材料：

第一，课文后面都有注解，有关于作者的介绍的，有关于材料的来源的，有关于生僻词语或者方言的诠释的，有关于词的读音的。注解务求正确，并且详略得当。凡是普通辞书里容易查到的，就不加注解。注音采用拉丁字母和注音符号两种。读音的标准分别根据"北方话拉丁化方案"和"国音常用字汇",间或有不一样的地方,依照拉丁字母的音来念,或者依照注音符号注的音来念都可以。

第二、课文后面都提出若干要点,有些是让学生去思考的,有些要共同讨论的,有些是用作练习题的。这对于教材的理解、分析和欣赏都有帮助。但是,要点决不限于这些,还需要教师随时给补充。

第三、语法、作法等等,我们认为孤立起来进行教学,收不到什么大的效果,不如就实际如听、说、读、写当中提出材料,相机进行。因此我们在提要点的时候,酌量举一反三,加以研讨。

一般的初中语文课本往往把所谓"应用文"(也有叫做"实用文"的)特别提出来,列举日常应用的文件,从书信、文告以至电报、便条等等,让学生学习。我们认为课本里的各种文章已经包括所谓"应用文"在内,没有特别提出来的必要。只要学生在语文方面有了基本的知识和技能,能够阅读各种文章,写作各种文章,所谓"应用文"的问题自然就连带解决了。何况就广义说,所有文章都是应用的,都是实用的,更没有单独分出"应用文"或"实用文"一类的理由。因此在这套课本里,所谓应用文(书信、讲演词、宣言、意见书等等)也和其他文章一样,融合在各个单元里来进行教学。

这套课本一共六册,供初级中学三年级教学之用。每册课文最多二十八篇,最少二十五篇,看课文的长短来定。课文编排的前后次序,依照学生的程度,由浅入深,从简到繁。文章的深浅跟篇幅的长短并没有一定的关系。有些文章篇幅长，但是头绪并不纷繁，要求的基础知识并不多，学生容易了解；有些篇幅虽短，可是头绪比较复杂，或是要求的基础知识比较多，学生就比较不容易了解。所以课本的难易不能拿篇幅的长短来做标准。但是为了顾到教学的时间，如果一册里面有几篇篇幅太长的，就把课文减少几篇。

这套课本编辑的时间相当匆促，编辑者的学力经验又都不够，希望教师们在实际教学的时候发现了不合适的地方，就给我们随时提意见，让我们依据这些意见加以修订。

这套课本承罗常培、魏建功、吕叔湘、王泗原先生替我们审读课文；又承北京各中学的教师王立玉、白希三、金魁之、徐一诚、唐初、高向夫、陈哲文、郭预衡、闻国新、赵晶洁、臧恺之、刘国正、韩文佑诸位先生替我们审读第一册原稿，提供了好多宝贵的意见，特地在这里表示敬意和谢意。

中央人民政府出版总署编审局　一九五零年六月

《〈初级中学语文课本〉编辑大意》后署"中央人民政府出版总署编审局"，实则出自叶圣陶之手，请这么多"名家""名师"审读，并把他们的名字一一列出来，从中也能看到叶圣陶对于人才和知识的敬重。《高级中学语文课本》（共六册），是新中国成立后由叶圣陶主持选编的第一部全国高级中学语文通用教材，前两册分别于1950年9月和12月初版，书前有《编辑大意》；第三至六册，初版时间稍晚一些，书前有《出版者的话》，每篇课文后附有"注解"和"提示"，请看《高级中学语文课本》第一册《编辑大意》：

《高级中学语文课本》第一册《编辑大意》

高级语文科的教学目标和作业项目，除了在程度上提高以外，大致跟初中一样，在这里不必再加说明。可是，为了程度的提高，在教材的编选上跟初中不同的地方，得在这儿提出来说一说：

第一、选的教材，不像初中语文课本那样，只选单篇文章；除了单篇文章之外，从第三册起，还选了整部著作的一章一节以及中篇小说和长篇小说的报告之类。希望靠这套课本来引导学生阅读其他的东西，养成广泛的读书兴趣和敏捷而有效的读书能力。

第二、从第三册起选了若干篇文言。选文言的主要目的，在使学生明确地了解文言跟现代口语的同异，养成阅读文言参考书的初步能力。文言只是给学生阅读，绝对不是教学生模仿着来写作，那是不必详细说明的。

课文的后面本来应该附上注解，提出讨论提纲和练习问题的；因为这一部分的工作还没有完成，赶着要印出书来供各校用，就只好暂缺，等将来再补了。

为了进行教学的便利，我们还预备编一套《参考书》供教师们参考。现在不但参考书没有编成，连课本后面的注解等等都来不及附上。只有希望教师们多费些指导工夫：在课内怎么样展开讨论、研究，来达到更深刻的了解，做到更精密的分析；在课外怎么样自习，来抓住课文内容和形式的要点。我们还希望教师们选定一些好读物给学生在课外阅读，使他们养成读书的好习惯。至于文言的教学，我们希望教师们能够在比较文言跟口语的异同方面多多指点，多多提示。关于这一层，不在这里详细说，愿意推荐吕叔湘先生的《开明文言读本导言》，供教师们参考。

这套课本是本局特别约请周祖谟、游国恩、杨晦、赵西陆、刘禹昌、魏建功六位先生编的。编辑的过程中我们也提供了一些意见。我们相信要编出一套完美的语文课本来，必须经过多处的修改，订正，补充，不是一下子就能成功的。我们除了对帮助我们的诸位教师表示感谢外，还希望教师们在实际教学的时候，发现了不合适的地方，就给我们随时提意见，让我们依据这些意见加以修订。

这一套课本选用了现代的许多著作和译作，对于著者和译者特地在这里表示敬意和谢意。有些课文还略经修改，尤其要请著者和译者原谅。

中央人民政府出版总署编审局　一九五零年七月

这第一和第二两册是"赶"在秋季开学之前编出来的，并不算很"完美"，再版时经过"修改，订正，补充"。第三册赶在 1952 年 2 月春季开学之前出版（这之前临时采用的是华北人民政府教科书编审委员会在新中国成立之前编的教材），时间上相对从容些。《高级中学语文课本》第三册《出版者的话》中说：

一、这套课本是根据本社出版的高级中学语文课本改编的：调换和修改了一部分课文；给全部课文作了注解和提示；并且从第一册起兼选文言文，用以培养学生阅读文言文的初步能力。

二、课文后面的注解和提示，目的在帮助学生预习和教师备课。注解力求简要，凡是比较容易查询的，或与课文没有直接关系的事物，概不加注。提示有关于思想内容的阐发的，有关于写作方法的分析的，意在举要，不求详尽。不足的地方，希望教师们在教学中随时补充。

三、为求适合教学的需要，有些课文，我们曾经加以删节或修改。修改后的课文，绝大多数都送给作者看过；只有少数的几篇，因为不知道作者的通信地址或有其他原因，没有送给他们看。我们一并在这里表示诚恳的谢意和歉意。

四、课本的原稿，曾经送请好些语文学者和语文教师给我们审读，承他们提出了许多宝贵的意见，我们在这里表示诚恳的感谢，恕不一一列名了。

五、要编成一套真正合用的课本，必须依靠多方面的帮助。教师们和同学们如果发现课本里有什么错误或缺点，希望随时提出意见，以便将来据以修订或补充。

人民教育出版社 一九五二年二月

这两套通用教材一直沿用到 1956 年。《初级小学语文课本》和《高级小学语文课本》也都是叶圣陶主持修订的，有一些课文是他写的，这在第十三章"新中国教材的奠基人和开拓者"中已经作了介绍。

1955 年至 1958 学年，汉语、文学分科教学，叶圣陶主持编写了《中学文学课本》(初中三册，高中三册)、《中学汉语课本》(初中三册，高中三册)，教育界称这套通用教材为"第二套"教材。1958 年 3 月由国务院作决定，仍把"汉语"和"文学"合在一起，仍称作"语文"。这套课本只在部分学校试用了两年半。

1958 年至 1959 年受"大跃进"的影响，叶圣陶主持编写了《中学语文课本》（初中六册，高中六册），教育界称这套通用教材为"第三套"教材。此外，还有 1958 年编辑的《师范语文课本》（四册）以及 1960 年修订的《中学语文课本》。

1961 年至 1963 年陆续出版的《十年制学校初高中语文课本》（初中六册，高中四册），教育界称这套通用教材为"第四套"教材。"这套教材强调'文道统一'，编辑意图明确，教学要求层次分明，对前一套教材有了很多发展。'①

1963 年至 1966 年人民教育出版社出版的新编《中学语文课本》（初高中共十二册），这是叶圣陶在"文革"前主持参与编写的最后一套教材，也是新中国成立以来编写得最好的一套教材，教育界称这套通用教材为"第五套"教材。从 1961 年起，人民教育出版社开始制订《全日制中学语文教学大纲》，从"语文是基本工具"这一基础理念出发，对语文教学目的作了明确而科学的表述。以"大纲"为基准编撰而成的这部教材的特点是：第一，选材有明确标准，现代文要文质兼美，是学习的典范，适合学生程度，入选的诗文作了必要的文字加工；文言文选的是思想内容进步健康，语言文字优美的名篇。第二，课文篇数增加，共三百六十篇，篇幅一般都比较短小。第三，加强了基本训练，各年级均有符合教育规律的、循序渐进的安排。现在全国通用教材，很多地方学习了这套教材的编辑体例。

从新中国成立到"文化大革命"前夕的十七年间，人民教育出版社出版的教科书，除语文教科书以外，师范和中小学的历史、地理、

---

① 　王本华：《中学语文教材 60 年》，《中华读书报》2010 年 9 月 1 日第五版。

生物、常识、政治、自然课本，大多是经过叶圣陶字斟句酌后才发排付印的。数、理、化等教科书，叶圣陶虽说没有字斟句酌，但也都事前与编辑人员谈指导思想，事后看初稿或样稿。不仅是人教社，其他出版社出的教材或重要书籍往往也请叶圣陶审阅。以 1962 年为例，叶圣陶 1 月 2 日日记记："部中高等学校文科教材编选组办公室郭君来，以王了一主编之《古代汉语上册》之印本（中华出版）交我，嘱为审读，谓将集会讨论。此稿之油印本前曾约略看过，大体颇不错。今又加修改，必更精审，当徐徐观之。"1 月 30 日记：与"《辞海》编辑所人员，讨论改良部首检字法"。2 月 26 日记："为中华书局改《文字蒙术影印说明》。"4 月 1 日记："昨日蒋南翔送来全日制中学条例六十条，嘱余修改。"4 月 2 日记："蒋南翔送来小学工作条例四十条之草稿，谓明日上午将在部中审阅修改，因看之。"4 月 7 日记："蒋南翔又送来中小学工作条例之校样，嘱再为修润。"5 月 8 日记："看语言研究所交来已多时之《现代汉语词典》重要条目送审稿。"6 月 5 日记："金灿然来访，嘱我为修改其局所译《新唐书》、《魏征传》之稿子。谓此系陆定一之意，将合原文译文注释印一小册子，发与干部，希望能如魏征之不怕提意见。余念此亦妙想，然灿然之托，即受之。"6 月 9 日记："白韬来谈，言大学文科教材中，周扬主张惟了一主编之《古代汉语》公开发行，希余于定稿之际再阅定之。"6 月 28 日记："看绍虞所撰《中国历代文论选》，系特为大学中文系所编，收集繁富，导引周详，诚为佳制。"叶圣陶乐于"成人之美"，对于看稿和修润书稿的事，总是有求必应，全力以赴。"句酌字斟还未妥，案头积稿又成垛"，"烟蒂盈盘茶重沏，忽忽秋冬春夏"——这就是叶圣陶日常生活的写照。

第十六章

完美人格　千秋垂范

一、当代方皋　马空冀北

1982 年 2 月，为纪念叶圣陶从事教育工作七十周年，北京大学教授、著名语言学家王力填了一首《水龙吟》①，词云：

> 懿欤海内词宗，竹林稷下驰名久。情殷私淑，一朝相见，新交如旧。当代方皋，马空冀北，承恩独厚。幸长随杖履，亲承謦欬，勤培植，粗成就。
>
> 四库艺文穷究。苦钩玄，焚膏赓昼。

---

① 王力：《毓德良师，树人宏业——祝贺叶圣陶先生从事教育工作七十周年》，《光明日报》1982 年 2 月 6 日第二版。

焕之高制，西川佳作，藏山传后。毓德良师，树人宏业，芝兰清秀。祝康健逢吉，心闲身健，无疆眉寿！

"四库艺文穷究。苦钩玄，焚膏赓昼。"是赞美，也是写实。叶圣陶博闻好学，对我国优秀的文化含英咀华，对外来文化取精用宏，处处表现出高人一等的睿智和感悟。叶圣陶多次说到：当教师的倒出一杯水，得要准备一桶水；当编辑，得是个"杂家"。他本人就是自学成才的典范，中学毕业后拟定了《为学程序》，列出"经"、"小学"、"史"、"子"、"集"、"平议"和"学案"的必读书目，"计日而进，量力而读"，"行之十年"，果真成了有深厚学养的学者。他治学淹博精深，对我国的学术和文化史有宽阔的整体性的史学视野，对文学的古今关系、传统与现代的关系，有全局的眼光和贯通性的思考，因而成了出版界的领军人物。

新中国成立后，作为主管出版工作和教科书编写工作的出版总署副署长和教育部副部长，叶圣陶主持过我国第一部《新华字典》的编纂工作，审阅过《汉语词典》、《现代汉语词典》、《辞海》、《辞源》等一大批工具书的书稿；为中华书局等出版部门修改过《〈永乐大典〉说明》、《〈胡笳十八拍〉出版说明》、《〈史记〉出版说明》、《校点后记》、《〈中国哲学史资料选辑丛刊〉序言》、《〈笔记史料丛刊〉例言》和复制本《〈永乐大典〉出版说明》、《〈三国志〉出版说明》、《〈文字蒙求〉影印说明》、《〈后汉书〉出版说明》等文稿。1958年2月，国务院科学规划委员会古籍整理出版规划小组成立，叶圣陶任小组成员。1982年，新的全国古籍整理出版规划小组成立，叶圣陶任规划小组成员。为我国的古籍整理出版工作，叶圣陶出谋献策，贡献甚多。

"文革"初期，叶圣陶也受到冲击。1966 年 8 月 2 日，叶圣陶被免去了教育部副部长的职务，生活相对平静后，终日以"书刊"为伴，读马列和毛主席著作，读报刊社论，间或也读《物种起源》、《进化论》、《群己权界论》等名著，读书、写信、写字成了"常态"。2002年 1 月，花山文艺出版社出版了《暮年上娱——叶圣陶俞平伯通信集》；2003 年 9 月，福建人民出版社出版了《涸辙旧简——叶圣陶贾祖璋京闽通信集》；2007 年 12 月，人民出版社出版了《叶圣陶叶至善干校家书（1969—1972)》。这三本书信集虽说只是叶圣陶这一时期写的"部分"书信，但其"量"之大，已令人惊异。

《叶圣陶叶至善干校家书（1969—1972)》，汇集的叶氏父子 1969年至 1972 三年的通信多达五百封。《涸辙旧简——叶圣陶贾祖璋京闽通信集》，收叶圣陶、贾祖璋 1970 年至 1982 年十三年间的往来书信共二百二十通。《暮年上娱——叶圣陶俞平伯通信集》，收 1974 年至1985 年前后十一年间两位老人写的书信多达八百多封。叶圣陶与叶至善在信中谈"政治"，谈"学习"，谈"干校生活"，谈"国内外大事"，在谈"学习"的信函中专门论及"诗词"的就有二十多封。贾祖璋是著名的科普作家，叶圣陶"自幼喜爱动手种植花草"，他们的往来信函是可以当作"科学小品"来阅读的。有几封探讨"花花草草""鸟兽虫鱼"的长信，引证之广博，笔调之清新，不亚于"科学论文"。至于《暮年上娱——叶圣陶俞平伯通信集》，谈得最多的是"哲学""宗教""典藏""习俗"和《红楼梦》，堪称"思想"和"学术"的巨作。许宝骙写的《〈暮年上娱〉序》中说：

　　　　吾知平伯兄与圣陶兄青年时代即在上海共办刊物。后均移居北京，相交甚密，友情至厚，晚年因居住相隔较远，虽仍可常见面，但终不如通信更及时、畅快，写信如面谈，数日即有一信往复，甚或一日二书，彼此以书翰进行思想交流，文辞切磋，兴之所至，辄奋笔疾书，或赏析，或质疑，一无矫饰，内容丰富；国运家事，典籍字画，新撰旧作，砌草庭花，以至宇宙观，人生观，无所不臻，尔来吾往，有书必复，尝戏云：酬答如是，无异于打乒乓球。

从这些书信中可以看到，即便到了"暮年"，叶圣陶的"求知欲"依然那么旺盛，思想锐利而明澈。胡乔木说"叶圣陶关于语言问题的见解和理论"，对他产生了一种"法律的效应"[①]。与叶圣陶共过事的人教社同人则都说在教材编写过程中，"叶老一言九鼎"，"一锤定音"，就是因为他博学，他睿智。1978年年初叶圣陶审阅新编的中小学语文（征求意见）课本，他在1月26日日记中写道：

中学语文编辑组来信问最近送来之初中第一册有无亟须改动之处，如有之，希从速告知。余即作书致刘国正，告以郭沫若之《水调歌头·粉碎"四人帮"》不宜用。一则此题目不宜为如此随意杂凑之语，二则不合词之格律，何能谓之词。

郭沫若的《水调歌头·粉碎"四人帮"》，写于1976年10月21日，最早刊登在11月1日的《解放军报》上，11月7日《人民日报》作

---

① 《胡乔木同志的讲话》，《叶圣陶研究会通讯》第1期，1990年2月28日。

了转载，流传一时，现抄录于下：

水调歌头　粉碎"四人帮"

　　大快人心事，揪出"四人帮"。政治流氓，文痞，狗头军师张，还有精生白骨，自比则天武后，铁帚扫而光。篡党夺权者，一枕梦黄梁。　　黑心大，阴谋毒，诡计狂。真是罪该万死，迫害红太阳！接班人是俊杰，遗志继承果断，功绩何辉煌！拥护华主席，拥护党中央。

　　我们今天再来阅读这首词，自然会觉得叶圣陶的意见相当精准，可在当年，指责这首词"一则此题目不宜为如此随意杂凑之语，二则不合词之格律"，不能称作为"词"的，大概只有叶圣陶"一人"！他之所以这么"铁面无情"，是有雄厚的学识作支撑的，他倒出的是这"一杯水"，而储备的则远远不止是"一桶水"啊！王力在《水龙吟》中用"当代方皋，马空冀北"来盛赞叶圣陶是出版界的"伯乐"，而所谓"伯乐"，其实就是有一双"慧眼"，"所取者确，所见者深"。叶圣陶不仅发表了茅盾、巴金、沈从文、丁玲、戴望舒、施蛰存、端木蕻良、秦牧、胡绳、子岗、徐盈等一大批作家的处女作和成名作，把他们推上文坛，还推荐和编辑出版了一批译作和学术著作。王力早年翻译的法国小说《小芳黛》、《酒窟》、《屠槌》、《讨厌的社会》以及戏剧《我的妻》、《婚礼进行曲》、《恋爱的妇人》、《爱》、《娜娜》、《生意经（上下册）》、《莫里哀全集·一（戏剧）》等，就都是经叶圣陶举荐在商务印书馆出版的。王力20世纪60年代初主编的《古代汉语》也是经过叶圣陶审阅过的，《水龙吟》中的"幸长随杖履，亲承馨欬，勤培植，粗成就。"是由衷之言，王力把他学术生涯中取得的成就归结为是叶圣陶的"勤培植"。

钱钟书的《谈艺录》，1942 年定稿后，拖了六年才辗转将稿子送到叶圣陶手里。叶圣陶看后觉得很好，托王伯祥再看一遍，王伯祥也赞成出版。叶圣陶 1947 年 9 月 26 日日记记："下午四时出席八十五次经理室会议，决定收受钱钟书《谈艺录》稿。"次日记："钱默存契约亦送出。"《谈艺录》的书稿原是一则则并不连续亦无标题的随笔，叶圣陶安排学养至深、为人真挚谦诚的周振甫担任"责编"，周振甫给《谈艺录》拟了"标题"，使全书有了既简洁又醒目的"统领"。《谈艺录》1948 年 6 月由开明书店出版，钱钟书在《序》后的《附记》中说：

> 右序之作，去今六载，不多追致，以志一时世事身事耳。书既脱稿，偶供友好借观，沈兼士先生过听徐森玉丈之言谬加叹赏，欲为刊板；柯灵、唐弢二君亦谋收入丛书印行。事皆不果，卒由王伯祥、叶圣陶两先生二审定，付开明出版；周振甫、华元龙二君于稿中失字破体，悉心雠正；周君并为标立目次，以便翻检。底下短书，重累良友浪抛心力，尤所感愧。……

而叶圣陶则在 1948 年 6 月 14 日的日记中写道："观新出版之《谈艺录》，钱钟书所作，多评旧诗，博洽可佩。"给这部"博洽可佩"的大作"悉心雠正""标立目次"，谈何容易。这至少可以表现出叶圣陶、王伯祥、周振甫学识的深厚和学风的严谨，胸中自有珠玑百斛，即便是文章泰斗钱钟书的代表作也能细勘精审，锦上添花。

二、审阅《鲁迅全集》注释稿

1976 年至 1977 年的二年间，年逾八旬的叶圣陶为人民文学出版社陆续审阅了鲁迅著作全集本《呐喊》、《且介亭杂文末编》、《彷徨》、《而已集》、《集外集》、《故事新编》、《坟》、《华盖集》、《野草》等的注释稿。他花了很多精力和时间，一本接一本，逐条逐句加以审阅，从内容到文字，甚至一个标点、一处注音也不放过，写出了大量的书面意见。

1976 年 3 月 31 日，叶圣陶开始看《呐喊》注释稿。是日日记写道："接人民文学出版社寄来鲁翁《呐喊》之新注本之样本，嘱提意见。余本无所事，闲得无聊，得此亦可以消磨十日光景。看之至夜十点，仅看其廿四面耳。"这之后，4 月 1 日至 4 月 5 日都在看《呐喊》注释稿。4 月 5 日记："《呐喊》以今日看完，共写意见十二张信笺，即寄与人民文学出版社"，"望择其可取者而用之"，"看之至夜十点"。对于一位年已八十二岁的老人来说，可谓是"以夜继朝"。

7 月 4 日，收到人民文学出版社寄来的《彷徨》注释本。次日日记记："昨日收到嘱提意见之鲁翁《彷徨》注释本，今日下午开始看之，照以前模样书修改意见于另纸。此册有 166 面，今日伏案三小时有馀，仅看十面耳。"这《彷徨》注释本前后看了十天。7 月 14 日记："下午三点后全稿看毕，提意见共十六纸，即寄与鲁迅著作编辑室。""伏案三小时有馀，仅看十面"，可见看得相当认真。

9 月 9 日，收到人民文学出版社送来的《且介亭杂文》注释本。是日日记写道："人民文学出版社送来新作注之《且介亭杂文》，今日始看之，竟日看二十馀面。"一连看了十三天。9月21日记："《且介亭杂文》注释以今夜看完，写提出之意见二十七纸。即写一书致编辑室，明日寄与。"

11月7日，开始看《而已集》注释本。次日日记写道："昨收到鲁迅著作编辑室寄来《而已集》之注释样本，当夜即开始看之。"这《而已集》注释本看了将近一个月。

12月15日，开始看《集外集》注释本。次日日记写道："北京师大有一个组，担任注释鲁迅之《集外集》，尚未由人民文学出版社印成征求意见本，先以油印本交来嘱余看之。今日竟日看此册，大约看了五六分之一。"12月23日记："今日将《集外集》之注释看完，即写信与注释组，请派人来取去。"

12月26日，开始看《故事新编》注释本。次日日记记："山东大学中文系担任注释鲁翁之《故事新编》，其小组人员前曾来过。昨日寄来其油印之讨论稿，今日看之。《故事新编》共有八篇，今日看其两篇。"1977年1月4日记："今日看完山东大学中文系寄来之《故事新编》注释之油印稿，即寄还之。他们尚须多次修改，然后交与人民文学出版社鲁迅著作编辑室印成征求意见本。而征求意见本又将寄来嘱过目也。"

1977年1月21日，开始看《坟》注释本。是日日记写道："北大中文系担任注释鲁翁之《坟》。昨寄来其油印稿。今日看其二篇。"2月1日记："看北大中文系之《坟》注释稿已毕，即于下午挂号寄还之。"

《坟》注释稿尚未看完，又有人送来《且介亭杂文末编》的注释本。1977年1月31日日记写道："下午有北京仪表工业局之女同志二人来，谓其局与民族学院汉语文系共同担任《且介亭杂文末编》之注释工作，今以打印稿一本希过目。余谓此注释已来过，彼等谓不然。前之注释稿系属于单行普及本者，而彼等之注释则属于全集本。全集本不注难晓之词句，只注人地、典章制度、书文篇提要等项目，希其尽可能正确。余于此始明两种注释本之不同。允为过目，约她们过春节来取。"《且介亭杂文末编》的注释本于2月8日看完。

鲁迅著作拟出两种版本，一是"单行普及本"，二是"全集本"，参加注释的也是"两套人马"。"全集本"注释稿都送请叶圣陶审阅，部分"单行普及本"注释稿也送请叶圣陶审阅。笔者曾见过叶圣陶1976年12月14日给林辰的一封信，写《且介亭杂文末编》"单行普及本"注释稿的审读意见，抄录于下：

林辰同志惠鉴：接到尊处寄来之《且介亭杂文末编》，连看六日看完，盖乐于重看一遍鲁翁最后期文章之故。对注释提零星意见得十八纸，现在呈上。并非顺次看，笔记亦不顺次，好在写明页码，阅览尚不至太不方便。所提不一定对，或且有钻牛角尖处，请诸位同志斟酌处理可耳。即候
　　近安。

　　　　　　　　　　　　　　　　　　　叶圣陶启十二月十四日

叶圣陶于1977年2月8日看完《且介亭杂文末编》（"全集本"）注释本后，对出版《鲁迅全集》提了意见，着重谈了全集的"编辑体例"和"注释体例"，"注"什么和"怎么注"，希望有一个明确的规定，以便于"全集统一"、"前后统一"，且"便于读者查阅"。这些意见引起出版社的高度重视。叶圣陶2月16日记："上午有鲁迅著作编

辑室之二位同志来访。一为王仰晨，系此室之负责人。一为李文兵，前曾在人教社中语室工作，而余乃未与识面。二人坐约一小时，余为言两种鲁迅著作之注释本（普及本与全集本）皆于体例颇疏，希予注意。两种注释本分配于十三个省、市、区承担，各地分配又分配。故虽有体例之规定，未免多有出入。最后统一之自当由鲁编室负责，据闻此室共有十二人，似亦莫能最后厘订，使归一致也。"王仰晨和李文兵在感激之余，恳请叶圣陶多指教，多帮把关。叶圣陶当然会这么做的，这是他一贯的风格。

2月27日开始看《华盖集》的注释本。3月4日记："仍续看《华盖集》之注释。全册已看七十页，尚馀百三十页。此次所记零星意见更多，希望引起鲁迅著作编辑室之同志之注意，因而改进其工作。"3月11日记："下午看完《华盖集》之注释，即寄与王仰晨，附一信。手头尚有一册《野草》之注释，开始看之。"3月14日记："《野草》注释今日看毕，以其注之质量较高，观之有味，不复中断，故四日即看完。寄还时致书王仰晨，告以此稿值得欣赏。"

叶圣陶提的书面意见内容大致有四个方面：一是对注释文字进行修改，从语法、修辞的角度，指出某条语气不顺，措词不当或与事物情状不符等疵病，用商量的态度诚恳地提出修改意见；二是提出鲁迅正文的某些地方，应当加注；三是撰写一些提示，或解释方言，或疏解礼俗，以加深对鲁迅原作的理解；四是指出鲁迅著作上的个别错字，建议作必要的说明。叶圣陶严谨的、实事求是的工作作风着实令人钦敬。对鲁迅这样伟大的作家著作中的微乎其微的小疵，也要一丝不苟，不为贤者讳。这种谨严和"尤爱真理"的态度，乃是他崇高的人格中最可宝贵的品格。林辰在《精当的意见谨严的学风——叶圣陶审阅鲁迅著作注释稿述例》① 一文中是这样描述的：

> 叶老对照着注释细读正文，不仅提出补注意见，连正文偶然出现的错字也一一辨认了出来。如《彷徨·在酒楼上》，写一个酒客的"拥肿的圆脸"，叶老提出："'拥'字并非排错，但确是错字。请斟酌该如何处理。"又《而已集》中《魏晋风度及文章与药及酒之关系》篇说竹林名士"大抵是饮酒时衣服不穿，帽也不带"；叶老说："'带'是'戴'之误，要不要说一下？"像这些，说老实话，我以往看鲁迅著作时，是一直没有注意到的。

叶圣陶就是这样认真，因而能在别人"一直没有注意到"的地方发现问题；也正是这种认真，使他到达了"吾爱吾师，吾更爱真理"的境界。他在 1983 年写的《略述我的健康情况》一文中说：

> 我的眼睛坏到如此地步，跟人民文学出版社一九七六年交来的鲁迅著作《征求意见本》多少有些关系，这种本子我看了十本光景。当时的风气，编辑什么书籍都要"由各地工农兵理论队伍和各大学革命师生"担任，那一部鲁迅著作也是这么编的。《征求意见本》注释特别多，字小，行间密，油墨淡，对于我的视力不甚相宜。但是我除了每篇的"题解"声明不看（因为我不赞同每篇有那样的题解），所有的注释全都仔细看过，而且提了不少意见。直到视力实在吃不消了，才停止不看。②

---

① 《读书》1982 年第 11 期。
② 《叶圣陶集》第 7 卷，江苏教育出版社 2004 年版，第 327 页。

三、审阅《红楼梦》校订样本及注释稿

"文革"中，叶圣陶也看《红楼梦》消遣，认认真真地研读《红楼梦》则始于1976年4月底。4月29日日记记："下午陈从周来，言明日将返沪，特来叙别。漫谈园林及假山石。留晚餐，承同意，乃邀冯其庸来共叙。冯居附近原人民大学宿舍，至善往邀之，六点半至。饮谈一小时有馀，多及于《红楼梦》。八点，二位去。"当时，冯其庸任职的中国艺术研究院红楼梦研究所成立了一个《红楼梦》校注出版小组，正在校注《红楼梦》。叶氏父子对《红楼梦》本来就很感兴趣，"文革"后期又没有什么特别的事情要做，就答应冯其庸帮看《红楼梦》校订样本及注释稿。叶圣陶1976年5月5日记：

> 前冯其庸交来《红楼梦》前十回之校订样本及注释稿，至善看之数日，记录其意见凡十笺。今日下午余看至善之所提，及夜乃毕。其说大多有见。余更将补提少数意见，然后交卷。

这之后，叶圣陶一连看了六天。5月6日记："上午看《红楼梦》之注释稿。就余之所见，或为改动，书于印本，或提意见其上。仅看十面而已。"5月9日记："今日为《红楼梦》编校组提关于注释与排版格式之意见，写了两张半信笺，尚未完。提意见未必被接受，而既已见到，自当说出，供人家考虑。"5月10日记："续为《红楼梦》编校组提意见，今日写得三笺。"5月11日记：

又为《红楼梦》编校组提意见，写得二纸有馀，遂告结束。又通体看第五回之原文一遍，就其点句及排式为作符号或短句批语。其他九回则不复看。即作书致冯其庸，告以看毕，希托人来取。

《红楼梦》前十回的校订样本及注释稿，叶至善看了六天，叶圣陶整整看了一个礼拜，因为看得太仔细了，意见又提得精准，红楼梦研究所就请他们接着往下看。因为看《红楼梦》的校订样本及注释稿，叶圣陶更加关注俞平伯对《红楼梦》的研究，5 月 22 日在给俞平伯的信中说：

> 上周陈次园来，谈及兄为英文本"红楼"之译者杨君解块"享强寿"三字之义。看"红楼"已不知其几遍，近时亦偶翻一回半回为遣，而于可卿出殡之铭旌迄未留意，方次园举出此三字时，闻而茫然。及闻述兄之解释，乃信兄读此之精审不可及。特未知一般铭旌是否书明年寿，抑此为曹雪芹之偶尔弄笔。又，秦可卿终年三十有馀，似嫌其大，凤姐长一辈，犹仅二十馀岁。偶想及，书之为谈资。①

俞平伯 1976 年 5 月 25 日的复信中说：

> 《石头记》之记秦氏颇多特笔，如"享强寿"三字即非一般

---

① 叶至善、俞润民、陈煦编：《暮年上娱——叶圣陶俞平伯通信集》，第 132 页。

铭旌之体，殆有意点醒。其年决不逾卅。此书写诸人年龄每多惝恍，特出例如宝玉忽大忽小，而黛玉入府时有一段描写，亦决非幼女情态也。前闻曾偕友叙谈此书，弟惜未克侍坐，如有赐问请就所知以对，惟恐所知亦少耳。①

叶圣陶 1976 年 5 月 27 日致俞平伯信中说：

至善看"红楼"较熟，每当晚饮，往往谈及"红楼"。以后谈及疑点，必当请益。近有"红楼校注出版小组"以前十回之标点注释样本征求意见，来者为冯其庸君，乃陈从周之友，陈来时介与相识。弟与至善观其样本，共写意见十馀纸，总觉此事欲求其较为满意，良非易事。彼固注重在思想性，欲令一般读者借此悟封建礼会衰颓之不可挽回，而仅凭少量不甚畅达之提示与注释，何可得此佳果乎。②

俞平伯 1976 年 5 月 30 日的复信中说：

示及乔梓酒边谈艺偶及红楼，亦一乐也。此书即有注亦不易解，洵如尊论，然终聊胜于无，无讹谬斯可矣。③

叶圣陶觉得"仅凭少量不甚畅达之提示与注释"，对《红楼梦》

---

① 叶至善、俞润民、陈煦编：《暮年上娱——叶圣陶俞平伯通信集》，第 133 页。
② 叶至善、俞润民、陈煦编：《暮年上娱——叶圣陶俞平伯通信集》，第 134 页。
③ 叶至善、俞润民、陈煦编：《暮年上娱——叶圣陶俞平伯通信集》，第 138 页。

的阅读并没有太大的助益，而俞平伯则说"聊胜于无，无讥谬斯可矣"。叶圣陶接着又看了十回，1976 年 7 月 10 日日记写道：

> 下午冯其庸、李希凡偕来，云来看余，并携《红楼梦》第十一回至二十回之新校本及注释，嘱我父子二人述目。二位谈约四十分钟而去。

像看第一个十回一样，叶圣陶让至善先看，他后看。7 月 16 日记："至善已将《红楼梦》第二个十回之新校本及注释看毕，交与余，余以今日始看之。及于傍晚，看至第十三回将尽处。"次日记："今日续看《红楼梦》校点及注释，至第十五回止。"次日记："续看《红楼梦》注释稿，至第十七回止。竟如从前一样，上午下午皆治此事，乃觉时光逝去之快。"次日记："续看《红楼梦》二回，于是交来之稿仅馀一回矣。"次日记："《红楼梦》注稿以今日看毕。再写些有关标点之意见，即可交卷矣。"7 月 21 日记：

> 今日写关于使用标点的意见得三张半纸。即与《红楼梦》新校本及注释一同封固，寄还校订小组。了却一事，总觉一度舒松。

"关于使用标点的意见"，指的是《红楼梦》"点句及排式"方面存在的问题。这之后，因为唐山大地震，审阅《红楼梦》的校注工作只好搁置下来，但叶圣陶始终关注《红楼梦》校注和出版，同年 8 月 9 日记：

> 上午来访者两位，葛志成与张毕来。毕来言彼亦在看冯其庸、李希凡等所为之《红楼梦》新校本，因与谈此稿之校注工作尚须改进。

俞平伯是"红学"大家，造诣极深，可自从"《红楼梦》批判"起，他就不肯再谈"红学"了。"文革"中被定为"牛鬼蛇神"，"门前冷落车马稀"，红楼梦研究所点校《红楼梦》时不会想到俞平伯是很自然的事，可叶圣陶深知研究了半个多世纪《红楼梦》的好友俞平伯对《红楼梦》的感情之深。作为一位大学者，俞平伯每遇到与"红"有关的议题，总是认真思索，非探究出个究竟来不可。叶圣陶深知俞平伯的这分执着，一有想法便与俞平伯交流分享，奇文共赏，疑义同析，两人围绕《红楼梦》探讨切磋，长达三个月，往来书信有十余封之多，这些书信收在《暮年上娱——叶圣陶俞平伯通信集》中。俞平伯晚年满有兴致地对《红楼梦》进行新一轮研究和探讨，其起因则是由叶圣陶审阅《红楼梦》校订样本及注释稿而引发的。

四、感人至深的《六州歌头》

粉碎"四人帮"之后，叶圣陶先后担任中小学语文教材顾问、全国中学语文教学研究会名誉会长、中国写作研究会名誉会长。1978年担任教育部顾问。1980年4月22日，受国务院任命，担任中央文史研究馆馆长。1981年12月，被聘为中国作家协会顾问。1983年6月，在中国人民政治协商会议第六届全国委员会第一次大会上当选为全国政协副主席。1984 年 12 月在中国民主促进会第七届二中全会上被推选为民进中央主席。1987 年 6 月在中国民主促进会全国代表大会上被推选为民进中央名誉主席。虽说年事已高，"目力耳力衰退极速"，但壮心不已，仍然以"俯首甘为孺子牛"的精神，与教育界、出版界和文艺界的朋友们研讨教育、出版和文艺等诸多领域的问题。无论是出版社还是作者，请他审阅书稿或题签写序作跋，只要身体许可，他都不会让你落空。

1980 年 3 月 31 日，陈次园、孙玄常、吕剑来访，请叶圣陶为即将出版的旧体诗词合集《倾盖集》作序。叶圣陶在当天的日记中写道："上午，陈次园、孙玄常、吕剑偕来，闲谈甚快。三君与其他六友各选所作诗词编成《倾盖集》，接洽出版已谈妥，嘱余作序文。其他六友为王以铸、宋谋瑒、陈迩冬、荒芜、聂绀弩、舒芜。其中唯宋谋瑒与舒芜二人余尚未相识。余言序文难为，或作诗词以应命焉。"次日记："念陈次园既以《倾盖集》之题词相嘱，总须交卷，今日有兴，即作《满庭芳》一首。午后睡起，全首已完成。即抄寄次园，请渠代为斟酌。"《满庭芳·题〈倾盖集〉》诗云：

晴旭开编，诗朋倾盖，上娱无过今晨。抒怀抽思，各自擅风神。唐宋堪师不袭，用心在、毕写吾真。春光好，百花竞放，赏此一丛珍。　　尝闻，瓶酒喻，斯编启我，颇欲翻新。念瓶无新旧，酒必芳醇。谁愿操觚妄作，几千载、诗已纷纭。然耶否？良难自断，还问九诗人。

写得如此神速，充满感情，陈次园惟有称赞。二十世纪八九十年代，请知名学者和名家题签写序成了风气，一经名家题签作序，书稿自然升值，学术水准似乎也就有了"定评"。有些名家应付不过来，就让作者先打"底稿"，他只是署个名而已。叶圣陶不会这么做，对于求上门来的作者，无论是相识的还是不相识的，只要身体尚可，他都会热情接待，一旦答应下来，就会审读书稿。因为做编辑工作的年头太长，看稿子是他日常的工作，视力衰退得很快。到了晚年，眼睛看不清了，耳朵听不清了，他常常说："两扇通向外界的窗子渐渐关上了"，即便戴上眼镜加放大镜还不管用，就让至善代为审读或家里其他人念给他听。1983 年 8 月 30 日日记记："王惠云、苏庆昌二君合撰《老舍评传》，篇幅较多。老舍夫人胡絜青语以须请余作序，二君乃将全稿交来，存至善处已有多日。余何能看如许稿，又何能作序文，至善因言可题一首词应之。余以为然，乃决定作《齐天乐》。前此二十馀日，开始作前半，颇为顺利。而后半总组织不好，每日思之，皆无结果。今日晨间至善提起此事，余乃决意勉力作成后半首。及午后睡起，居然完篇。于是至善即可通知二位作者来取矣。"现将《齐天乐·题〈老舍评传〉》抄录于下：

潜思深入人肝肺，英华尽归毫底。茶馆三场，车夫一传，观者神萦心系。如君有几！尽题选多方，琢磨唯细。笔砚朝朝，卷烟徐袅镇凝睇。　　庄谐并兼美刺，但逢君启齿，朋辈齐喜。德思遄飞，蒙原纵眺，联袂清游长忆。呵天甚意！竟容忍沉渊，屈原同例。静对秋窗，想知交半纪。

这首词写了二十多天，真的是苦心经营。词的上阕写老舍善于体察各种人的内心世界，代表作《茶馆》、《骆驼祥子》影响深远，以及他创作时专心致志的神态；下阕写老舍的语言风格，以及他同老舍1956 年 12 月一同到印度新德里出席亚洲作家会议，1961 年 7 月至 9月一同参加作家艺术文化访问团，同游内蒙古自治区各地的经历，最后呵斥苍天，为什么让老舍这样的人走了屈原的那条路。词作真实地描写了老舍的本色才情，音节清婉，情意深挚，读来催人泪下。

从粉碎"四人帮"到 1985 年的九年间，叶圣陶仅写的序跋和题记就有《〈甪直闲吟图〉题记》、《〈吴宾若民国五年日记〉题记》、《〈文言读本〉前言》、《〈苏州园林〉序》、《重印〈经典常谈〉序》、《重印〈化学奇谈〉序》、《〈闻一多全集〉重印后记》、《〈西谛书话〉序》、《题〈李健吾选集〉》、《〈段力佩教育文集〉序》、《中国现代作家丛书——〈朱自清〉序》、《〈母亲的话〉序》、《"洁本"和"节本"——重印〈红楼梦〉〈水浒〉〈三国演义〉后记》、《〈青年思想与青年教育〉序》、《〈论教育规律及其他〉序》、《〈王统照文集〉跋》、《〈丰子恺文集〉序》、《重印〈小说月报〉（18 卷第 7 号——20 卷第 6 号）序》、《〈郑振铎文集〉序》、《〈拉丁美洲儿童小说选〉序》、《霍懋征〈小学语文教学经验谈〉序》、《〈民国时期总书目〉序》、《〈俞平伯旧体诗钞〉序》等，共三十余篇。这些序跋和题记，也可以解读为他从事编辑出版工作的一个很重要的方面。作为一个编辑出版家，叶圣陶对文化出版事业所作出的贡献如浩瀚的大海。

叶圣陶审阅的最后一部亏稿是中央统战部理论研究院汇编的《周恩来统一战线文选》的注释稿。1984 年 9 月下旬，中共中央统战部请他审阅《周恩来统一战线文选》的注释稿。虽说"视力"已经不允许他再看这样的书稿了，因为是周总理文集的注释，他感到义不容辞，于是戴上了眼镜加放大镜，对注释一字一句反复斟酌。10 月 4 日日记写道：

> 上月下旬，统战部送来《周恩来统一战线文选》之送审本，共收六十四篇，嘱过目，并撰题辞，文共六十四篇。用三号字排版，余尚能看，然亦感吃力，看至今日，已有十篇，全看恐难能也。至于题辞，用说理文为之，非余所能，殆只能作诗词言其感受而已。

10 月 5 日记："上下午皆看周总理之统战文选。眼甚疲劳，勉力忍之，下午五点始停止。" 6 日记："下午续看周总理统战文选，至五点半止。" 7 日记："续看周之文选卅馀面。" 8 日记："续看周之选集，上下午共看三十馀面"。9 日记："今日看周之选集比昨日更多，超过四十面。" 10 日记："今日续看周之文选，亦至下午五点半而止。" 11 日记："今日看周选亦不少，全集六十四篇，已看五十篇矣。" 13 日记："今日未看周之选集，仅于此编之注释写了几点意见。" 15 日记："今日缮抄关于周集作注意见之稿，并誊正所记文字有可斟酌处之记录。以后如再有发见，当另抄之。"

在阅读过程中，叶圣陶对如何作注释写下了几条原则性的意见①。1985 年 1 月 4 日日记记："统战部研究室之李、邵二君来，言《周恩来统一战线文选》不久将印成，拟另编一书，收集各方面人士对此书之评价。余前曾允作诗或词题之，而其事非易，只得说如能勉

---

① 《关于人物和事件的注释——阅〈周恩来统一战线文选〉征求意见本》，《叶圣陶集》第 17 卷，第 394—395 页。

成，自当送去。下午思此事，如作词题之，宜选一长调，假定为《六州歌头》，一百四十馀字。可以包纳许多内容，似与此题相称。只得徐徐考虑，果成与否未可必也。"次日记："竟夜未得安睡，悔未服安眠药。努力不去想《六州歌头》，而其想自来，却之未能。"次日记："时时思《六州歌头》，居然戍三分之一，尚不为迟。然不能随时自止，令勿思即勿思，亦为一累。"1月7日记："一连三夕不得好睡，患在作词。并不想何意何语，而此事牵挂心头，只能仅得朦胧。"1月8日记："下午又思《六州歌头》，第二段尚未完成。睡前服'氟安定'，居然一夜得佳睡。"1月9日记："下午居然将《六州歌头》作毕。虽不佳，尚可对付。明日寄出。"

　　词还没有填完，叶圣陶就感到身体不舒适，到北京医院作检查。医生确诊为肝炎，要他留下来住院治疗。叶圣陶说手上一件事没做完，请医生宽限两天，做完了一定来住院。1985年1月10日，叶圣陶把填完的《六州歌头·读〈周恩来统一战线文选〉》送出后，住进北京医院，第二天就昏迷了，肝炎的各项指数均已恶化到无法测量的高度。事无巨细，只要答应了下来，就一定认真办到，且力求完美，这是叶圣陶一贯的工作作风。《六州歌头·读〈周恩来统一战线文选〉》，对周总理和《周恩来统一战线文选》作了切实的评价，词云：

　　　　英才时会，早岁见峥嵘。天下乱，生民困，一心萦。探前程。交结同时俊侣，东瀛棹，西欧旅，马恩学，研磋候，悟亲生。　　　一自参持党政，彻始终、统战躬行。值其人其事，语出掬真诚。孰不心倾？再三评，示知识界，民族际，党派内，准绳明。学无尽，改无止，切身经。意丁宁。坚持学与改，臻耄耋，宛年青。 五原则，共和平。感寰瀛。立足奉陪凶械，不先发，特地声称。见丰功统战，举世沐高情。千古垂名。①

《周恩来统一战线文选》注释稿是叶圣陶审阅的最后一部书稿。鲁迅曾经说过，"在生活的路上"，他是"将血一滴一滴地滴过去，以饲别人，虽自觉渐渐瘦弱，也以为快活"②。鲁迅把叶圣陶喻为"相濡以沫"的"同气"。是的，叶圣陶和鲁迅一样，"在生活的路上"，"将血一滴一滴地滴过去，以饲别人，虽自觉渐渐瘦弱，也以为快活"。作为我国现代著名的作家、教育家、编辑出版家和社会活动家，叶圣陶不惜牺牲了自己的学术研究和专著创作，不图名利，日复一日、年复一年地写稿、看稿、编辑、校对，虽耗尽心血，但乐在其中，心里充满喜悦。1987 年 6 月始，二十五卷本《叶圣陶集》由江苏教育出版社陆续出版，叶圣陶将稿酬全部捐献给"出版者之家"作基金。"出版者之家"成立于 1987 年 3 月，叶圣陶在 3 月 18 日日记中写道：

> 由民进中央与出版局共同主办"出版者之家"，设在魏家胡同。同人们可以在此吃茶，看书报。

可见叶圣陶对"编辑"事业有多热爱。叶圣陶在《遗嘱》中叮嘱家人，他"死后"不能给任何人添麻烦，"如有医学院校需要，把尸

---

① 《叶圣陶集》第 8 卷，江苏教育出版社 2004 年版，第 487 页。
② 《鲁迅全集》第 11 卷，人民文学出版社 2005 年版，第 657 页。

体赠与"，为祖国做最后一次奉献，可见他对我们这个社会有多热爱和眷恋。1988 年 2 月 16 日农历丁卯年除夕上午 8 时 20 分，叶圣陶那颗搏击了九十四个春秋的心脏停止了跳动。他为我国文学、教育、出版事业开创的伟绩以及他那伟美的人格风范，永远值得我们敬仰和缅怀，纵观叶圣陶先生长长的一生可以概括为：

极清极洁极纯仿佛陶潜

至善至真至美宛然圣者

叶圣陶编辑出版大事年表

1894 年

10 月 28 日，生于苏州悬桥巷潘姓祠堂后园（农历九月三十日）。

1900 年　6 岁

附读于同巷陆氏之报春草堂（春），先生姓黄。

1901 年　7 岁

就读于张承胪（元翀）之学塾，与顾颉刚同学。

1907 年　13 岁

考入新创办之苏州公立第一中学堂（春），校址在王废基北之草桥，通称"草桥中学"，学制为五年。作诗词，刻印章，习篆字，均从是年始。

1908 年　14 岁

与同学王伯祥、吴宾若、顾颉刚组织诗社，取名"放社"。

1911 年　17 岁

创刊年级小报《课馀丽泽》（5 月）。

苏州光复后参加"学团"（9 月）。

1912 年　18 岁

放社扩充后正式成立（8 月），汇编《放社丛刊》。

1913 年　19 岁

始以文言作小说，投寄《小说丛报》、《礼拜六》、《小说海》诸期刊。

1915 年　21 岁

至上海商务印书馆附设之尚公学校任高小教员（4 月），并为商务印书馆编小学国文课本。

加入东社（诗社）。

1917 年　23 岁

任吴县县立第五高等小学教员（春），该校在水乡角直镇。

试行教学改革。

1918 年　24 岁

试用白话作新小说，写新诗。

1919 年　25 岁

加入新潮社（3 月）；五四期间在角直镇宣讲五四运动之意义。

1920 年　26 岁

在苏州听访苏之杜威演说（6 月 26 日）。

参加松江教育局课程改革会议。

1921 年　27 岁

文学研究会成立（1 月 4 日），为发起人之一，与沈雁冰、郑振铎等共同筹办文学研究会会刊《文学旬刊》。

在《晨报副刊》发表 40 则《文艺谈》。

在《儿童世界》发表童话。任教于杭州第一师范学校（11 月）。

1922 年　28 岁

与刘延陵、朱自清、俞平伯创办《诗》月刊（1 月）。

任北京大学预科讲师（2 月）；短篇集《隔膜》出版（3 月）。

与周作人、朱自清、刘延陵、郑振铎等合著之诗集《雪朝》出版（6 月）。

1923 年　29 岁

进商务印书馆国文部任编辑（1 月），兼课于复旦大学。

与沈雁冰、顾颉刚等筹建朴社（1 月）。

迁居上海（3 月）；获商务准假半年（9 月），往福州协和大学讲新文学，年底返沪。

童话集《稻草人》、短篇集《火灾》出版（11 月）。

1924 年　30 岁

任职于商务印书馆。

始主编文学研究会会刊《文学》周刊（1 月）。

《作文论》出版（3 月）。

为商务校注之《天方夜谭》（奚若译述）出版（6月）。

与王伯祥点校之《戴氏三种》出版（8月）。

与俞平伯之散文合集《剑鞘》出版（11月）。

1925 年　31 岁

支持匡互生等创办立达学园（1月），任教诗歌课，与郑振铎等主编之《公理日报》创刊（6月3日）。

短篇集《线下》出版（10月），为商务选注之《荀子》出版（11月）。

支持章雪村创办《新女性》杂志（12月），参与筹建开明书店。

1926 年　32 岁

与丁晓先等创办之《苏州评论》创刊（1月20日）。

受中国济难会委托，创办《光明》半月刊（5月）。短篇集《城中》出版（7月）。

为商务选注之《礼记》出版（7月）。开明书店正式挂牌（8月1日）。

1927 年　33 岁

为商务选注之《传习录》出版（1月）。

与胡愈之等发起成立上海著作人公会（2月）。代赴欧游学之郑振铎主编《小说月报》（5月），号召作家"写这个不平常时代的生活"，陆续发表巴金、丁玲、沈从文、戴望舒、施蛰存等新作者的新作。

为沈雁冰回沪妥作安排，鼓励其创作小说，并商定以"茅盾"为笔名（8月）。

请茅盾作《鲁迅论》（10月），发表于《小说月报》，以欢迎鲁迅莅沪定居。

1928 年　34 岁

长篇小说《倪焕之》始连载于《教育杂志》（1 月）。

送茅盾秘密赴日暂居（7 月初）。

短篇集《未厌集》出版（12 月）。

1929 年　35 岁

为商务选注之《周姜词》出版（7 月）。

长篇小说《倪焕之》出版（8 月）。

始编《十三经索引》，胡墨林相助（秋）。

1930 年　36 岁

主编《妇女杂志》（6 月），至次年 3 月止。

参加为鲁迅祝寿之集会及宴会（9 月 17 日）。

1931 年　37 岁

正式离开商务（2 月 1 日），与胡墨林同进开明任职。

始为开明书店主编《中学生》杂志（3 月）。

童话集《古代英雄的石像》出版（6 月）。

散文小说集《脚步集》出版（9 月）。

收到鲁迅赠书《毁灭》（12 月 19 日），附书云："聊印数本，以贻同气，可谓'相濡以沫'，殊可哀也。"

1932 年　38 岁

"一·二八"沪战爆发（1 月），与鲁迅、茅盾等发表《上海文化界告世界书》、《为抗议日军进攻上海屠杀民众宣言》（2 月）。

与夏丏尊等创办开明函授学校，编写《开明国文讲义》。所编初级小学用之《开明国文课本》出版（6月），共八册。

1933 年　39 岁

与夏丏尊合著之《文心》在《中学生》杂志上开始连载（1月）。

加入鲁迅、宋庆龄等发起组织之中国民权保障同盟（1月）。

参与营救秘密被捕之丁玲（5月）。

1934 年　40 岁

与夏丏尊、章雪村发起，邀集二十余家书店联名要求国民党政府解除查禁鲁迅、茅盾等之著作令（2月）。

与夏丏尊合著之《文心》出版（6月）。

所编高级小学用之《开明国语课本》出版（6月），共四册，丰子恺绘画。

与夏丏尊、陈望道、宋云彬合编之《开明国文讲义》出版（11月），共三册。

1935 年　41 岁

与开明同人支持鲁迅编印瞿秋白遗集《海上述林》（6月）。

迁居苏州（10月），每月定期到开明处理编辑事务。

散文集《未厌居习作》出版（12月）。

1936 年　42 岁

《新少年》半月刊创刊，任主编（1月）。

《圣陶短篇小说集》出版（3月）。

与茅盾、夏丏尊、郑振铎等发起成立中国文艺家协会（6月）。

与夏丏尊合著之《国文百八课》出版（6月）。小说与童话合集《四三集》出版（8月）。与鲁迅、茅盾等联名发表《文艺界同人为团结御侮与言论自由宣言》（10 月 1 日）。

1937 年　43 岁

主编《月报》之文艺栏（1 月）。评论集《文章例话》出版（2 月）。

抗日战争爆发后，举家西迁，年底前抵宜昌（12 月）。

1938 年　44 岁

中华全国文艺界抗敌协会成立，任主席团成员、会刊《抗战文艺》编委
（3 月）。

任中苏文化协会研究部副主任（4 月上旬）。

与夏丏尊合著之《阅读与写作》出版（4 月）。

应武汉大学聘，授基本国文。

1939 年　45 岁

任《中学生》杂志社社长，在桂林出版《中学生战时半月刊》（5 月）。

应四川省教育厅邀请，赴成都为教师暑期讲习会授课（8 月 11 日）。

编写供大学一年级阅读之《记物之文》、《记地之文》等各类文选（11 月）。

1940 年　46 岁

受聘于四川省教育科学馆，任专门委员，任务是推进中等学校国文教
学，辞去武汉大学教职（7 月）。

与回成都休假的朱自清商定共同编写《精读指导举隅》（8 月）。

1941 年　47 岁

与朱自清合著之《精读指导举隅》出版，继续合作编写《略读指导举隅》
（2 月）。

应聘光华大学，每周兼国文四课时（10 月）。

为教育科学馆编制中小学国文教程（11 月）。

与田泽芝合编之《小学生诗选》出版（12 月）。

1942 年　48 岁

成都《国文杂志》创刊，任主编（1 月）。

被文协成都分会推选为理事，任会刊《笔阵》主编（3 月）。

赴桂林，与范洗人等开明同人商定在成都设立编译所办事处。

与宋云彬等商定《国文杂志》由桂林文光书店接办，任主编（5 月至 7 月）。

辞教育科学馆之职，主持开明编译所成都办事处工作（8 月）。

所编《普益国语课本》出版（10 月）。

1943 年　49 岁

与朱自清合著之《略读指导举隅》出版（1 月）。

《中学生》编辑部迁至成都，任主编（5 月）。

全国文协及成都文艺界为叶圣陶举办五十初度祝寿会，《新华日报》、《华西晚报》、《华西日报》等报刊均发表祝贺文章（11 月）。

1944 年　50 岁

赴重庆与开明同人商量开明桂林办事处紧急撤退之善后事宜，会见撤退至渝之文化、教育、出版界朋友（8 月 15 至 9 月 25 日）。

参加成都各大学学生秘密举行之鲁迅逝世八周年纪念会（兼悼邹韬奋），致辞（10 月 19 日）。

文协在成都成立援助湘桂文友流亡来蓉者之"文化人协济委会"，为经济组召集人（12 月）。

1945 年　51 岁

散文与小说合集《西川集》出版（1 月）。

与朱自清合著之《国文教学》出版（4 月）。

主持文协成都分会庆祝文艺节大会，致辞（5 月 4 日）。

主持成都文协之文艺讲座，共十二次。

《开明少年》月刊创刊，任主编（7 月 16 日）。

《中学生》与《东方杂志》、《新中华》等八种杂志抗议国民党图书审查制度，决定拒绝送审（9 月上旬）。

全家迁重庆，作东归准备（9 月 27 日）。

1946 年　52 岁

抵上海，主持开明编辑部工作（2 月）。

被文协推选为常务理事，兼总务部主任，接替老舍主持日常工作（2 月 24 日）。

主持开明书店成立二十周年庆祝会（10 月 10 日）。

文协隆重举行鲁迅逝世十周年纪念大会，与邵力子、郭沫若、茅盾、沈钧儒、马叙伦等组成主席团，并在大会上发言。

所编《开明书店二十周年纪念文集》出版（11 月）。

1947 年　53 岁

中国语文学会成立，为理事（3 月 2 日）。

所撰小学高年级五、六级语文教科书《少年国语读本》出版（7 月）。

文协决定创办《中国作家》，被推为主编（8 月上旬）。

与徐调孚、郭绍虞、覃必陶合编之《开明新编国文读本（乙种）》出版（8 月）。

1948 年　54 岁

自选集《叶圣陶文集》出版（1 月）。

与郭沫若、朱自清、吴晗共同主编之《闻一多全集》出版（8 月）。

与朱自清、吕叔湘合编之《开明文言读本》出版（8 月）。

与朱自清、吕叔湘合编之《开明新编高级国文读本》出版。

所撰小学低年级三、四年级语文教科书《儿童国语读本》出版（8 月）。

决定接受中共中央邀请，与胡墨林绕道香港赴解放区（12 月）。

1949 年　55 岁

任华北人民政府教科书编审委员会主任，周建人、胡绳为副主任（4 月 7 日）。

与茅盾、胡愈之等主编之《进步青年》创刊（5 月 4 日）。

出席第一次文代会，被推选为文联全国委员会委员和文协全国委员（7 月）。

《中学生》与《进步青年》合并，作文致贺（9 月 1 日）。

出席政治协商会议（9 月 21 日）；被推选为政协全国委员会委员（9 月 30 日）。

登天安门参加开国大典（10 月 1 日）；与出版工作会议代表入中南海，见毛泽东于颐年堂（10 月 18 日）。

被任命为出版总署副署长（10 月 20 日）。

拟定《中学语文科课程标准（草稿）》（10 月）。

1950 年　56 岁

教育部与出版总署联合成立教科书编审委员会，任该委员会主任（1 月 13 日）。

人民教育出版社成立（12 月 1 日），任社长兼总编辑。

1951 年　57 岁

《叶圣陶选集》（茅盾主编，新文学选集编辑委员会编辑）出版（7 月）。

受政务院委托，所拟《标点符号用法》在《人民日报》发表（9 月 26 日）。

1952 年　58 岁

开明书店与青年出版社合并，成立公私合营之中国青年出版社。

1953 年　59 岁

参加编辑《朱自清文集》（四卷本）出版（3 月）。

出席第二次文代会，为主席团成员；被推选为文联第二届全国委员会委员、中国作协理事（9 月下旬至 10 月上旬）。

1954 年　60 岁

任宪法起草委员会语文顾问（3 月）；出席文字改革委员会大会，讨论拼音字母方案及简体汉字表（7 月）。

出席第一届全国人大第一次会议，被推选为主席团成员（9 月）。

受国务院任命，任教育部副部长（10 月 30 日），仍兼任人民教育出版社社长兼总编辑。

《叶圣陶短篇小说选集》（作者自选集）出版（12 月）。

1955 年　61 岁

全国文字改革会议开幕，任常务主席（10 月 15 日）。

会议作出推广普通话之决议，并讨论汉语之规范化；提出整理铜模、统一铅字笔形之意见（11 月初）。

1958 年　64 岁

偕周有光赴太原、西安、成都、重庆宣传国务院在年前公布之《汉语拼音方案草案》（1 月 12 日至 25 日）。

全国古籍整理出版规划小组成立，任领导小组成员（2 月 9 日）。

《叶圣陶文集》第一至三卷出版（4 月、5 月、10 月）。

1960 年　66 岁

参加第三次文代大会（7 月 22 日），被推选为文联全国委员、作协理事。

诗集《箧存集》出版（8 月）。

1975 年　81 岁

参加第四届全国人民代表大会第一次会议（1 月 13 日至 17 日）。

始审阅鲁迅作品单行本之注释稿（12 月）。

1976 年　82 岁

审阅鲁迅著作全集本注释稿（3 月）和《红楼梦》校正本稿及注释稿（5 月）。

1979 年　85 岁

《〈稻草人〉和其他童话》出版（8 月）。

担任文联全国委员及作协理事（11 月 16 日）。

1980 年　86 岁

国务院任命为中央文史研究馆馆长（4 月 22 日）。

《叶圣陶语文教育论集》（上下册）出版（10 月）。

与朱自清、吕叔湘合编《文言读本》出版（12 月）。

1983 年　89 岁

《叶圣陶散文甲集》（新中国成立以前所作）出版（3 月）。

在第六届全国政协第一次大会上当选为副主席（6 月 17 日）。

《中国现代作家选集——叶圣陶》出版（6 月）。

《叶圣陶序跋集》出版（12 月）。

1984 年　90 岁

《我与四川》出版（1 月）。

《叶圣陶散文乙集》（新中国成立以后所作）出版（12 月）。

将苏州青石弄旧居赠与苏州市作协。

1987 年　93 岁

应邀赴清华大学参加清华校友会，并参加朱自清先生塑像揭幕仪式（4 月 26 日）。

在民进全国代表会议上恳请辞去主席职务（6 月 9 日），当选为名誉主席；《叶圣陶集》第一、二、三、四卷出版（6 月）。

《叶圣陶集》共 25 卷，于 1994 年全部出齐。

《叶圣陶集》的全部稿酬捐献给中国出版工作者协会和民进中央联合创办的"出版者之家"作为基金。

1988 年　94 岁

2 月 16 日晨 8 时 20 分逝世，享年 94 岁；骨灰葬于苏州甪直叶圣陶纪念馆之北，唐代诗人陆龟蒙墓之南。

参考文献

《叶圣陶集》，江苏教育出版社 2004 年版。

叶圣陶、贾祖璋：《涸辙旧简——京闽通信集》，福建人民出版社 2003 年版。

叶圣陶、俞平伯：《暮年上娱——叶圣陶俞平伯通信集》，花山文艺出版社 2002 年版。

叶圣陶、叶至善：《干校家书（1969—1972）》，人民出版社 2007 年版。

《胡愈之文集》，生活·读书·新知三联书店 1996 年版。

《鲁迅全集》，人民文学出版社 2005 年版。

《茅盾全集》，人民文学出版社 1984—2001 年版。

教科书编审委员会编：《大学国文（现代文之部）》，新华书店 1949 年版。

教科书编审委员会编：《大学国文（文言之部）》，新华书店 1950 年版。

《郭沫若全集·文学编》，人民文学出版社 1982—1992 年版。

顾颉刚：《顾颉刚日记》，（台北）联经出版事业股份有限公司 2007 年版。

顾颉刚：《古史辨自序》，河北教育出版社 2000 年版。

顾潮编著：《顾颉刚年谱》，中国社会科学出版社 1993 年版。

顾潮：《历劫终教志不灰——我的父亲顾颉刚》，华东师范大学出版社 1997 年版。

《沈从文全集》，北岳文艺出版社 2002 年版。

宋云彬：《红尘冷眼——一个文化人笔下的中国三十年》，山西人民出版社 2002 年版。

商金林撰著：《叶圣陶年谱长编》（四卷本），人民教育出版社 2004—2005 年。

商金林、李斌、张红丽编：《叶圣陶研究资料索引（1911—2008）》，开明出版社 2009 年版。

《闻一多全集》，湖北人民出版社 1993 年版。

王伯祥：《王伯祥日记》，国家图书馆出版社 2011 年版。

王湜华：《王伯祥传》，中华书局 2008 年版。

《俞平伯全集》，花山文艺出版社 1997 年版。

《朱自清全集》，江苏教育出版社 1997 年版。

《郑振铎全集》，花山文艺出版社 1998 年版。

《我们——人民教育出版社建社六十周年纪念文集》，人民教育出版社 2010 年版。

叶至善：《父亲的希望》，中国青年出版社 2000 年版。

叶至善：《父亲长长的一生》，江苏教育出版社 2004 年版。

张毕来等主编、叶圣陶等校订：《初级中学课本文学》，人民教育出版社 1955—1957 年版。

张毕来等主编、叶圣陶等校订：《高级中学课本文学》，人民教育出版社 1955—1957 年版。

中华人民共和国教育部编订：《高级中学文学教学大纲（草案）》，人民教育出版社 1956 年版。

中国出版工作者协会编：《我与开明》，中国青年出版社 1985 年版。

《笔阵》（1939—1944）

成都《成都晚报》（1942—1945）

成都《国文杂志》（1942）

成都《华西晚报》（1942—1945）

成都《新民报》（1942—1945）

《妇女杂志》（1915—1932）

桂林《国文杂志》（1942—1946）

《公理日报》（1925）

《光明日报》（1949—1988）

《国文月刊》（1940—1949）

《进步青年》（1949—1953）

江苏《大汉报》（1911）

《开明少年》（1945—1950）

《礼拜六》（1914—1916）

《人民日报》（1949—1988）

《诗》月刊（1922—1923）

《苏州评论》（1926）

《文学旬刊》、《文学》、《文学周报》（1921—1929）

《新潮》（1919—1920）

《新青年（青年杂志）》（1915—1920）

《新世界》（1911—1912）

《新少年》（1936—1937）

《小说丛报》（1914—1918）

《小说海》（1915—1917）

《小说月报》（1910—1931）

《一般》（1926—1929）

《中国作家》（1947—1948）

《中学生》（1930—1952）

《中学生文艺季刊》（1931—1935）

后　记

两年前，人民出版社副总编陈亚明召集部分作者开座谈会，会上决定出版《中国出版家》丛书，陈副总编安排我撰写《中国出版家·叶圣陶》，并介绍我认识了编辑室的贺畅主任和编辑卓然女士。

这之后，与我联系的是卓然女士，往来邮件有十余封，初稿也是发给卓然女士的，不过来电话谈"审稿意见"的是贺畅主任，意见提得非常中肯，也很具体。修改稿发给卓然女士后，她来电话谈了意见，告诉我这本书的责编是宰艳红女士。宰艳红女士打听到我的住址后，冒着酷暑光临小舍，对书稿作最后的修订。陈副总编及贺畅主任、卓然女士、宰艳红女士，虽说都只是见过一面，但她们的热情和认真，都给我留下了深刻的印象。《中国出版家·叶圣陶》得以付梓，得益于她们的指教和督促甚多。以前出书，往往只和"责编"一个人联络；可这本《中国出版家·叶圣陶》的"责编"，似乎是一个"团队"，让我获益匪浅。

我有幸见过圣陶先生，在 1976 到 1988 年的十二年里，圣陶先生给了我很多关爱和指教。写这本《中国出版家·叶圣陶》，让我再次深情地去追思和怀念圣陶先生。岁月流逝，经历过的好多事情已经模糊或淡忘，可与圣陶先生在一起的情境反倒越来越清晰。圣陶先生的音容笑貌，就浮现在眼前；圣陶先生的谆谆教诲，仍回荡在心头。只是我学识粗浅，未能把圣陶先生的精神品格和他编辑出版工作的业绩全方位地呈现出来，备感惭愧。

恳请读者朋友们批评指教，并向陈副总编及贺畅主任、卓然女士、宰艳红女士表示最真挚的感谢。

商金林于北京大学畅春园寓室

2016 年 8 月 2 日

统　　筹：贺　畅

责任编辑：宰艳红

封面设计：肖　辉　孙文君

版式设计：汪　莹

图书在版编目（CIP）数据

中国出版家.叶圣陶／商金林 著．—北京：人民出版社，2017.1

（中国出版家丛书／柳斌杰主编）

ISBN 978－7－01－016540－0

I.①中…　II.①商…　III.①叶圣陶（1894~1988）－生平事迹　IV.① K825.42

中国版本图书馆 CIP 数据核字〔2016〕第 177766 号

中国出版家·叶圣陶

ZHONGGUO CHUBANJIA YE SHENGTAO

商金林　著

人民出版社 出版发行

（100706　北京市东城区隆福寺街 99 号）

北京盛通印刷股份有限公司印刷　新华书店经销

2017 年 1 月第 1 版　2017 年 1 月北京第 1 次印刷

开本：710 毫米 ×1000 毫米 1/16　印张：30.25

字数：350 千字

ISBN 978－7－01－016540－0　定价：79.00 元

邮购地址 100706　北京市东城区隆福寺街 99 号

人民东方图书销售中心　电话：（010）65250042　65289539